Studien zum Verstehen fremder Religionen

Herausgegeben von
Jan Assmann und Theo Sundermeier

Band 2
Die Begegnung mit dem Anderen

Gütersloher Verlagshaus Gerd Mohn

Die Begegnung mit dem Anderen

Plädoyers für eine interkulturelle Hermeneutik

Herausgegeben von Theo Sundermeier
in Zusammenarbeit mit Werner Ustorf

Gütersloher Verlagshaus Gerd Mohn

Die Deutsche Bibliothek – CIP-Einheitsaufnahme

Studien zum Verstehen fremder Religionen. – Gütersloh:
Gütersloher Verl.-Haus Mohn

Bd. 2. Die Begegnung mit dem Anderen. – 1991

Die *Begegnung mit dem Anderen* : Plädoyers für eine
interkulturelle Hermeneutik / hrsg. von Theo Sundermeier. In
Zusammenarbeit mit Werner Ustorf. – Gütersloh : Gütersloher
Verl.-Haus Mohn, 1991
(Studien zum Verstehen fremder Religionen ; Bd. 2)
ISBN 3-579-01784-5
NE: Sundermeier, Theo [Hrsg.]

ISBN 3-579-01784-5
© Gütersloher Verlagshaus Gerd Mohn, Gütersloh 1991
Das Werk einschließlich aller seiner Teile ist urheberrechtlich geschützt. Jede Verwertung
außerhalb der engen Grenzen des Urheberrechtsgesetzes ist ohne Zustimmung des Verlages
unzulässig und strafbar. Das gilt insbesondere für Vervielfältigungen, Übersetzungen,
Mikroverfilmungen und die Einspeicherung und Verarbeitung in elektronischen Systemen.
Umschlaggestaltung: Dieter Rehder, B-Kelmis
Gesamtherstellung: Weserdruckerei Rolf Oesselmann GmbH, Stolzenau
Printed in Germany

Inhalt

Einleitung 7

I. Grundlegung: Nähe und Ferne

Theo Sundermeier
Erwägungen zu einer Hermeneutik interkulturellen Verstehens 13

Richard Friedli
Kultur und kulturelle Vielfalt
Bemerkungen zur interkulturellen Übersetzung von Ex 3,14 29

Heinrich Balz
Krise der Kommunikation – Wiederkehr der Hermeneutik? 39

II. Erste Konkretion: Symbol und Religion

Horst Rzepkowski
Das Papsttum als ein Modell frühchristlicher Anpassung 69

Ulrich Berner
Zur Hermeneutik religiöser Symbole
Das Kreuzsymbol in der frühchristlichen und in der modernen indischen Theologie 94

Norbert Klaes
Sind religiöse Symbole interkulturell? 109

III. Zweite Konkretion: Kunst und Heilung

Horst Schwebel
Das Bild als Quelle
Was leistet das Bild zum Verstehen fremder Religiosität? 123

Gerhard Heinrich Ott
Bildende Kunst in der Medizin:
Wortlose Hermeneutik zwischen Arzt und Patient 145

Dorothea Sich
Gedanken zu einer Hermeneutik des interkulturellen Verstehens in der Medizin 151

Christoffer Grundmann
Heil und Heilung   165

IV. Störung: Weltlichkeit und Weltverstehen

Bert Hoedemaker
Säkularisation: Ein Problem ökumenischer Theologie   173

Werner Ustorf
Der Begriff der »missionarischen Kompetenz« im Rahmen der kulturellen Mehrsprachigkeit Europas   182

Personenregister   197

Die Autoren   203

Einleitung

Vor fünfhundert Jahren wurde Amerika für Europa entdeckt. Es ist sinnvoll, an dieses Ereignis zu erinnern, dessen wir im nächsten Jahr (1992) vielfach gedenken werden. Hier begegnete das Abendland zum ersten Mal Völkern und Kulturen, die ihm bis dahin völlig unbekannt waren. Gewiß, über die Kulturen der Inder oder Chinesen besaß man keine intimen Kenntnisse, so daß man davon wie von Vertrautem hätte sprechen können, doch es bestanden Handelsbeziehungen und der kulturelle Austausch geht bis in die vorchristliche Zeit zurück, auch wenn er zeitweise unterbrochen war. Jetzt aber begegneten die Europäer dem Fremden schlechthin. Naturgemäß legt man bei jeder Begegnung das Muster des Bekannten an. Der Irrtum, nicht Indien entdeckt zu haben, sondern etwas völlig Neues, klärte sich bald auf – das Fremde drängte sich immer deutlicher als Fremdes auf: Fremde Menschen, unbekannte Kulturen und Sprachen, fremde Religionen. Wie aber begegnete man dem allen? In einer eindringlichen Studie hat Tzvetan Todorov gezeigt (Die Eroberung Amerikas. Das Problem des Anderen, Frankfurt 1985), daß sich die verschiedenen Wahrnehmungs- und Begegnungsweisen auf zwei Grundmodelle reduzieren lassen, denen das hermeneutische Prinzip der Differenz und das der Assimilation, der Ungleichheit und der Gleichheit zugrunde liegt. Auf der einen Seite wurden die Menschen als ungleiche angesehen, d.h. im besten Falle als Menschen geringeren Wertes, die man versklaven muß, um ihnen überhaupt einen verhandelbaren Rechtsstatus zu geben, so daß sie zumindest ein Existenzrecht haben, im schlimmsten Falle aber degradiert man ihr Menschsein zum Untermenschen, stellt sie mit »Schwachsinnigen« gleich, sieht in ihnen unvollkommene Wesen, ja, ordnet sie irgendwo »bei den Baumaterialien, Holz, Stein und Eisen, in jedem Fall aber bei den unbelebten Objekten« ein (ebd. 183), so daß sie als Handels- und Wertobjekte behandelt werden können und ihre Vernichtung oder Beachtung allein eine Frage der Wertschätzung, nicht der Moral ist. Ob man dann die Schärfe eines Schwertes an einem Ast oder einem lebenden Menschen ausprobiert, macht letztlich keinen Unterschied mehr aus.

Das andere Extrem, das des Gleichheitsgrundsatzes, das sowohl von Las Casas wie von Cortes vertreten wurde, betrachtet die Indios als Menschen, als Geschöpfe des einen Gottes, spricht ihnen die Menschenwürde zu, jedoch unter dem Vorbehalt, daß sie aus dem jetzigen sündigen Zustand der Gottverlorenheit befreit und zur vollen Würde des (christlichen) Menschseins gebracht werden. Die Menschenwürde ist nur latent, potentiell vorhanden. Sie kann, sie muß erweckt werden. Das geschieht durch Assimilation: Die Fremden müssen Christen werden, so die Option der Priester und Missionare, sie müssen sich dem spanischen Gesetz unterordnen, so die (gutwilligen) Konquistadoren, und das heißt, sie müssen das Recht, die Kultur und damit selbstverständlich die Religion der Eroberer annehmen. Recht auf Leben haben sie nur, wenn sie volle Glieder des christlichen Staates werden, der wie seine ihn begründende Religion letztlich einen egalitären Charakter trägt. Man drängt auf Gleichheit, Vielfalt ist nicht erwünscht, in Glaubensdingen verboten! Auch in diesem Modell werden die Menschen zu Objekten degradiert. Ihr Subjektsein, ihre ihnen innewohnende Würde wird nicht entdeckt und wahrgenommen. Sie muß ihnen erst zugesprochen werden, sie müssen dazu erzogen und entwickelt werden.

Letztendlich hat das Abendland immer diesem Prinzip mit allen darin implizierten Konsequenzen gehuldigt und ihm durch die koloniale Ausbreitung Weltgeltung verschafft. Der Kolonialismus drängt auf Vereinheitlichung, Handel und Wirtschaft brauchen sie um der Effizienz willen.

Die Religion des Abendlandes, die Mission, war Teil dieser Strategie und hat sich ihr eingefügt. Auch die Ethnologie als Wissenschaft von der Erforschung primaler, fremder Völker und Kulturen gehörte zum Instrumentarium des kolonialen Eroberungsstrebens. Schon Cortes bemühte sich, die Indios zu verstehen. Er assimilierte sich zu ihnen hin, ohne je seine eigene Identität auch nur um einen Deut aufzugeben, mit dem einzigen Ziel, die fremden Völker um so leichter und schneller unterwerfen zu können. Der Kolonialismus brauchte die Ethnologie, selbst die ethnologischen Forschungen der Missionare, um die einheimischen Völker mit ihren eigenen Waffen schlagen und beherrschen zu können.

Doch die Wissenschaften unterliegen einer eigenen Dynamik und lassen sich nie instrumentalisieren, ohne zugleich eine Gegenstrategie zu entwickeln. Die Ethnologen haben die Fülle, die Besonderheit und das Geheimnis der anderen Ethnien entdeckt und sich zu ihrem Fürsprecher gemacht, heute z.B. in hohem Maß für die bedrohten Völker des Amazonas. Die Mission war nicht nur Pionier oder Erfüllungsgehilfe der Kolonialmächte, sondern von Anfang an immer auch Sand im Getriebe des Kolonialismus. Missionare wurden sehr oft als Saboteure, als Vaterlandsverräter angeklagt. Im Unterschied zu vielen Heimatkirchen, die Missionsgemeinden nach ihrem Modell, als Bild von ihrem Bild schaffen wollten, haben sie sehr früh auf die Polyphonie des christlichen Glaubens aufmerksam gemacht. Anpassung, Indigenisierung, Einheimischwerdung des Glaubens waren die Stichworte, die das neue Wahrnehmungsvermögen und den methodischen Neuansatz kennzeichnen.

Aber ist selbst bei diesem Ansatz der andere in seiner fremden Subjekthaftigkeit tatsächlich im Blick? Gibt es ein anderes Modell der Begegnung als das der Gleichheit oder der Ungleichheit, wie sie sich zu Beginn der Eroberung Lateinamerikas herauskristallisiert haben? Drängt nicht auch die Mission der Kirche auf Bekehrung und damit auf Unterwerfung? Kann die Kirche überhaupt aufgrund ihres absoluten Wahrheitsanspruchs anders denken? Und dient nicht auch die Ethnologie, trotz aller neuen Strategien, letztlich der Bereicherung des eigenen

Wissens, der eigenen Kultur, es sei denn, die Forscher verlieren in romantischer Überidentifikation ihre eigene Identität?

Wir stehen heute vor nichts Geringerem als der Aufgabe, einen neuen Weg der Begegnung mit dem anderen Menschen, dem Fremden zu suchen. Es muß eine Begegnung sein, die den anderen in seinem Subjektsein, in seiner kulturellen und religiösen Identität und Eingebundenheit anerkennt und zugleich eine Gemeinsamkeit eröffnet, in der Dialog und gemeinsames Leben möglich sind, in der Differenz und Identität in gleicher Weise ihr Recht haben. Das erfordert einen Neuansatz im Verstehen, bei dem nicht mehr von dem Subjektsein des Wahrnehmenden allein ausgegangen, sondern die Relationalität der Subjekte bzw. der Gemeinschaften konstitutiv ist. Das heißt aber, daß die hermeneutische Frage, die die Theologie und Philosophie der Nachkriegszeit tief beschäftigte, um die es jedoch sehr still geworden ist, erneut gestellt werden muß. Nun jedoch nicht länger als Frage nach dem Verständnis meiner selbst, sondern nach dem Verständnis des anderen – in seiner Fremdheit.

Die folgenden Texte sind ein erster Versuch, sich dieser Aufgabe zu stellen. Ihnen liegen Referate einer Tagung zugrunde, die im Missionsärztlichen Institut in Tübingen im April 1990 stattfand. Missionswissenschaftler, Religionsgeschichtler (Ethnologen), Mediziner und Kunstwissenschaftler waren eingeladen. Die Interdisziplinarität macht die Bedeutung des Themas deutlich, markiert jedoch auch den methodischen Neuansatz. Die neue Frage der Hermeneutik kann nicht mehr monodisziplinär angegangen werden. Der oft strapazierte Begriff »ganzheitlich« ist hier am Platz. Da die Begegnung mit dem Fremden, dem ganzen Menschen geschieht, kann das Verstehen sich nicht auf einzelne Aspekte beziehen, kann nicht eine Verstehensebene herausgefiltert werden. Die Wissenschaften müssen in den Prozeß der Hermeneutik einbezogen werden, die sich ebenfalls auf den ganzen Menschen beziehen, zumindest intentional, tendenziell. Kulturwissenschaften wie die Ethnologie und die Kunstgeschichte gehören dazu, doch auch die Medizin darf nicht fehlen. Die Missionswissenschaft als eine dem Verstehen zugewandte Wissenschaft hat dabei eine integrative Funktion, ist sie doch im interkulturellen und interreligiösen Bereich kat'exochen angesiedelt.

Dem missionsärztlichen Institut danken wir für die großzügige Gastfreundschaft. Bei der Drucklegung haben sich Dr. Dieter Becher, Sieghard Wilm und Henning Wrogemann große Verdienste erworben. Die Deutsche Gesellschaft für Missionswissenschaft hat einen Druckkostenzuschuß bewilligt. Ihnen allen sprechen wir unseren Dank aus.

Der Internationalität der Autorenschaft wegen ist die Gestaltung der Fußnoten nicht durchgängig einheitlich, aber für den jeweiligen Beitrag in sich konsistent.

Theo Sundermeier   *Werner Ustorf*

I. Grundlegung: Nähe und Ferne

Theo Sundermeier

Erwägungen zu einer Hermeneutik interkulturellen Verstehens

I.

»Hermeneutik« war kein Thema der Missionswissenschaft. Trotz der Hochkonjunktur, die sie in der Theologie hatte, kommt sie in der missionswissenschaftlichen Literatur nicht vor oder nur dort, wo es sich um den Begründungszusammenhang von Mission überhaupt handelt, wo man sich plötzlich – nicht der Grundlage – wohl aber der direkten biblischen Begründung der Mission aufgrund der komplexeren exegetischen Ausgangslage beraubt sah[1].

In der Missionstheologie war allein das Thema »Kommunikation« gefragt. Was zu verkündigen ist, darüber gab es offenbar keinen Zweifel. Man kannte den Inhalt und fragte allein, wie das depositum fidei am sinnvollsten und am effektivsten Nichtchristen verkündigt werden könne. Schon in der frühen Phase der evangelischen Mission ging es um die Form der Anknüpfung, der Übersetzung, um Apologetik und die Frage, wie man die Religion des Gegenübers herabmindern und als Lüge erweisen könne. Die Konferenz von Lausanne (1974) und ihre Folgekonferenzen atmen noch immer diesen Geist, ja, bauen ihn systematisch weiter aus. Es geht dort allein um die Kommunikation des christlichen Glaubens: Wie muß er vermittelt, welche Strategien müssen angewandt werden? Was geschieht im Kommunikationsprozeß, und welche Veränderungen gibt es möglicherweise auf dem Wege zwischen Sender und Empfänger? Wie beeinflußt gleichsam der Verbindungskanal, der Transmissionsriemen selbst die Botschaft? Das waren die Fragen, die mit bemerkenswerter Sachkompetenz und reicher theologischer Phantasie beantwortet worden sind. »Einheimischwerdung«, »Indigenisierung«, »Kontextualisierung« sind einige der Konzepte, die entworfen und in denen Missionsmethode und -theologie zur Einheit wurden. Damit gingen jedoch auch ihre differentia specifica verloren!

Nun muß man fragen, ob es heute noch angemessen ist, sich der Hermeneutik zuzuwenden. Springen wir nicht auf einen zum Stillstand gekommenen Zug auf, der uns gerade nicht weiterführt, sondern im theologischen Abseits stehen läßt? Die große Zeit der Hermeneutik, als sie im Gefolge von Heidegger zum umfassenden Begriff des Theologisierens schlechthin wurde, ist vorüber. Klaus Schol-

---

1. Vgl. H.-W. Gensichen, Glaube für die Welt, 1971, S. 51ff. Eine rühmliche Ausnahme bildet Balz, 1978.

der schrieb schon 1971 in »Verkündigung und Forschung«: »Die Hermeneutik wurde von ihrem Thron gestoßen, und wer heute noch nach ihr fragt, beweist damit nur, daß er von gestern ist.«[2] Scholder hatte recht. Den Fragen der unruhigen Studentengeneration der 60er Jahre konnte die Hermeneutik, die sich zum Glasperlenspiel in theologischer Höhenluft entwickelt hatte, nicht mehr gerecht werden. Die sozialgeschichtlichen Fragen mußten zu einer Wende in der Theologie und ihrer Methoden führen, sie mußte »down to earth« kommen, hinab in das Feld sozialer Wirklichkeit. Die Welt sollte nicht mehr interpretiert, sondern verändert werden. Die Theologie sollte und wollte sich daran beteiligen.

Auch wenn heute die sozialgeschichtliche Exegese weiter betrieben wird, spielt die Soziologie, die die Philosophie als matrix theologiae zeitweise abgelöst hatte, ihrerseits nicht mehr die beherrschende Rolle wie noch vor Jahren. Der Grund ist offensichtlich. Die große Wende in der sozialen Umgestaltung der Gesellschaft und der Welt hat nicht stattgefunden. Man ist müde geworden der großen Kraftakte. Hatte Marx Hegel auf den Kopf gestellt, so meinen viele, müssen wir ihn nun seinerseits umkehren, wenn wir die Welt wieder verstehen wollen. Man ist müde geworden der großen, durch den Menschen verursachten Veränderungen. Was die Veränderungen der modernen Gesellschaft der Erde antun, das sehen wir heute und beginnen, an den Folgen zu leiden. Jetzt geht es darum, neu zu verstehen, was Welt ist und in welchem Verhältnis wir zu ihr leben müssen, weil Gott in ihr zur Sprache kommen will. Damit ist aber Hermeneutik gefragt, und zwar im fundamentaltheologischen Sinn. Es mag dann auch nicht zufällig sein, daß neuerdings wieder Arbeiten zur Hermeneutik erscheinen, wenn auch vorläufig ausschließlich bezogen auf den biblischen Text[3]. Die jüngste, zu diesem Thema erschienene Arbeit von Klaus Berger ist für uns von Interesse, weil sie Impulse aus der Dritten Welt, in diesem Falle der Befreiungstheologie, aufnimmt. Berger geht davon aus, daß die »Sache« des Christentums gerade nicht ein für allemal festlegt, sondern daß es schon im Neuen Testament nicht einmal ausgemacht ist, ob alle Autoren tatsächlich »dieselbe Sache« meinen und sie wie ein überzeitliches Etwas tradieren. Vielmehr wird »jeder Gegenstand im Nachhinein für jeden anderen Betrachter ein neuer Gegenstand« (Berger 1988, 182f. und 185). Kontextualisierung findet damit nicht im nachhinein statt, nachdem der Text freigelegt ist, sondern schon im Erstbezeugen, weil sie dem Prozeß des Verstehens und Tradierens inhärent ist. Es ist darum unangemessen, von »Kontextualisierung« zu sprechen – darauf haben besonders die Lateinamerikaner hingewiesen –, vielmehr handelt es sich bei der jeweiligen Aneignung eines

---

2. VF 1971, 1,1.
3. Vgl. Stuhlmacher, 1979; Weder, 1986; Berger, 1988.

Textes um *Re*kontextualisierung⁴. Rekontextualisierung ist jedoch weniger ein Problem der Kommunikation, sondern gehört zentral zur Hermeneutik.

Mission als Kommunikation bedarf aber noch aus einem anderen Grunde der Vorschaltung der Hermeneutik. Neuere kommunikationswissenschaftliche Forschung macht uns darauf aufmerksam, daß die in der Missionswissenschaft gängigen Modelle obsolet geworden sind. Kommunikation ist nicht ein einseitiges Geschehen zwischen Sender und Empfänger, wobei die Modifikation der Botschaft entweder durch die weitere Vermittlung von Empfänger 1 zu Empfänger 2 geschieht, durch den Wechsel von einer kulturellen Umwelt zur anderen, oder durch das Medium der Vermittlung selbst, also den »Kanal«, von dem der Sender immer zugleich auch Empfänger ist. Der Empfänger als Hörer der Botschaft ist nicht des Senders Objekt, auch nicht einfach Objekt der Botschaft, sondern Subjekt und entsprechend Sender zugleich. Im Kommunikationsprozeß selbst findet auch eine Veränderung des Senders statt, und nicht, bei gelungener Kommunikation, allein beim Empfänger.

Letztlich ist uns das allen geläufig, auch aus eigener missionarischer Erfahrung. Doch sind daraus bisher keine Folgerungen gezogen. Sie sind jedoch von theologischer Relevanz.

Ich will das Problem anhand eines klassischen Textes, in dem es wohl zum ersten Mal seinen literarischen Niederschlag gefunden hat, verdeutlichen. Heinrich von Kleist hat sich in seiner frühen Schrift »Über die allmähliche Verfertigung der Gedanken beim Reden« diesem Thema gestellt, ein Text, der als hermeneutischer Schlüssel der Reden seiner großen Dramen dienen kann. Nach Kleist laufen wir Menschen durchaus nicht wie heroische Leute herum, deren Gedanken klar und fertig formuliert sind, sondern wir beginnen unsere Gespräche, ja selbst unsere Reden mit unfertigen, verworrenen Gedanken und »dunklen Vorstellungen«, die sich dann unter der Hand formen, gerade auch im Respons auf die Reaktion des Gegenübers. Oft treten unter dem Druck der Umstände, im bedrängenden Augenblick, im Angesicht des Feindes oder Freundes und ihrer kleinen oder großen antizipierten oder auch tatsächlichen Reaktionen die eigenen Gedanken und Taten erst ins Licht des Bewußtseins und formen sich ad hoc zur endgültigen Fassung. »Es liegt ein sonderbarer Quell der Begeisterung für denjenigen, der spricht, in einem menschlichen Antlitz, das ihm gegenübersteht; und ein Blick, der uns einen halbausgedrückten Gedanken schon als begriffen ankündigt, schenkt uns oft den Ausdruck für die ganze andere Hälfte desselben.«⁵ Mit einem prachtvollen Beispiel verdeutlicht Kleist, was er meint. Mirabeau fertigt den Zeremonienmeister ab, den der König ihm schickt, und liest aus dem Mienenspiel dieses Mannes die ungeheure, alles verändernde Antwort an den König ab, in der die Revolution ihre Legitimation findet und mit ihr ihren Anfang nimmt.

4. Vgl. J.S. Croatto, Die Bibel gehört den Armen. Perspektiven einer befreiungstheologischen Hermeneutik, 1989, S. 92ff.
5. H. Kleist, Sämtliche Werke, 1951, S. 836-841.

Eine wechselseitige »Elektrisierung« findet zwischen Redner und Hörer statt, sagt Kleist, die sich gegenseitig verstärkt. »So ging unsers Redners Mut, bei der Vernichtung seines Gegners, zur verwegensten Begeisterung über. Vielleicht, daß es auf diese Art zuletzt das Zucken einer Oberlippe war, oder ein zweideutiges Spiel an den Manschetten, was in Frankreich den Umsturz der Ordnung der Dinge bewirkte« (S. 838).

Der Redner ist zugleich Empfänger, der durch den Adressaten während seiner Rede selbst verändert wird. In der Sprache der Entwicklungspsychologie: »Das Selbst empfängt und gibt. Der andere wird gebraucht, damit das Selbst geben und empfangen kann.«[6] Diese Beobachtung hat für das zu verhandelnde hermeneutische Problem interkultureller Verständigung hohe Bedeutung, zumal es der theologischen Einsicht entspricht, daß Zeuge sein nicht die Ablieferung einer Botschaft bedeutet, wie der Briefträger eine Eilwurfsendung weitergibt, sondern Betroffenheit und liebender Umgang mit demjenigen, dem das Zeugnis zu überbringen ist. Das setzt Verstehen voraus, nicht allein des zu übermittelnden Textes, sondern auch des Adressaten, der als Rezipient der Botschaft zugleich Teil von ihr ist. Er wird auf sein Subjektsein hin angesprochen. Verstehen geht also in zweifacher Weise der Kommunikation voraus und ist Teil von ihr. Darum muß Hermeneutik der Kommunikation vorangehen, sie begleiten, wenn nicht ersetzen[7].

II.

In den Überlegungen zur theologischen Hermeneutik ist es seit Schleiermacher unbestrittene Überzeugung, daß sich die theologische Hermeneutik nicht grundsätzlich von den allgemeinen Prinzipien des Verstehens überhaupt unterscheidet und diese auf allen Gebieten in gleicher Methodik anwendbar sind. Davon wird erst neuerdings vorsichtig abgewichen, indem ein stärkerer Akzent auf die Praxis gelegt wird, wie z.B. in der Befreiungstheologie. Die Praxis geht dem Verstehen voran, aus ihr heraus ergibt sich ein neues Verstehen in vielfacher Brechung und Neusetzung. Nun muß sich das noch nicht grundsätzlich von dem traditionellen geisteswissenschaftlichen Ansatz unterscheiden, insofern auch hier immer vorausgesetzt ist, daß es ein Vorverständnis, also ein Verhältnis zur Sache geben muß, das Verstehen erst ermöglicht. Gadamer hat den Impuls des Pietismus

---

6. R.D. Laing, Das Selbst und die Anderen, 1973, S. 86.
7. Damit kehre ich die Position von H. Balz um, der ebenso davon ausgeht, daß der Sender Empfänger wird (a.a.O., S. 117ff.), der jedoch daran festhält, daß die Kommunikation der Hermeneutik vorausgeht, denn diese trägt zum Entstehen des Glaubens bei, jene dient seinem Bestehen, ebd. 104ff.

aufgegriffen, der die Praxis als das Ziel hingestellt hat: Erst im Tun kommt das Verstehen zur Ruhe und zu seinem Ziel (Gadamer, 1960, S. 250ff. u.ö.). Theologisch gesprochen: Der Glaubensgehorsam geht dem verstehenden Glauben voran. Nachfolge ermöglicht Verstehen.

Verstehen aber von was? Es ist bemerkenswert, daß es sich in der abendländischen Hermeneutik, zumal in der existentialen Interpretation, immer um das Verstehen meiner selbst handelt. Es geht nicht um das Verstehen des anderen Menschen, des fremden Textes, sondern um ein neues Michverstehen, ausgelöst durch die Begegnung mit dem Text. Der Andere, das Fremde, ist schon bei Hegel nur Umweg zum Selbst, und Schleiermacher stellt fest, daß das Verstehen des anderen nur darum möglich ist, »daß ein jeder von jedem ein Minimum in sich trägt«[8]. Das verstehende Gespräch ist dann letztlich Selbstgespräch. Mir scheint, daß Ernst Fuchs der erste war, der diesen Solipsismus aufzubrechen suchte, indem er die reformatorische Formel des »deus pro me« – ein Kernsatz der Bultmannschen Theologie fraglos – auf ihren versteckten Egoismus hin befragte und durch die Neuformulierung »deus pro tibi/vobis« aufzubrechen suchte.

Das nimmt M. Trowitzsch auf und bringt den Gedanken der Liebe ins Gespräch, die den anderen gerade in seinem Anderssein akzeptiert und ihn freigibt. Gelingendes Verstehen ist Freigabe des Anderen, weil Verstehen eine »Neukonstituierung des Selbstverständnisses ... von dem Zu-Verstehenden her« geschieht. Aber sind wir damit wirklich aus dem Zirkel des Ichs herausgekommen? Auch hier geht es weiterhin – wenn auch im dialektischen Umschluß – um die Neukonstituierung des eigenen Selbst, »der Zusammenhang mit dem Selbstverständnis bleibt gewahrt«[9]. Ob wir sehr viel weiter über Bultmanns Gemeinschaftsbegriff

---

8. F.D.E. Schleiermacher, Hermeneutik und Kritik, hg. u. eingel. von M. Frank, 1977, S. 170. »Das Divinatorische ist die (Methode), welche, indem man sich selbst gleichsam in den Anderen verwandelt, das Individuelle unmittelbar aufzufassen sucht«, ebd. 169. Man vergleiche damit den hermeneutischen Grundsatz Karl Barths in seiner Römerbrief-Auslegung: »Bis zu dem Punkt muß ich als Verstehender vorstoßen, wo ich nahezu nur noch vor dem Rätsel der *Sache,* nahezu nicht mehr vor dem Rätsel der *Urkunde* als solcher stehe, wo ich es also nahezu vergesse, daß ich nicht der Autor bin, wo ich ihn nahezu so gut verstanden habe, daß ich ihn in meinem Namen reden lasse und selber in seinem Namen reden kann«. Karl Barth, der Römerbrief, 1922 (2. Aufl.), S. XI.
Schleiermacher nennt dieses Vorgehen der emphatischen Hermeneutik die »weibliche Stärke in der Menschenkenntnis« und nennt die komparativisch/analytische die »männliche«. Beide dürfen nicht gegeneinander ausgespielt werden, sondern gehen Hand in Hand (a.a.O., S. 169). Bei Rudolf Bultmann heißt es: »Etwas verstehen heißt, es in seinem Bezug auf sich, den Verstehenden, verstehen, sich mit oder in ihm verstehen« (Glaube und Verstehen I, 1966[6], S. 295f.).
9. M. Trowitzsch, Verstehen und Freiheit, 1981, S. 47.

hinauskommen, der kategorisch erklärt, »der Wille zum Selbst ist die Voraussetzung echter Gemeinschaft«[10], muß gefragt werden. Immerhin, der andere ist im Blick, wenn auch letztlich weiterhin in bezug auf mich. Er konstituiert Gemeinschaft und ermöglicht im Zusammenspiel »Szenen der Freiheit« (Ranke)[11].

In der Frage nach dem interkulturellen Verstehen bringt uns dieser Ansatz nicht wesentlich weiter. Es geht ja gerade in der Begegnung mit Menschen anderer Kultur um ihr Anderssein, dem ich mich aussetzen muß und das ich nicht von Anfang an zu mir hinbiegen kann, damit eine »Horizontverschmelzung« stattfindet, so die schöne, letztlich dem Idealismus verhaftete Zielbestimmung des Verstehens durch Gadamer. Verstehen muß im Aushalten des Fremden, Anderen geschehen, oder es findet gar nicht statt. Es ist schlicht falsch und führt nicht weiter, wenn bei der Darstellung einer fremden Kultur die Hörer immer schon den Vergleich zur Hand haben und die Einebnung mit dem Satz beginnt: »Das haben wir bei uns auch.«

Welchen Weg aber können wir einschlagen, damit wir aus dem seit Platon uns eingestifteten solipsistischen Zirkel des Verstehens als Selbsterkenntnis herauskommen? Der alttestamentliche Begriff des »Erkennens« schließt nicht den Rückbezug auf die Selbsterkenntnis ein, sondern beläßt die Orientierung am anderen als solchem bestehen, weil sie um ihrer selbst willen notwendig ist. Erkenntnis gibt es überhaupt nur, weil es den anderen gibt. Er ermöglicht Erkenntnis und konstituiert damit letztlich auch mich selbst. Paulus jedenfalls sieht es so, wenn er ganz in der Tradition des AT das Erkanntwerden durch den anderen, und das heißt dem An-Erkanntwerden, absolute Priorität zugesteht und als den Ermöglichungsgrund von Erkenntnis überhaupt ansieht: Dann werde ich erkennen, gleichwie ich erkannt bin![12] Der der jüdischen Tradition verpflichtete Philosoph Emmanuel Lévinas ist meines Wissens der einzige, der sich diesem Thema des anderen in einer Weise stellt, die für die Frage nach der Hermeneutik interkultureller Theologie weiterführend ist. Der Andere (bei Lévinas immer

---

10. R. Bultmann, ebd. II, 1958⁵, S. 264.
11. Bei Trowitzsch, a.a.O., S. 47.
12. Die Bedeutung des anderen wird auch in der Entwicklungspsychologie neuerdings betont. Jedes menschliche Wesen, schreibt Laing, »sei es Kind oder Erwachsener, scheint *Bedeutung*, d.h. einen Platz in der Welt eines anderen, zu benötigen. Erwachsene und Kinder suchen eine ›Position‹ in den Augen anderer, eine Position, die ihnen Bewegungsspielraum biete.« R.D. Laing, a.a.O., S. 145. (Zum Ganzen, B. Güdter, Verstehen üben, 1976). Güdter nennt die Teilhabe und Teilnahme am anderen ein »Beziehungsspiel« und schreibt: »Die Beziehung zum Anderen (bzw. zu anderen) bestimmt unser Denken, unsere Phantasien, unser Fühlen und Wirken bildend auf unsere Person; umgekehrt wirkt der eine immer auf das jeweilige Beziehungsspiel und damit auf den anderen ...«, a.a.O., S. 41.

groß geschrieben) ist bei ihm nicht wie bei Plato die verlorene Hälfte des eigenen Ich, so daß das Streben nach Erkenntnis von der Sehnsucht nach der Wiederanfüllung des verlorenen Teiles meines Selbst bestimmt ist, vielmehr ist der Andere, indem er aus seiner Innerlichkeit heraustritt und mir von Angesicht zu Angesicht begegnet, die Konstituierung meines eigenen Ichs, ohne daß er damit aufhört, er selbst zu sein. Der Andere ist, so faßt R. Wiehl zusammen, »die Bedingung der Möglichkeit meiner selbst als eigenes Ich, dem sich der Bereich der Ethik öffnet. Der Andere eröffnet mir eine Welt diesseits aller hermeneutischen Zweideutigkeiten, eine Welt vor allem Spiel mit Möglichkeiten, in der ich mich als ein Ich erst wahrhaft zu finden vermag. Es ist der Andere, der mir unmittelbar gegenübertretend meine Selbstgerechtigkeit in Frage stellt« (Wiehl, 1983, S. 126-133, bes. 131)[13]. Lévinas ist darum für uns so interessant, weil er den Anderen so klar und unverstellt in den Blick nimmt und daraus auch für uns notwendige Konsequenzen zieht. Er ist durch seine Beheimatung im jüdischen Denken darüber hinaus theologisch relevant, weil in dieser Bezogenheit auf den Anderen die Grundstruktur biblisch-reformatorischer Theologie aufleuchtet, ohne daß Lévinas das intendiert, nämlich die der Rechtfertigung. Rechtfertigung heißt ja im jüdischen Kontext nicht wie im römischen, daß mir Recht geschieht vor dem Forum des Gerichts, sondern vielmehr, daß mir der Lebensraum und damit das Lebensrecht zugesprochen wird und ich in die Gemeinschaft aufgenommen werde. Indem, so folgern wir aus Lévinas, der Andere mein Ich in seinem Existenzrecht konstituiert, wird gerechtfertigtes Dasein möglich. Doch das ist kein individuelles Ich mehr, das für sich existiert, sondern im Zusprechen wird Gemeinschaft konstituiert. In der Ermöglichung zum Sein wird die neue Lebensgestaltung eröffnet, d.h. ethisches Handeln aus dem zugesprochenen Leben. Zu Recht kann Lévinas darum den Anderen den »Lehrer« nennen, der – noch einmal in der Zusammenfassung Wiehls – »mich lehrt, was ich in meinem egoistisch-atheistischen Wesen nicht zu sehen vermag, die Möglichkeit des Friedens, der Brüderlichkeit, der Gerechtigkeit« (Wiehl, 1983, S. 131). Im Begriff des Anderen schwingen mehrere Bedeutungsnuancen mit. Transzendentalität ist mitgesetzt, auch wenn sie nicht immer ausgesprochen wird. Nicht zufällig spricht Lévinas vom *Antlitz* des Anderen, das hervorleuchtet, und von der *Spur,* die unsere Zeit durchkreuzt und Zeiterfahrung in neuer Form ermöglicht. Ich halte mich an die Polysemie dieser Begriffe und nehme mir die Freiheit, hier weiterzugehen. Zunächst ist wichtig festzuhalten, daß der andere nicht als individualistisches Du begriffen wird. Erfahrungen in der Dritten Welt lehren uns, immer das Eingebundensein des einzelnen in die Gemeinschaft ernst zu nehmen, die dem einzelnen vorangeht und ihn in seinem Dasein konstituiert. »Weil wir sind, bin ich«,

---

13. Zu Lévinas vgl. K. Huizing, Das Sein und der Andere, 1988. Zu Lévinas selbst, vgl. Lévinas, 1983.

heißt das afrikanische Grundmodell der Erfahrung des Anderen. Die Konvivenz ist Ermöglichungsgrund des Lebens des einzelnen. Sie ist der Freiheitsraum gegeben zum Lernen, Lehren, Feiern, kurz, zum geschwisterlichen Leben im Frieden. Dieses Leben, das Wollen zum andern hin, das Streben nach Verstehen und Erkenntnis stammt aus der Lebensbejahung, aus dem Wissen des verdankten Lebens, aus der Erfahrung, bejaht und angenommen zu sein. In theologischer Sprache: aus dem Glauben an den Schöpfer allen Lebens und der Welt.

Wir halten fest: Die Notwendigkeit einer Hermeneutik interkulturellen Verstehens ist nicht geboren aus dem Streben nach mehr Wissen, nach Exotik, aus dem Bewußtsein heraus, daß wir mit unserem Wissen allein die gegenwärtigen Weltprobleme nicht bewältigen können. Nicht Defiziterfahrungen begründen also eine Hermeneutik, sondern die Erfahrung gemeinsamen Lebens. Im Aufleuchten des Antlitzes des anderen gewinnt mein Leben Lebensraum, Bejahung und Recht. Im Verstehen des anderen wird mein Leben aus seiner Egozentrik und seinem Solipsismus herausgerissen. Dabei wird im Verstehen der andere nicht zu mir hin assimiliert – ein Antlitz kann ich nicht assimilieren, sondern nur hinnehmen und akzeptieren. In der Andersheit erfahre ich, was Dasein, Leben und Freiheit ist. Damit wird das Verstehen zur fundamentalen, allem Handeln vorangehenden Aufgabe. Hermeneutik im einfachen Sinn als Lehre vom Verstehen, die aber ihren ursprünglichen Sinn als Übersetzung des orakelhaft dem Menschen Begegnenden[14] bei sich hat, ist angesagt. Ist nicht die Spur des Anderen immer auch ein Orakel, dessen Sinn mir übersetzt werden muß, damit es unser Leben ändert, unseres und das der zukünftigen Generation?

III.

Die klassische Hermeneutik hat sich dem Wort zugewandt, die theologische ist allemal wortfixiert. Beide sind davon überzeugt, daß in der Sprache das Sein selbst ins Dasein tritt, Sprachlichkeit also der ontologische Grund von Hermeneutik überhaupt ist. Keine Hermeneutik kann aus diesem Traditionsstrom ausscheren. Sie ist auf das Wort hin angelegt. Verstehen kommt ohne Sprachlichkeit nicht aus. Dennoch müssen wir versuchen, diese Einlinigkeit zu überwinden. Unsere Tradition der überaus einseitigen Zuwendung zum Wort und zum Text liegt in der Bilderfeindlichkeit der alttestamentlichen Religion begründet, die sich im frühen Christentum zunächst, dann im Islam und schließlich erneut im reformierten Christentum fortgesetzt und durchgehalten hat. Hermeneutik hat es in unserem Kulturraum mit dieser Tradition zu tun, das Kunstwerk ist gleichsam nur »zwi-

---

14. Vgl. K. Kerenyi, Hermeneia und Hermeneutik, in: ders., Griechische Grundbegriffe, 1964, S. 42-52.

schenhineingekommen«, auch wenn es durch die Orthodoxie, die römisch-katholische Kirche und durch die Begegnung mit dem klassischen Griechenland und Rom in der Renaissance und dem Humanismus einen wichtigen Stellenwert bekommen hat, den die phänomenologische Hermeneutik nicht übergehen konnte. Wenn wir in unseren Überlegungen zur interkulturellen Hermeneutik dem Bild- und Kunstwerk eine prominente Bedeutung einräumen, dann hat das jedoch einen anderen Grund als bei Schleiermacher, für den das Kunstwerk die Möglichkeit bildete, die ursprüngliche Bestimmung der vergangenen Welt wiederherstellen und rekonstruieren zu können, also ein Mittel seiner historischen Empathie war. Anders auch als bei Hegel wird das Kunstwerk nicht als Ausdruck des entfremdeten Geistes genommen, der durch die »Erinnerung des in ihnen noch veräußerten Geistes« zu sich selbst kommen kann. Die Kunst wird im Gefolge Hegels also den alles umgreifenden Armen der Philosophie eingefügt und durch sie dem gegenwärtigen Leben vermittelt und letztlich der Wahrheit der Geschichte zugeordnet und ihr untergeordnet (Gadamer, 1960, S. 97-161). Dementgegen kommt der Kunst darum eine besondere Bedeutung zu, weil wir es in der interkulturellen Begegnung auch mit Kulturen zu tun haben, die gerade nicht die Hochschätzung des Wortes teilen, sondern dem Bild und dem non-verbalen Ausdruck einen ungemein hohen, oftmals gleichwertigen und nicht selten höheren Stellenwert als dem Wort einräumen. Das gilt in gewisser Weise für die Völker der schriftlosen Kulturen, bei denen der Kult auf der Gleichrangigkeit von Wort und ritueller Performanz beruht, gilt aber ganz sicher für die Traditionen der mystischen Religionen. Man denke besonders an den Zen-Buddhismus, bei dem das Wort aufgrund seiner Unzulänglichkeit, der Wirklichkeit Ausdruck zu verleihen, geradezu überwunden wird. Auf das Wort, jedoch nicht auf die Performanz, kann im Zen verzichtet werden, weil sich in ihr Erkenntnis vermittelt: »Ein Ton – Buddhaschaft«. Eine lebenslange Übung im Spielen der Bambusflöte ist nötig, bis der eine vollkommene Ton gelingt, durch den Erleuchtung erlangt wird. Das Wort, das in der Kalligraphie den vollkommenen Ausdruck findet, hat einen höheren Stellenwert als das entsprechende verbalisierte Wort.

Gerade der Zen-Buddhismus macht uns aber auch auf einen anderen Aspekt aufmerksam, den uns die moderne Symbolforschung neu erschlossen hat. Das Wort ist mehr als Wort. Es ist eingebunden in die Symbolwelt und partizipiert an ihr. Symbole gehen dem Denken voran. Sie verheimlichen nicht, wie noch Freud meinte, sondern »sie geben zu denken« (P. Ricoeur). Das Denken kann des Wortes nicht entbehren, die Interpretation sammelt in die Fülle des Wortes, was im Symbol vorgegeben ist. Aber eben das Wort ist Nachvollzug, es sammelt ein. Das Symbol ist das Gebende[15]. Es macht den Empfänger nicht passiv. Das Sym-

---

15. P. Ricoeur, Symbolik des Bösen, 1971, bes. 395ff.; ders., Die Interpretation. Ein Versuch über Freud, 1976, bes. S. 50ff. Zu Ricoeur vergleiche jetzt auch die schöne

bol ruft nach dem Interpreten, es aktiviert ihn. Es will Partizipation. Die Bedeutung des Symbols liegt ebensowenig ein für allemal fest wie der Sinn des Orakels. Im Empfänger ändert es seine Bedeutung, ohne daß Beliebigkeit herrscht. Jede Interpretation muß sich an dem Symbol selbst orientieren und angemessen bleiben. Dabei wehrt sich das Symbol dagegen, zum Zeichen zu verflachen oder zur Allegorie zu erstarren. Das Symbol ist lebendig, es ist wie das Orakel und der Traum »Gottes vergessene Sprache«.

Gehört auch das Kunstwerk dazu? Gewiß nicht primär und in direkter Ableitung. Jedes Kunstwerk ist Verdichtung, Verdichtung der Wirklichkeitserfahrung in einer der Vollkommenheit angenäherten Form. Da aber Wirklichkeit letztlich nur im Symbol aussagbar ist, partizipiert auch die Kunst daran. Das gilt in besonderer Weise für die religiöse Kunst, die jedoch nur ein Spezialfall allgemeiner Regel ist. Jedes Kunstwerk ist mehrschichtige Aussage. Es gewährt dem Betrachter eine Botschaft, und zwar so, daß es sich seinem Rezeptionsvermögen, seiner Offenheit anpaßt. Weil das Kunstwerk Werk des Menschen ist, kann sein Verweisungscharakter stark zurücktreten, ohne jedoch ganz wegzufallen. Es bleibt aber verdichtete Aussage, die das Sprachgeschehen des Alltags übersteigt. Die Kunst ruft nicht notwendig nach dem Interpreten, weil sie Verstehen auch ohne ihn gewährt, doch freut sie sich seiner und stößt ihn nicht zurück. Die Kunst wahrzunehmen, heißt, sich der Welt der betreffenden Kultur und ihrer religiösen Überhöhung auszusetzen. Eine interkulturelle Hermeneutik kann dieses Zugangs nicht entbehren.

Es gibt noch einen weiteren Grund, warum wir in dem Entwurf einer interkulturellen theologischen Hermeneutik die Interpretation des Kunstwerkes essentiell integrieren müssen. Geprägt durch die jeweiligen Kulturen, in denen die Kirchen der Dritten Welt heimisch sind, kann sich die Theologie entsprechend der hohen Bedeutung von Symbol, Ritus und Gemeinschaft nicht an erster Stelle als worthafte Theologie, als »Schreibtischtheologie« artikulieren. Sie muß sich andere Ausdrucksformen suchen und hat das getan. Das Lied, die Feier, der kurze poetische Text, das neue Symbol und die darstellende Kunst sind solche Ausdrucksmöglichkeiten, in denen die Theologien sich artikulieren. Wie im Abendland – so lautet meine These – geht auch in der Dritten Welt die Kunst der im Wort sich ausdrückenden theologischen Einsicht voran. Die Kunst nimmt die theologische Einsicht gestalterisch vorweg. Das kann man nicht nur an der mittelalterlichen und der modernen europäischen Kunst zeigen, sondern auch am Beispiel A. Mbathas belegen, der längst schon schwarze Theologie visuell vorbereitet hat, ehe es diesen Begriff im theologischen Milieu gab[16]. Die Wahrheit

---

Laudatio von O. Bayer, Theologie im Konflikt der Interpretation. Ein Dialog mit Paul Ricoeur, EK 1989, S. 31-34.
16. Theo Sundermeier, Südafrikanische Passion, Die Linolschnitte des A. Mbatha,

der Kunst antizipiert Einsichten der Theologie. Indem sie diese visuell vorwegnimmt, macht sie sie zugleich annehmbar.

Der Hermeneut einheimischer religiöser (christlicher) Kunst betreibt Theologie in unmittelbarem Sinn, denn er übersetzt ins Wort hinein, was zuvor nur in der künstlerischen entbergenden Verschlüsselung vorhanden ist. In der Kunst wird schon sichtbar, was die Theologie sein wird, könnte man ein Wort des Johannesbriefes abwandeln (1 Joh 3,2).

IV.

Es bedarf einer gesonderten Begründung, warum die Medizin zum zentralen Pfeiler einer interkulturellen Hermeneutik gewählt wurde. Wir betreten damit unbeschrittene, aber notwendige Pfade.

Zur Erläuterung will ich von einer Erfahrung berichten. Ich hatte am Lutheran Theological College Umpumulo/Südafrika Clinical Pastoral Training zu unterrichten und ließ während des Kurses Studenten Besuche im nahegelegenen lutherischen Missionskrankenhaus machen. Bei der Auswertung der Interviews stieß ich auf eine stereotyp wiederkehrende Aussage: Ich verstehe nicht, was der (weiße) Doktor tut. Darum gehen wir noch zum Inganga (Medizinmann). Er kann helfen. – Nach unserer westlichen Überzeugung ist alles, was die europäische Medizin tut, wissenschaftlich klar, rational durchschaubar. Die afrikanische Medizin dagegen gilt als krude, dunkel, vielleicht wirksam, in jedem Fall aber sinnlose, weil undurchschaubare und darum unverständliche »Magie«.

Es bedurfte langen Zuhörens, Zuschauens und Forschens, bis ich entdeckte, daß die afrikanische Medizin durchaus verstehbar ist, in sich logisch und kohärent, wenn auch auf anderen Gesetzen basierend als die unsrige. Ihre Logik unterliegt dem Gesetz der Analogie, ihr metaphorisches Zentrum ist des Menschen Körper. Er ist Ziel medizinischen Handelns und zugleich unerschöpfliches Symbolreservoir, mit dem man die Welt und die Menschen in ihr begreifbar und verhandelbar machen kann. Die Phänomenologie des Körpers wird zur Metapher der Welt, mit Hilfe dessen man sie entziffern kann. Kennt man diesen Schlüssel nicht, fühlt man sich in der Welt verloren und ist ihr hilflos ausgesetzt. Mit ihm aber kann man in ihr heimisch werden, ihr standhalten. Der Körper bindet das Innen und Außen der sozialen und kulturellen Welt des Menschen zusammen[17]. Der Medi-

    1977, bes. die Bilder S. 31, 43, 64. Es war für mich ungemein aufschlußreich, als A. Boesak zum erstenmal bei uns das Bild »David und Goliath« (ebd. S. 43) sah und es spontan für den Umschlag seiner Dissertation »Farewell to Innocence« auswählte, weil er darin seine Theologie wiedererkannte.

17. Zu Einzelheiten vgl. T. Sundermeier, Nur gemeinsam können wir leben. Das Menschenbild schwarzafrikanischer Religionen, 1988, S. 41ff.

zinmann weiß das, meist mehr intuitiv als bewußt, ebenso auch der Patient. Er *versteht* das symbolträchtige Handeln des Heilers, darum gibt es Heilung. Ohne Verstehen keine Heilung.

Auch die Medizin hat es mit Hermeneutik zu tun, umgekehrt bedarf der Hermeneut der phänomenologischen Erfassung der Krankheit seitens der Medizin, um zur Welt der anderen Kultur einen Zugang zu finden[18] und um die ihm fremde Ausdrucksweise verstehen und übersetzen zu können.

Heil und Heilung sind nicht nur anthropologische, sondern auch religiöse Begriffe, in allen Kulturen. Religion hat es mit Gesundheit und Heilung zu tun, weil ihr die Bewältigung von Tod und Sterben aufgetragen ist. Wie man auf Krankheit und Gesundheit reagiert, was man darunter versteht, wie man beides akzeptiert und sich gegen Bedrohung wehrt, ist zentral für das Verständnis der Kultur als ganzer und muß jeweils neu in seiner symbolischen Verschlüsselung entziffert werden.

Die intensive Form der Körpersymbolik z.B. findet man besonders in den Stammeskulturen, während in den asiatischen sog. Hochkulturen die kosmologische Symbolik vorherrscht, d.h., hier wird der Kosmos nicht in die Menschenwelt hineingezogen und von dort aus interpretiert, sondern umgekehrt transzendiert der Mensch sich in den Kosmos hinein. Ihm muß man sich anpassen, ihm gemäß leben, will man gesund sein und Glück haben. (Vgl. den chinesischen Universismus.) Daß der Kosmos dabei in Kategorien des Menschen und seines Körpers, wenn auch in abstrakteren Begriffen, verstanden wird, ist bekannt. Grundsymbole sind in allen Kulturen gleichurtümlich und austauschbar, auch wenn sie andere, von der jeweiligen Kultur geprägte Konnotationen haben.

Der interkulturelle Vergleich kann hier weiterführen und Verstehenshilfen geben. Notwendig aber ist er für beide, den Mediziner wie für den Theologen, weil beide mit dem Heilen zu tun haben und darum auf Verstehen angewiesen sind. Der Körper lügt nicht, und die Krankheit offenbar auch nicht. Doch beide drücken sich im Symbol aus. Nicht nur dem Seelsorger, auch dem Arzt gibt das Symbol zu denken. Wer nicht allein auf Symptombekämpfung aus ist, sondern nach den Ursachen sucht, muß ein Lernender werden. Interkulturelle Verstehenshilfen, Codeschlüssel, brauchen wir alle.

---

18. Ein vorzügliches Beispiel hierfür bietet die Arbeit des Arztes H. Aschwanden, Symbole des Lebens, 1976. Zur Körpersymbolik der Kultur, vgl. H.F. Geyer, Physiologie der Kultur, 1985, auch wenn er andere Thesen vertritt als ich.

V.

Der Interpretation von religiösen/theologischen Texten, sonst an erster Stelle stehend, wenden wir uns zum Schluß zu. Mit dem Kunstwerk und der Symbolsprache des kranken Körpers haben sie gemeinsam, daß sie in ihrer Bedeutung »offen« sind, d.h., sie regen zu einem immer erneuten und vertieften Erfassen an. Die von ihnen intendierte, die ihnen zugrunde liegende Sache steht nicht wie ein vergrabener Backstein fest, der nur aus seiner Ummantelung und schmutzigen Hülle befreit werden muß, sondern sie stellt sich für eine Interpretation jeweils neu dar und verändert sich mit den Umständen (z.b. der Übersetzung in eine andere Sprache und Kultur) und dem Interpreten, je nach dessen Wahrnehmungs- und Interpretationsvermögen.

Das Problem stellt sich schon im Neuen Testament und ist bisher im Sinne einer eindeutigen Sachaussage beantwortet worden, ohne daß die Hermeneuten die Subjektivität und die Begrenztheit ihrer eigenen Summa zur Diskussion stellten oder dies erkannten. Neuerdings hat sich die Situation gewandelt. Man versucht, es anders zu lösen, und plädiert für die Vieldeutigkeit und Offenheit der »Sache«, die – mit Gadamer – der Sinn des Textes selbst ist. »Die Sache ist nicht gegeben; sie wird erst gewonnen, erkämpft und erlitten« (Berger, 1988, S. 188). K. Berger sieht darin einen ungeheuren Zugewinn an Möglichkeiten, den eigenen Standpunkt einzunehmen und Freiheit auch gegenüber der Tradition zu gewinnen, ohne daß die Bindung an den Ursprung des Christentums und seinen urkundlichen Text gelockert wird.

Stärker noch als in der bisherigen Exegese wird dadurch die Einheimischwerdung der Theologie freigegeben und der Horizont eröffnet, intensiver danach zu suchen, wie das Evangelium im Wechsel von einer Kultur zur anderen neue Denkhorizonte erschließt und seine »Sache« neu wird. In der Neusetzung seiner selbst erweist es seine Kraft. Der Interpret und Hörer des Evangeliums wird nicht zum passiven Objekt degradiert, sondern zum Subjekt, das der Geist in alle Wahrheit leitet. Der Zuwachs an Offenheit bedeutet dann auch einen Zuwachs an Verständnis des Gemeinten und seiner Kraft. Information nimmt zu, sie ist theologische Bereicherung.

Das hier vertretene Verständnis von Text und Bedeutung entspricht dem in der Kunsttheorie verstandenen Konzept des *offenen Kunstwerkes*.

Das sei ein wenig vertieft, weil wir uns gegen das mögliche Mißverständnis der Beliebigkeit abgrenzen müssen. Ein Kunstwerk ist offen, insofern es sich nicht auf Eindeutigkeit festlegt, sondern sich dem Interpretierenden als »zu vollendendes Werk« darbietet[19]. Der Grund der Möglichkeit für eine Vielfalt von Interpretationen liegt im »Feld der Relationen«, das jedes Werk eröffnet (ebd.

---

19. Zum folgenden s. U. Eco, Das offene Kunstwerk, 1977, S. 55.

54). Es ist nicht starr, still, sondern in Bewegung und bewegt den Hörer/Zuschauer und Interpreten. Es knüpft Beziehungen und eröffnet neue Horizonte. Da es als Kunstwerk einer Ordnung unterliegt, kann in der Interpretation nicht Beliebigkeit herrschen, sondern nur Angemessenheit. Verschiedene Interpretationen sind »konkrete produktive Ergänzungen, die es (das Kunstwerk) von vornherein in den Spielraum einer strukturellen Vitalität einfügen, die dem Werk eignet ... und die sich durchsetzt auch bei verschiedenen und vielfachen Ausführungen« (ebd. 56).

Die Wahrheit des Textes ist darum nur im Zusammenspiel verschiedener Interpretationen zu erschließen. Das ist nicht im Sinne einer Komplementarität zu verstehen, sondern als Wahrheit in der Konvivenz[20].

Zwei Fragen bleiben zu beantworten. Es geht einmal um das Problem der Übertragbarkeit verschiedener wissenschaftlicher Begriffe und Methoden in andere Wissenschaftszweige, genauer, in andere kulturelle Kontexte hinein. Die Bestimmung eines Kunstwerkes als »offen« führt in eine offene Bewegung hinein. Das macht eine positive Antwort möglich. Hier würde eine Selbstbeschränkung zu einer dem Kunstwerk widersprechenden Sterilität führen. Die Möglichkeit der jeweils sich vertiefenden Interpretation darf nicht im voraus festgelegt werden. Anders aber als in der Kunsttheorie üblich, muß man an dieser Stelle betonen, daß eine solche Überschreitung in den anderen Kulturbereich hinein nicht in der Haltung des einsamen Gelehrten geschehen darf, sondern im intensiven Hören auf und im intensiven Austausch mit dem Relationsfeld der anderen Kultur. Erst im interkulturellen konvivialen Umgang erschließt es sich in seiner Sinnfülle.

Die zweite Frage bezieht sich auf die spezielle Bedeutung des anderen als *Fremdem*. Klaus Berger ist meines Wissens der erste, der in einer neutestamentlichen Hermeneutik sich diesem Thema stellt. Fremdheit steht für »Anstößigkeit und Nicht-direkt-Verwertbarkeit, für Sperrigkeit und die Weigerung, gewordene Identität in den Rachen einer allgemeinen Weltkultur zu werfen« (Berger, 1988, S. 125-143, bes. 125). Darin sei Fremdheit eine jüdische Kategorie. Ist es auch eine theologische? Der Glaube lebt von der Erfahrung, keine reicht aus, das Ganze auszusagen. Das Fremde zeigt, daß neue, gerade auch widerständige Erfahrungen notwendig sind. Zumal in der Geschichte, ist sie doch der Ort von Gottes besonderem Handeln. »Die sich fortwährend ereignende Geschichte mit diesem Gott bedarf wegen der sich stets wandelnden geschichtlichen Andersheit, auch des neuen, anderen und bislang Fremden im Bereich der religiösen Artikulation« (ebd. 128). Gott ist immer gut für Unerwartetes, Neues (Röm 9,6-33). Auch wenn Berger sich dagegen wehrt, kommt darin nicht doch das Element des Heiligen zum Ausdruck, das in allen Religionen den Gottesgedanken bestimmt?

20. Das Problem wird bei Augustin im 12. Buch seiner Konfessionen schon verhandelt.

Die anthropologische, soziale Kategorie des »Fremden« hat Verweisungscharakter und bekommt von Gott her ihre eigentliche theologische Würde. Der Fremde ist der andere, in dessen Spur uns der Andere begegnet, der sich mit dem Unterdrückten, Fremden, »Regelwidrigen« identifiziert. So unmittelbar einleuchtend diese Bestimmung des Fremden durch Berger ist, im interkulturellen Verstehen bedarf sie der Ergänzung, weil sie einerseits noch der platonischen Defiziterfahrung verpflichtet ist, andererseits aus der Position des Reichen, des Besitzenden konzipiert wird. Dort, wo das Christentum die Minorität ist, ist das Fremde gerade das Mächtige, Attraktive, gegen das man sich zunächst wehren muß, weil man um seine Identität fürchtet. Nur sehr unrichtig darf man also mit Berger Offenbarung als »Annahme des Fremden« definieren (140). Hier bedarf es weiterer Differenzierungen.

VI.

Die letzten Überlegungen machen deutlich, daß die Hermeneutik einer interkulturellen Begegnung nicht auf Harmonie aus ist. Sie ist Begegnung mit dem *Fremden*. Das muß in dieser Härte auch durchgehalten werden. Es ist falsch, das Fremde im Verstehen vorschnell zu sich hin interpretieren zu wollen, es in das eigene Selbstverständnis zu inkorporieren und damit aus dem Gegenüber ein je Eigenes zu machen, wie es in verschiedener Form in der bisherigen Hermeneutik der Fall war. Interkulturelle Begegnung ist *Heimsuchung* (Lévinas). Der andere bietet mir zwar Existenzrecht, aber er sucht mich auch heim, er stellt mich in Frage. Das Antlitz des anderen tritt uns nah, es tritt uns zu nah. In dieser Nähe und Plötzlichkeit, in der es mir begegnet, ist es für mich eine Störung (Lévinas, 1983, S. 242 A.), der ich nicht ausweichen kann. Mein Gehäuse bleibt nicht mehr intakt, nicht mehr so, wie es zuvor war. Ich muß der Störung standhalten und Antwort geben. Die Heimsuchung hat immer eine ethische Dimension. »Die Heimsuchung besteht darin, ... die Ichbezogenheit des Ich umzustürzen, das Antlitz entwaffnet die Intentionalität, die es anzieht« (Lévinas, 1983, S. 223)[21]. Erst wenn wir das in seiner Tiefe wahrnehmen, verstehen wir auch, warum es so befremdlich ist, daß Jesus sich mit dem Fremden identifiziert, warum wir uns dagegen wehren, im Begriff und Antlitz des anderen das Verweisende, den *einen* Anderen wahrzunehmen. Die Infragestellung ist dann nur noch als Annahme zu ertragen.

21. Bei Gadamer heißt es: »Zueinandergehören heißt immer zugleich Auf-ein-ander-Hören-können ... Offenheit für den anderen schließt also die Anerkennung ein, daß ich ... etwas gegen mich gelten lassen muß, auch wenn es keinen anderen gäbe, der es gegen mich geltend machte«, a.a.O., S. 343.

Und das heißt als *Erleiden*. Gadamer hat darauf hingewiesen, daß Leiden wesentlicher Bestandteil der Erfahrung, gerade auch der hermeneutischen Erfahrung ist. Pátei máthos, durch Leiden lernen, heißt es im Griechischen (Gadamer, 1960, S. 339). Die Begegnung mit dem anderen, Fremden, führt zur Erfahrung der Hilflosigkeit, des Nichtigen. Ich verstehe das Andere nicht, das mich anzieht und abstößt, das ich zu begreifen suche und nicht ergreifen kann. Die Erfahrung der eigenen Grenzen, wenn nicht der Nichtigkeit, die Aggressivität in mir hervorruft, wird durch die Spur des anderen bewirkt. Lernen aber kann ich nur so, indem ich das Anderssein des anderen und nicht nur das Bild, das ich mir von ihm gemacht habe, und die Erwartung, mit der ich ihm begegne, anerkenne. »Jede Erfahrung, die diesen Namen verdient, durchkreuzt eine Erwartung«, heißt es bei Gadamer (S. 338). Das Fremdsein muß verstärkt werden, das Andere muß man stark machen (Gadamer). Darin erfahre ich, wie ich selbst durch den anderen stark gemacht werde. Dann erst beginnt das Aufeinanderzugehen, das Aufeinanderhören, beginnt Verstehen, das im Handeln, in der Applikation, sein Ziel findet, denn »vor dem Anderen ist das Ich unendlich verantwortlich«[22]. Wie diese Verantwortung wahrzunehmen ist, darauf gibt es verschiedene Antworten; sich der Hermeneutik zu stellen, ist jedoch die vordringlichste.

22. Lévinas, 1983, S. 323. Er fährt dann fort: »Der Andere, der im Bewußtsein diese ethische Bewegung hervorruft und der das gute Gewissen der Koinzidenz mit sich selbst durcheinanderbringt, bringt einen Zuwachs mit sich, der der Intentionalität nicht entspricht.«

Literatur

Balz, H. (1978): Theologische Modelle der Kommunikation, Bastian/Kraemer/Nida, Gütersloh.
Berger, K. (1988): Hermeneutik des Neuen Testaments, Gütersloh.
Gadamer, H.-G. (1960): Wahrheit und Methode, Tübingen.
Lévinas, E. (1983): Die Spur des Anderen, Frankfurt/M.
Stuhlmacher, P. (1979): Vom Verstehen des Neuen Testamentes. Eine Hermeneutik, Göttingen.
Weder, H. (1986): Neutestamentliche Hermeneutik, Zürich.
Wiehl, R. (1983): Laudatio auf Emmanuel Lévinas, in: Heidelberger Jahrbücher 27, S. 126-133. ebd. 131.

Richard Friedli

Kultur und kulturelle Vielfalt

Bemerkungen zur interkulturellen Übersetzung von Ex 3,14

Die Fragen der interkulturellen Theologie, der transkulturellen Bedeutung des Evangeliums und der kontextuellen Inkulturation werden hier nicht definitorisch und generell dargestellt. Ausgehend von der Übersetzungproblematik eines zentralen biblischen Textes:

> Ex 3,14: Da antwortete Gott dem Mose: Ich bin der »Ich-bin-da« ('aehyāē 'ªšaer 'aehyāē). Und er fuhr fort: So sollst du zu den Israeliten sagen: Der »Ich-bin-da« hat mich zu euch gesandt.

soll vielmehr die Wertverschiebung einer Botschaft in unterschiedliche kulturelle Kontexte dargestellt werden; semitisch-hebräisches Milieu, indoeuropäisch-griechische Welt und buddhistisch-japanische Tradition.

Vorbemerkungen zum methodischen Ansatz

Um diese Umsetzungsproblematik zu illustrieren, benütze ich folgende methodische Vorgehensweise:

1. *Kulturanthropologischer Ansatz*[1]: Nach der kulturanthropologischen Option der funktionalistischen Schule ist hier Kultur als eine organisch-koordinierte und integrierte Gesamtgestalt von gesellschaftlichen Fakten (Betriffe, ethische Forderungen, Riten, Institutionen, Werte usw.) verstanden, welche es einer gegebenen Gesellschaft ermöglichen, materiell (Ökonomie), zwischenmenschlich (Politik) und sinnvoll (Ideologie) das Leben und das Überleben zu sichern.
2. *Kommunikationswissenschaftlicher Ansatz:* Der äußerst komplexe Übersetzungs- und Umsetzungsvorgang eines biblischen Textes wird auf drei Elemente/Faktoren reduziert: *S*ender, *B*otschafter und *E*mpfänger.

$$S \dashrightarrow B \dashrightarrow E$$

Diese lineare Darstellung des Kommunikationsprozesses ist selbstverständlich zu vereinfacht. Denn in der alltäglichen Begegnung bringen es ja die Umstände (Klima, Rassenzu-

---

1. Zur kulturanthropologischen Vertiefung: L.J. Luzbetak, 1977.

gehörigkeit, Mann/Frau usw.) mit sich, daß auch die Rückwirkung (Feedback) vom Empfänger zum Sender im Kommunikationsprozeß mitspielt. Das Schema ist deshalb eher

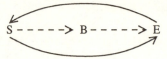

Die Kommunikation verläuft also nicht nach dem Modell des Steines, der mit einem Fußtritt weitergekickt wird, sondern eher nach der Art des Hundes, der geschlagen wird und zurückbeißt[2].

3. *Interdisziplinärer Ansatz:* Für jede interkulturelle Arbeit (vergleichende Psychiatrie, Vergleich zwischen okzidentaler und afrikanischer/asiatischer Medizin usw.) ist die interdisziplinäre Zusammenarbeit eine unumgängliche Voraussetzung. Die folgende Darstellung wäre nicht möglich gewesen ohne eine jahrelange Kooperation mit Exegeten des Alten Testaments und Japankennern (welche mir zehn Bibelübersetzungen unter diesem Gesichtspunkt untersucht haben)[3].

1. Manifeste und latente Kultur: Enkulturation

Um eine kulturelle Gegebenheit, wie sie in der jeweiligen Gesellschaft internalisiert worden ist (Enkulturation) zu entschlüsseln (dekodieren), ist die inhaltliche Deskription dieses Kulturelementes Grundbedingung. Die empirischen Sozialwissenschaften sprechen hier von Denotation. Sie betrifft den Bereich der manifesten Kultur. Bei einer Textinterpretation geht es dabei z.B. um die Etymologie eines Begriffes, seinen geschichtlich-lexikographischen Entwicklungsstand und seine grammatikalische Stellung.

Was unseren Text aus der hebräischen Bibel angeht, ist die Diskussion um die Verwurzelung (Etymologie) von »'aehyē 'ašer 'aehyē« noch nicht abgeschlossen. Drei philologische Referenzen kommen dabei oft zur Sprache[4]:

2. E.A. Nida und Ch.R. Taber, La traduction: théorie et méthode, Londres 1971 (erweiterte Übersetzung von: Theory and Practice of Translation, London-Leiden 1969).
3. Die exegetischen Hinweise zum hebräischen Text von Ex 3,14 verdanke ich Prof. Adrian Schenker (Universität Freiburg/Schweiz). Die japanischen Übersetzungen und Kommentare hat Prof. Bernardin Schneider (Studium Biblicum Franciscanum, Tokyo) besorgt. Die buddhistisch-japanische Denotation und Konnotation hat mir Paul Ihara (Theologe, Tokyo) vermittelt.
4. Die folgenden alttestamentlichen Exegese-Hinweise hat Christoph Lienkamp (Assistent am Institut für Missiologie und Religionswissenschaft Universität Freiburg/Schweiz) erarbeitet.

1. hebräisch: hawah	fallen, stürzen	Gott ist der Herniederfahrende, der Fällende (d.h. der Blitzschleuderer; vgl. Gen 19: der Berggott in der Sinaitheophanie)
2. hebräisch: hawah	lieben, begehren	Gott als der intensiv Liebende
3. hebräisch: hayah	sein werden, leben, existieren	Gott als der Seiende, Existenzgrund (kausative Bedeutung: er ruft ins Leben)

Dabei kommt der dritten Möglichkeit, die nur im aramäisch-hebräischen Sprachbereich zu belegen ist und für die es in anderen altsemitischen Sprachen kein inhaltlich adäquates Verb gibt, für die Interpretation von Ex 3,14 zentrale Bedeutung zu. Die Bedeutung der nur an dieser Stelle auftretenden Wendung »'aehyāē 'ªšaer 'aehyāē« ist allerdings unsicher und umstritten. Sicher scheint: Der Erzähler »hat eine geistreiche Deutung des Jahwe-Namens geben wollen«, indem er ihn von der Wurzel hayah ableitete, »oder vielmehr die Absicht gehabt, das Geheimnis des bedeutungsvollen Namens zu enthüllen«. Und, so fährt der schwedische Alttestamentler J. Lindblom fort, »unsere Aufgabe ist, womöglich festzustellen, was er mit dieser Deutung gemeint hat«. Zahlreiche Namensetymologien finden sich bekanntlich im AT, die man als volksetymologische, bewußte oder unbewußte Spielereien bezeichnen kann; hier handelt es sich vielmehr um eine »theologische Deutung«, eine Deutung, die einen religiösen Wert enthält und einem religiösen Zwecke dient[5]. So ist unsere Wendung als eine vorbereitende, sozusagen kommentierende Erklärung des geheimnisvollen Tetragramms JHWH in Ex 3,15 anzusehen. Neben den verschiedenen Übersetzungsmöglichkeiten, die über Jahre hinweg die Forschungsdiskussionen bestimmten, gab es auch die Ansicht, daß die Antwort Gottes eigentlich eine Abweisung enthält, etwa im Sinn der folgenden Übersetzung: »Mein Name tut zur Sache nichts.«[6] Oder im Sinn eines Hinweises auf die Unnennbarkeit und Unfaßbarkeit Jahwes. Neuere Forscher betonen in verschiedener Weise, daß die Aussage gerade die Treue Jahwes zu sich selbst im praktisch-religiösen Sinn zum Ausdruck bringt bzw. die Gegenwart Gottes dem Volk zugesichert wird. Andere wiederum sehen die Bedeutung eher im Wirksam-Sein (Ratschow, Noth, Mowinckel). Die Mannigfaltigkeit der Ansichten und die Diskrepanz der Interpretationen hinterläßt einen zunächst unbefriedigenden Eindruck einer semantischen Vielschichtigkeit.

5. J. Lindblom: Noch einmal die Deutung des Jahwe-Namens in Ex 3,14. In: Asti 3 (1964) 4.
6. Ebd. 6.

Es geht aber nicht nur um diese semantische Vielschichtigkeit. Die drei Wortanalysen verweisen auf drei verschiedene Verständnisse von Gott und dem Heiligen. Es geht dabei nicht allein um linguistische Probleme, sondern auch und vor allem um religiöse Vor- und Selbstverständnisse. Dieses Umfeld (Plausibilitätsstrukturen), welches zu tun hat mit Lebensgeschichten, Sensibilitäten und Wertsystemen, die den Begriff »gewichten«, nennt die Kulturanthropologie Konnotation. Diese unsichtbaren Elemente bilden die latente Kultur. Die Hermeneutik unseres Textes eruiert beim »Hörer des Wortes« (E) drei Reaktionen auf die Proklamation (B) des Gottesnamens.

1. Die *heilsgeschichtliche* Deutung: »*ich bin, der ich bin*«. Mit diesem Hebräismus (Hauptproposition und Relativsatz) wird eine bekräftigende, starke Aussage, eine Zusage von Permanenz gemacht. Gott ist intensiv im Schicksal seines Volkes präsent. Deshalb die oben bevorzugte Übersetzung: »*Ich werde mit euch derjenige sein, der mit euch sein wird.*«
2. Eine *determinierte* Aussage: Mit der bereits in der Wortbedeutung von hya/hwh erklärten Polysemie ist eine gewisse Ambivalenz der Aussage gegeben. Der Name »*ich werde sein, der ich sein werde*« läßt den Empfänger der Botschaft in einem inhaltlichen Schwebezustand.
3. Im *magischen* Kontext: Die schillernde, nicht eindeutige Antwort des »ich bin, der ich bin« hat etwas mit der archaischen Funktion des Namens zu tun. Der Name gibt Identität, Kompetenz und Autorität. Nach der »magischen Logik«, die in der Analogie und im Nebeneinander von Gegenständen, Personen, Gesten oder Lauten eine kausale Abhängigkeit sieht, gibt deshalb das Kennen des Namens einer Person auch Macht über diesen Menschen. Gott ist aber nicht im Verfügungsbereich des Menschen (hier der Israeliten). Die Antwort »ich bin, der ich bin« ist also die Weigerung, den Namen Gottes zu nennen und sich damit den Israeliten auszuliefern.

Diese kurze Dekodierung von »'aehyāē 'ªšaer 'aehyāē« illustriert die Komplexität der Übersetzung eines zentralen Textes zum biblisch-hebräischen Gottesverständnis. In der akkulturativen Begegnung dieser semitischen Tradition mit der griechischen Welt gibt es deshalb notwendigerweise Wertverschiebungen, da die griechischen Übersetzer in dieser Ambivalenz und Polyvalenz auswählen mußten. Dadurch wird das ursprünglich Undeterminierte in der griechischen Kultur der Septuaginta (LXX) determiniert.

2. Kulturwandel: Akkulturation

Wir beschränken uns, wie schon gesagt, auf die Kommunikations- und Übersetzungsproblematik in einen je verschiedenen kulturellen Kontext. Es ist deshalb hier nicht der Ort, die historischen Phasen und Modalitäten der Kontakte zwischen dem biblisch-jüdisch-hebräischen Milieu und der griechischen Kultur und ihrem sprachlichen Potential zu analysieren. Ausgehend von der Thematik des Symposiums »Theologische Hermeneutik interkulturellen Verstehens« sollen höchstens – gestützt auf Ex 3,14 – die Akkulturationsphänomene im Übersetzungsvorgang von der semitischen zur griechischen Kultur aufgezeigt werden. Schematisch würde das so aussehen:

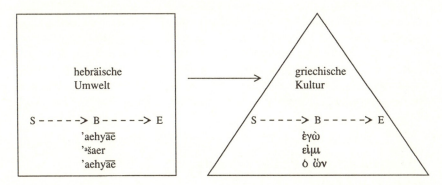

Die Partizip-Form des griechischen »sein« ermöglicht es, Elemente aus der hebräischen Konnotation zu respektieren: vor allem die permanente Präsenz. Das griechische »Sein« beinhaltet ferner auch Entfaltungsmöglichkeiten. Die aristotelische Seinsphilosophie beinhaltet ja die Potentialität (dynamis und energeia)[7].

Mit der Übersetzung eines Exodus-Textes aus der ursprünglich hebräischen Enkulturation in das Griechische der Septuaginta wechselt der kulturelle Kontext. Die Übersetzung bedeutet nicht nur einen Übergang von der semitischen Völker- und Sprachgruppe in die indoeuropäische Sprachfamilie, sondern auch eine Verschiebung oder vielleicht besser eine Einengung und Selektion innerhalb des ursprünglichen semantischen Bedeutungsfeldes. Die Übersetzungs-Akkulturation bedingt nämlich auch einen Wechsel innerhalb von verschiedenen Werten und religiösen Perspektiven. Das ἐγὼ εἰμι ὁ ὤν der LXX beinhaltet zwar noch die seins-mächtige Komponente der semitischen Wurzel hayah, schaltet aber die unberechenbare und dennoch treue Geschichtsmächtigkeit praktisch aus.

Die Übersetzung der lateinischen Vulgata: »Ego sum qui sum« und »qui est misit me ad vos« bereitet ihrerseits noch einseitiger den Weg zu einer nicht mehr so sehr geschichtlichen Interpretation von Gottes Gegenwart als vielmehr einer philosophischen, abstrakten, ontologischen, substanz-orientierten Interpretation

---

7. Vgl. W. Beierwalters, Deus est esse – esse est Deus. Die ontotheologische Grundfrage als aristotelisch-neuplatonische Denkstruktur, in: Platonismus und Idealismus (PhA 40). Frankfurt am Main 1972, 5-82 (zu Ex 3,14: 9-12).

vor. Diese essentialistische Darstellung des göttlichen Namens wird noch dadurch verhärtet, als die im Hebräischen gegebene Ich-Form: »Ich BIN hat mich zu euch geschickt« in der Vulgata mit QUI EST übersetzt wird. Dadurch ist die beziehungsstarke, dynamische Ursprungsbedeutung zugunsten einer eher statischen Philosophie und Theologie uminterpretiert worden, welche nicht nur einen Kulturbruch, sondern einen Bedeutungswechsel einführt.

Da es bei dieser Untersuchung weder darum geht, die scholastische Verhärtung dieser seins-metaphysischen Tendenz zu analysieren noch die damit angesprochenen theologischen Probleme (z.B. Offenbarungsgeschichte, Inspirationsverständnis, Überlieferungsbegriff) aufzuarbeiten, soll hier nur erneut auf die noch verschärfte Problematik der zwischenreligiösen Akkulturation und der missiologischen Inkulturation hingewiesen werden, wenn in unserer Thematik von der gegenseitigen Rezeption christlicher und buddhistischer Werte die Rede ist.

3. Interkultureller Dialog: Inkulturation

Die japanischen Übersetzer scheinen nämlich bei ihrer Arbeit von der griechischen Version ausgegangen zu sein. Sie übersetzen Ex 3,14 als »Ich bin der Seiende«[8]: *watashi wa atte aru mono*. Diese Übersetzung ist aus folgenden Schriftzeichen zusammengestellt:

watashi	Ich (Subjekt)
atte	seiende (Partizipialform zu aru)
aru	ist
mono	Sache, Person

Auch hier geht es nicht um die Übersetzungsversuche aus der indoeuropäischen Buchstabenschrift in chinesisch-japanische Piktogramme/Ideogramme oder um die verschiedenen japanischen Leseweisen (literarische Sprache, Alltagsgebrauch, Höflichkeitsformen). Ich lasse auch die Schwierigkeit des Übersetzers, zwischen der metaphysischen Bekräftigung eines existenten Prinzips (aru), dem Sein im allgemeinen und dem Hinweis auf eine konkret gegenwärtige Person (iru) wählen zu müssen, unberücksichtigt.

Diskutieren möchte ich im kulturanthropologischen Kontext nur das Zeichen yū, welches in den Übersetzungen von Ex 3,14 in den Jahren 1947 (und heute

---

8. Die berücksichtigten Bibelübersetzungen sind: erste, integrale, japanische Bibelübersetzung (1947), die Seisho-Bibel (Tokyo 1964) und die sog. Don-Bosco-Übersetzung (Tokyo 1968).

noch oft verwendet wird) eingesetzt worden ist. Dieses Zeichen wird nämlich im chinesischen Kontext gebraucht, um den Sanskritbegriff bhava (das 10. Glied der 12gliederigen Kette des bedingten Entstehens »pratitya-samutpada«: »sein«, »werden«) wiederzugeben. Das Seiende (Existierende, Werdende) ist nach dem buddhistischen Daseinsverständnis (nicht nur im Theravada) von den drei transzendentalen Charakteristika (ti-lakkhana) jeglicher weltlicher Existenz geprägt:

anicca (p)	Vergänglichkeit, Unbeständigkeit
anitya (s)	
dukkha	Leidverfallenheit
anatta (p)	Wesenlosigkeit[9]
anatman (s)	

Die genaue Denotation und Konnotation des gewählten Zeichens zeigt also, daß die japanische (damalige) Übersetzung nicht nur nicht die Polyvalenz des hebräischen 'aehyāē 'ᵃšaer 'aehyāē wiedergibt, sondern den Grundrhythmus der Botschaft – ein Durchdringen von zukunftsträchtiger heilsgeschichtlicher Dimension, von in der Schwebe lassender Antwort und von magischer Verweigerung – in sein Gegenteil umpolt[10]. Mit dem im Buddhismus für bhava verwendeten Zeichen würde dann die Botschaft von Ex 3,14 etwa so lauten: »Ich bin ein vergängliches, leidverfallenes und wesenloses Ich."

4. Schlußbemerkungen zur interkulturellen Theologie

Ich möchte diese knappen kulturanthropologischen und semantischen Bemerkungen mit drei grundsätzlichen Überlegungen abschließen: mit einer theologisch-christologischen Einladung, einem Kriterium für die Inkulturation und einer Frage an die interkulturelle Theologie.

9. Zu den drei Kennzeichen (t-lakkhana) vgl. z.B. H.W. Schumann, Buddhismus, Stifter, Schulen und Systeme, Olten-Freiburg i.Br. 1976, 64-66.
10. In der japanischen Übersetzung der Summa Theologiae des Thomas von Aquin durch Saburo Takada (Sobunsha, Tokyo 1960) wird „Qui est" oder „ens" oft auch mit diesem Ideogramm für das Sanskritwort „bhava" wiedergeben.

1. Eine christologische Einladung

Die theologische Tradition des Okzidents hat – gestützt auf das Lebensgefühl und das Wertsystem, wie es in der hellenistischen Übersetzung von Ex 3,14 als »ἐγώ εἰμι ὁ ὤν« aufscheint – versucht, das unaussprechbare Geheimnis, daß Jesus von Nazareth als Christus im Schnittpunkt von göttlicher Heilspräsenz und geschichtlich-rassisch-kulturell situierter konkreter Menschengestalt liegt, mit Begriffen wie physis (Natur), hypostasis (Person) oder ousia (Substanz) erahnen zu lassen. Die buddhistische Kultur insistiert dagegen nicht auf dem persönlichen Wesens-Substrat, sondern auf Wesenlosigkeit, nicht auf geschichtlicher Permanenz, sondern auf Vergänglichkeit, nicht auf Heilszusage, sondern auf Leidverfallenheit. Die Philosophen der buddhistischen Kyoto-Schule (vor allem Keiji Nishitani) lesen deshalb die Botschaft über Jesus den Christus nicht mit einem personalistischen und seinsmächtigen Vorverständnis, wie es europäische Christen tun. Gemäß der buddhistischen Interpretation des Menschseins favorisieren sie vielmehr die im Okzident christologisch vernachlässigte Stelle aus dem Philipper-Brief (2,5-7):

»(5) Diese Gesinnung heget in euch, die auch in Christus Jesus war, (6) der, als er in Gottes Gestalt war, es nicht für einen Raub hielt, wie Gott zu sein, (7) sondern sich selbst entäußerte (ἐκένωσεν), indem er Knechtsgestalt annahm und den Menschen ähnlich wurde.«

Eine solche kenotische Lektüre der Existenz von Jesus dem Christus[11] ist eine intensive und perspektivenreiche Einladung, die Chancen der interkulturellen Theologie nicht zu verpassen[12]: Der hier skizzierte kulturanthropologische Dreischritt bietet je verschiedene Anreicherungen und Verluste an. Wieder schematisch dargestellt haben wir jetzt folgende polykulturelle Konstellation:

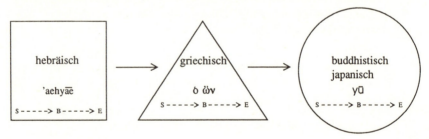

11. Vgl. H. Waldenfels, 1976. Darin zu Keiji Nishitani, 65-154 und zum Kommentar von K. Nishitani zu Phil 2 (Kenosis), 81, 115-119 und 200-203.
12. Vgl. zum interkulturellen Ansatz der Christologie: K.-H. Ohlig, 1986, bes. 554-600 (Der Einbruch fremder Kulturen in das Christentum).

Das Gesamt eines interkulturellen theologischen Prozesses, der hier nur angedeutet werden konnte, führt nicht nur zu einer quantitativen Anreicherung der Christentumsgeschichte, sondern zum Horizont, den ich mit qualitativer Ökumenizität/Katholizität charakterisieren möchte. Die im buddhologischen Kontext erarbeitete Christologie lichtet in Christus Dimensionen, die in der europäischen Wahrnehmung und Darstellung von Jesus dem Christus vernachlässigt worden sind[13].

2. Kriterium für die Inkulturation

Eine rein äußerliche, wörtliche Übersetzung eines Textes (oder eines Ritus) reicht für eine gelungene, evangeliumsgemäße Inkulturation nicht aus. Die sorgfältige Denotation und Konnotation der Botschaften in der Sender- und in der Empfängerkultur ist notwendig. Es geht also nicht um eine wörtliche (bzw. gestische) Übersetzung, sondern um eine dynamische Umsetzung der gesamten manifesten und latenten Kultur, welche in religiösen Texten und Riten involviert sind. Kriterium einer gültigen Inkulturation ist dann die Antwort auf die Frage, ob (in unserer Fallstudie beim buddhistisch-japanischen Hörer der Botschaft von Ex 3,14) die gleiche ethische Hoffnungsreaktion ausgelöst wird wie in der ursprünglichen semitisch-hebräischen Kommunikationsgemeinschaft.

3. Fragen an die interkulturelle Theologie

Die schwierigste Frage scheint mir im Kontext der interkulturellen Theologie zu sein, ob der Durchgang durch die okzidental-griechisch-lateinische Rezeption der alt- und neutestamentlichen Botschaft normativ sei oder ob die okzidentale Christenheit zwar respektiert wird, aber kein obligater Durchgang für nicht-europäische Christen ist[14]. Nicht-okzidentale Theologen schöpfen dann direkt aus dem hebräisch-semitischen Milieu, das ja auch die Kultur Jesu von Nazareth war. Unter Umgehung der okzidentalen Kirchen- und Theologiegeschichte setzen sie die Botschaft von Jesus dem Christus in ihre jeweiligen asiatischen,

---

13. Eine vertiefte, christologische Auseinandersetzung im beginnenden interkulturellen Verständnis der Christus-Wirklichkeit: R. Friedli, 1989 (deutsche Übersetzung in Vorbereitung).
14. W.J. Hollenweger legt fünf Leitsätze zur interkulturellen Theologie vor, in: Erfahrungen der Leibhaftigkeit (Interkulturelle Theologie 1), München 1979, 50-51. Sein Gesamtwerk liefert dazu zahllose Modelle und Illustrationen. Vgl. auch R. Friedli, 1987.

afrikanischen oder lateinamerikanischen »Plausibilitätsstrukturen« um. Wieder schematisierend würde das bedeuten:

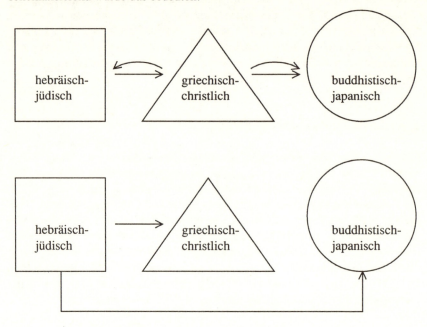

Wenn ich die Chancen der »interkulturellen Theologie« richtig einschätze, geht es um solche christentums-, kultur- und heilsgeschichtlichen Anliegen.

Literatur

Friedli, R. (1987): Art. Interkulturelle Theologie, in: K. Müller / T. Sundermeier (Hg.), Lexikon missionstheologischer Grundbegriffe, Berlin, 181-185.
Ders. (1989): Le Christ dans les cultures. Carnet de routes et de déroutes, Fribourg.
Luzbetak, L.J. (1977): The Church and Cultures. An Applied Anthropology for the Religious Worker, South Pasadena.
Ohlig, K.-H. (1986): Fundamentalchristologie. Im Spannungsfeld von Christentum und Kultur, München.
Waldenfels, H. (1976): Absolutes Nichts. Zur Grundlegung des Dialogs zwischen Buddhismus und Christentum, Freiburg-Basel-Wien.

Heinrich Balz

Krise der Kommunikation – Wiederkehr der Hermeneutik?

1. Grundwörter in ihrem Kontext

Die Umgangssprache ist, einem Wort des späten Ludwig Wittgenstein zufolge, die Metasprache aller Metasprachen. Das will sagen: keine noch so formalisierte Wissenschaftssprache bringt uns, als wirkliche Menschen, letztlich aus der Umgangssprache heraus, die aller Wissenschaft vorausgeht und in welcher wir uns zuletzt auch wieder über sie zu verständigen haben. Darum ist es ratsam, zuweilen genau auf sie zu hören. Alltägliches und Anekdoten sind auch der Philosophie – der angelsächsischen noch weniger als der deutschen – nicht gänzlich fremd, um durch sie zur Tiefe der Sachen vorzustoßen. Zur uns interessierenden Sache also die folgende Begebenheit: Zu Anfang der achtziger Jahre nächtigen im Seemannsheim, einem besseren Absteigequartier einer westafrikanischen großen Hafenstadt, zwei norddeutsche Oberkirchenräte mittleren Alters. Am Abend ruft vom ummauerten Garten der eine zum anderen im zweiten Stock hinauf: »Karl! Bist du da?« Antwort von der Galerie oben: »Ja. Is was?« Worauf wieder der erste: »Nö. Es is bloß wejen de *Kommunikation*« – dieses Wort mit einem langen o am Ende gesprochen.

Ein aus dem Landesinneren angereister, auch gerade in der großen Stadt weilender, des Deutschen kundiger theologischer Lehrer, dem nach zehn Jahren Afrika die Rückkehr nach Deutschland demnächst bevorsteht, hört unbemerkt und zufällig dies und denkt sich im stillen sein Teil dazu. Fürs erste: also ist Kommunikation mittlerweile auch zum Modewort, damit aber trivial geworden. Das macht ihn, den Lauscher, betroffen, hat er doch nicht lange zuvor ein wissenschaftliches Buch über »Theologische Modelle der Kommunikation« veröffentlicht. Zum anderen: das, was der Rufende von unten meint, ist doch gar nicht »Kommunikation«. Jedenfalls nicht im engen, strengen, ursprünglichen Sinn von Übermittlung einer Information, einer Nachricht, die so oder anders (»is was?«) sein könnte. Nicht um Kommunikation »von« ging es dem, sondern allenfalls um Kommunikation »zwischen«; um bestätigte, stabilisierte Nähe. Um *Einverständnis* in der eigenen Sprache im fremden Ausland, und nicht um Verständigung.

Einverständnis aber ist, ähnlich wie Selbstverständnis, eine Sache, die nicht unmittelbar am Wege moderner Wissenschaft von der Kommunikation liegt. Für beide ist eine Disziplin zuständig, die man unter Oberkirchenräten und in der evangelischen Theologie in den fünfziger bis siebziger Jahren noch ohne zu zögern *Hermeneutik* genannt hätte. Auch sie war damals Mode. Mit dem Unterschied freilich, daß sie, anders als später die Kommunikation, in die Umgangssprache, auch die kirchliche, nicht eingegangen ist – vielleicht zum Glück für beide, die Umgangssprache wie die Hermeneutik. Diese ist, obwohl dem Herkommen nach griechisch, auch nicht etwa ein biblisches Wort, nicht der Sprache zugehörig, in welcher im Neuen Testament zuerst der Glaube der Christen sich ausspricht. Alle Kundigen wissen das. Einige wissen sogar noch mehr. Im Sommer 1975, in meinem ersten Heimaturlaub von Afrika, besuchte ich in Pfullingen Ernst Fuchs in seinem Ruhestand, einen theologischen Lehrer, der sich ein Leben lang um Hermeneutik bemüht hatte. Sein Hörer war ich nie gewesen, aber ich hatte geschrieben über ihn[1]. Er sagte mir damals: daß das Ganze, »was er gemacht habe«, gerade Hermeneutik heiße, das läge wesentlich an den Lehrern, die er als Student in Marburg gefunden hatte, Rudolf Bultmann und Martin Heidegger. Er hätte es sonst an einem anderen Ort auch unter einem anderen Namen, oder ohne Namen, machen können. Darauf wollte ich wissen, wo er das, was er gemacht habe, die Hermeneutik also, im Neuen Testament, das er so lange lehrte, finde oder festmache. Fuchs zögerte, gab dann aber eine einfache Antwort: in Apostelgeschichte 8,30, in des Philippus Frage an den in seinem Reisewagen laut aus Jesaias lesenden Kämmerer aus Äthiopien:»*Verstehst du auch, was du liesest?*«

Hermeneutik hat es demnach mit mindestens zweierlei zu tun. Mit den Lehrern zum einen; und mit dem Verstehen schwer verständlicher Heiliger Schrift zum anderen. Beides führt weiter. Die Lehrer zunächst: »Glauben und Verstehen« blieb durchgehend das lebenslange, suggestive Thema Rudolf Bultmanns, wobei »Das Problem der Hermeneutik« bei ihm Titel nur eines, wenn auch besonders wirkungsträchtigen Aufsatzes von 1950 war. Aus diesem geht hervor, daß auch für Bultmann der eigentliche Anreger und Lehrer in dieser Sache Martin Heidegger war. Heidegger seinerseits läßt wissen, daß sein Begriff von Hermeneutik ihm zuerst aus seinem ursprünglichen Studium der katholischen Theologie kam, wo er »von der Frage des Verhältnisses zwischen dem Wort der Heiligen Schrift und theologisch-spekulativem Denken« umgetrieben wurde. Später kam dann für ihn über Dilthey auch Schleiermacher und das Erbe protestantischer Theologie mit herein[2]. Den ganz weiten, schlechthin universalen Sinn bekam und behielt Hermeneutik freilich noch nicht bei Heidegger und Bultmann, sondern erst in der Generation der Schüler: Ernst Fuchs in der evangelischen Theologie, Hans-Georg Gadamer[3] in der Philosophie. »Schüler« heißt bei beiden nicht Nachahmer

1. H. Balz, Einkehr in das Wort? Ernst Fuchs – ein Kapitel über Kommunikation und Hermeneutik, Theol. Diss. Tübingen 1973/74 (masch.)
2. M. Heidegger, Unterwegs zur Sprache, Pfullingen 1959, 95-99.
3. H.-G. Gadamer, Wahrheit und Methode. Grundzüge einer philosophischen Hermeneutik, Tübingen 1960, bes. 449-465: »Der universale Aspekt der Hermeneutik«.

und Systematisierer dessen, was die Lehrer schon gesagt haben, sondern dauerndes Gespräch, dialogische Bezugnahme neben den Sachen auch auf die Personen: auf die nämlich, die man im lebendigen Überliefern ernstnimmt; auch und gerade, wenn man andere Wege weitergeht. Nicht beim Nullpunkt, nie ganz von vorne, sondern immer schon mit etwas anzufangen, das gehört zum guten Wesen der Hermeneutik, von dem auch die spätere Bemühung um Kommunikation des Glaubens hätte lernen sollen: Hier kommt das verstehende Gespräch mit den Lehrern deshalb viel stockender in Gang, weil sie zumeist als Lehrer gar nicht wahrgenommen werden. Man muß sie aber wahrnehmen; anders wird man nicht frei von ihnen und kommt nicht über sie hinaus.

Die andere, zuletzt wichtigere Seite von Hermeneutik bei Fuchs ist das Verstehen schwerverständlicher Heiliger Schrift. Sein mündlicher Hinweis damals gerade auf Act 8 wegen der Philippus-Frage hat vom Kontext her etwas reizvoll Widersprüchliches an sich. Ernst Fuchs mochte nämlich die Apostelgeschichte nicht besonders; sie stand dem, wo seine Hermeneutik hin wollte, eher im Wege. Paulus, die Verkündigung des synoptischen Jesus und Johannes waren ihm näher. »Es gibt z.B. erzählende Partien, wie in der Apostelgeschichte«, so schrieb Fuchs 1954 in der ersten Hermeneutik, »... die keinerlei Existenzdialektik erkennen lassen. Deren Auslegung ist also schwieriger ...«[4] Eine wertvolle Beobachtung, sowohl für die Apostelgeschichte wie für ihren Ausleger. Fuchs' dauerndes Thema ist eigentlich ein Philippus, der – Johannes und Paulus analog – fragt: Verstehe *ich* auch, und verstehen wir als schon glaubende Gemeinde, was wir lesen? Philippus bei Lukas fragt aber, in einer sehr »erzählenden« Partie: Verstehst *du* auch, was du liesest?

Ob hier keine Existenzdialektik waltet, mag offen bleiben. Richtig ist, daß des Kämmerers Nichtverstehen weniger aus den Tiefen seiner Existenz als aus dem kulturellen und sprachlichen Fremdsein herrührt. Dies ermöglicht ihm gleichwohl eine gute Frage an den Text: »Von wem redet der Prophet das?« Hier knüpft Philippus an und »predigt ihm das Evangelium von Jesus«. Erstverkündigung des christlichen Glaubens findet statt. Kommunikation als Information, welcher der Glaube folgt, und beim nächsten Wasserlauf am Wege dann auch die Taufe, der symbolhafte, sakramentale Religionswechsel. Hermeneutik des *bestehenden* Glaubens ist durch solches Erzählen vom *entstehenden* Glauben nicht ausgeschlossen – die eine Verstehensfrage enthält beides –, wiewohl, hier muß man Fuchs zustimmen, diese andere Seite bei Lukas und allen, die ihm bis heute folgen, verglichen mit Paulus und Johannes, ziemlich kurz kommt. Insofern also, wenn es in der Apostelgeschichte etwas, was uns heute umtreibt, festzumachen gibt, so ist dies weniger das Verstehen der Hermeneutik im ehrwürdigen, existenzdialektischen Sinne als vielmehr das Verstehen von Kommunikation im

---

4. E. Fuchs, Hermeneutik (1954) Tübingen, 4. Aufl. 1969, 122.

modernen und missionarischen Sinne. Mit einem Wort: »Nach Kommunikation im Neuen Testament fragen heißt fragen, was dem Kanon theologisch fehlte, wenn die Apostelgeschichte fehlte« (Balz, 1978, 108-110).

Übergreifendes Thema dieses Bandes und des Tübinger Symposions ist im besonderen das *interkulturelle* Verstehen. Philippus hatte solches als Aufgabe vor sich und als Erfahrung in sich. Der äthiopische Kämmerer hat genug Koine-Griechisch gelernt, um die griechische Bibel zu lesen; er kommt aber von ferne, aus dem dunklen Kontinent, von einer Kultur oder Kulturen, wo es bis heute, neben altehrwürdigen und jungen Kirchen immer auch noch abgelegene Gegenden gibt, wo »das Evangelium von Jesus« erstmalig bekannt gemacht wird. Philippus seinerseits ist einer der »Hellenisten« in der Apostelgeschichte, der bikulturellen Juden also. Sie können jüdisch wie griechisch denken und leben. Sie tragen aber nur das, was sich in Jerusalem ereignet hat, in andere Kulturen und Räume hinein; darum, weil es alle Menschen angeht. Von außen tragen sie allenfalls die Gesetzes- und Tempelfreiheit des neuen Glaubens nach Jerusalem hinein – mit dramatischen Folgen, wie man von Stephanus weiß.

Philippus macht dem Kämmerer die neue Sache verständlich. Er geht offenkundig davon aus, daß nicht der Kontext die Sache, sondern die eschatologische Sache – die Erfüllung von Jesaia 53 – alle menschlichen Kontexte neu qualifiziert. Dazu redet und predigt er, räumt er Hindernisse des Verstehens aus. Sein Thema ist nicht eine äthiopische Kirche und Theologie: deren Größe und Problematik bleibt erst den spirituellen Nachfahren des Kämmerers aufgetragen. Sein Thema ist noch weniger der Kämmerer als »der Andere«, ist nicht Äthiopien und Afrika als eine Kultur, die uns etwas zu sagen hat – etwas auch für unseren eigenen Glauben Relevantes. Die Frage danach ist legitim. Doch ist sie nicht primär; nicht auf gleicher Ebene mit dem Verstehen der universalen Sache, um die es, dem lukanischen Erzählen zufolge, allen beiden, Philippus wie auch dem Kämmerer, ging. Eines ist der Glaube selber, ein anderes ist sein Wo. Hermeneutik interkulturellen Verstehens muß nicht immer und sofort vom Glauben reden. Es gibt andere, dem Leben und dem Erkennen dessen, was der Mensch ist, wichtige Dinge. Doch wenn der Anspruch einer *theologischen* Hermeneutik solchen Verstehens ernsthaft gestellt werden soll, so ist auf diese Differenz so oder so einzugehen: den Unterschied zwischen dem, was es für alle zu verstehen und zu lesen gibt, und dem, worin die Menschen in ihrer kulturellen und sonstigen Vielfalt sich sehr tief unterscheiden – auch dann noch, wenn sie das Eine, das not tut, geglaubt und verstanden haben.

2. Fragen aus der Werkstatt der Missionswissenschaft: Verstehen für wen?

Lukas und der Apostelgeschichte sind der oder das Andere in Kulturen und Religionen noch kein Thema eigenen Rechtes neben der Botschaft, die es überall hinzutragen, allen verständlich zu machen gilt. Die Eigenheit der philosophierenden Heiden auf dem Areopag, die Diana-Anbeter in Ephesus einerseits, die Torheit und zugleich Menschenfreundlichkeit der pagani von Lystra und der Barbaren von Malta andererseits wird notiert, hält aber den Gang des Evangeliums bis ans Ende der Erde nicht weiter auf; weniger jedenfalls als der Fortbestand und für Lukas beunruhigende Widerstand des Judentums. Im nachmittelalterlichen Neuaufbruch westlicher Mission bleibt es zunächst wesentlich auch dabei. Dann aber entwickeln sich aufschlußreiche Störungen. Die Jesuiten in China und B. Ziegenbalg in Tranquebar fangen an zu verstehen, was sie nach Meinung der sie aussendenden Zentralen in Rom und Halle nicht *verstehen,* im Sinne von würdigen, sondern was sie nur *verändern,* christlich überwinden sollten. Das Andere dämmert auf.

Diese Spannung lebt in unterschiedlichen Gestalten fort bis heute. Es ergab sich früh, daß die solcherart Gemaßregelten im aussendenden Westen Schützenhilfe von den Philosophen erhielten, dann von den sich entwickelnden Wissenschaften der Sprache, der Religion und der Völkerkunde. Mit der ideellen Unterstützung änderte sich langsam auch das Frage-Interesse der forschenden Missionare. Es wurde ein anderes »Verstehen für«, als es ehedem gewesen war. Neue Anerkennung schafft neue Abhängigkeit oder, vornehmer gesagt, ein neues Einverständnis. Ohne H. Gundert und R. Wilhelm wären Indologie und Sinologie um einiges ärmer. Ohne D. Livingstone wäre das Innere Afrikas noch länger dunkel geblieben; ohne D. Westermann hätte die wissenschaftliche Afrikanistik auch in England einen schwereren Start gehabt. Forschungsbegabte Missionare fanden in der Krise ihrer eigentlich missionarischen Berufung immer ein Unterkommen in der Wissenschaft. Es war nur natürlich, daß nicht alle, die vordem christliche Missionare gewesen waren und nun als Forscher zurückkamen, über das anfänglich eigene Unternehmen immer nur Gutes dachten. Der Maßregelung der unbotmäßigen Missionare durch die Heimatzentralen gesellte sich nun die wissenschaftliche Kritik der Mission überhaupt hinzu. Wo sie nicht selber zu einem neuen, liberalen Typ von Mission, zumal in Ostasien wurde, wurde dies zu einer ihrer wesentlichen Antriebskräfte: die anderen verstehen, aber nicht mehr ihre Kultur und Religion zu verändern zu versuchen.

Dieser schon einigermaßen klassischen Spannung gesellt sich in unserem Jahrhundert eine weitere, nicht minder intrikate, aber, wie es scheint, bislang noch weniger erforschte hinzu. Bekannt und in einiger Breite erörtert sind die Probleme »einheimischer« Theologie in den nichtwestlichen Jungen Kirchen.

Christliche Theologen wollen sie – dem radikalen westlichen Religionspluralismus zum Trotz – sein, aber vom gelernten westlich Theologischen nicht alles behalten, sondern nur das, was sich zur Aufarbeitung ihres eigenen kulturellen Kontextes und religiösen Erbes eignet. Doch auch die westlichen Missionare geraten, wenn sie sich lange genug in den Jungen Kirchen fremden Kulturen aussetzen, in Spannung; und nun nicht mehr mit der heimischen Missionsleitung, sondern mit der heimischen Wissenschaft und Theologie. Zweierlei Tagesordnungen, zweierlei Problemhierarchien dessen, was »ernste« Fragen sind und was nicht, geraten auseinander und schaffen damit neuen Konfliktstoff. *Für wen* versteht der neue Missionar andere Religion und Gesellschaft: für die, mit denen er sich vor Ort darüber verständigt und wohl auch streitet – oder für die Wissenschaft und Theologie daheim, in der er selber mit seinen veränderten Fragestellungen sich nur noch partiell beheimatet findet? Und wenn zum Verstehen auch noch die Kunstlehre des Verstehens, die Hermeneutik hinzutritt, auf welche Seite wird sie fallen; auf die dortige, die hiesige, oder auf keine von beiden? Wo kommt etwa das nichtwestliche Vorverständnis westlicher Theologie und Wissenschaft, mit dem er täglich zu tun hat, für ihn zu stehen?

Einen Ausschnitt aus diesem noch ungewohnten Problemfeld beleuchtet eindrücklich eine neue missionswissenschaftliche Dissertation. Im Vorwort schreibt der Verfasser über seinen Versuch, einheimische indonesische Pfarrer für ihr eigenes vorchristliches religiöses Erbe zu interessieren.

Es stellte sich aber allmählich heraus, daß die einheimischen Pfarrer in ihrer Studienzeit die Stammesreligion als ein ›primitives‹, von ›magischen‹ Praktiken korrumpiertes, wissenschaftlich unhaltbares Relikt einer unwürdigen Vergangenheit sehen gelernt hatten. *Meine* hermeneutisch bedingten Vorbehalte gegen ein einseitig kognitives Fortschrittsdenken stießen auf eine hintergründige Skepsis, derzufolge meine Hermeneutik ein nachkolonialer Versuch sein konnte, die Dayak weiterhin in Rückständigkeit, Armut und Unwissenheit zu halten, weil meine Gedanken ausschließlich auf sie und nicht auf die Deutschen gemünzt seien. Dieser durchaus verständliche Vorbehalt konnte nur dadurch ausgeräumt werden, daß mein hermeneutischer Ansatz auf der Ebene einer deutschen Universität der Nachprüfung unterzogen wurde. So ... machte (ich) mich auf den langwierigen ›Umweg‹, der zunächst zu einer Dissertation führte ...[5]

Der Versuch des neuen westlichen Missionars, die Dayak zur Besinnung über ihr Eigenes zu bringen, das er selber schon verstanden und von dem er sich ein Stück weit hat verändern lassen, führt zuerst auf Widerstand und sodann darauf, daß sie ihn zurückverweisen auf seine Herkunft, seine Kultur. Auch das ist ihm »verständlich«, und mit dem Interesse der Dayak verbindet sich die Einladung des missionswissenschaftlichen Lehrers daheim.

5. Vierling (1990), 9f. Die 1985 in Heidelberg angenommene Dissertation wurde von H.-W. Gensichen angeregt und betreut.

So entsteht eine Dissertation. Ein deutscher akademischer Titel wird dafür verliehen. Dieser aber hat, verstehe ich den Autor richtig, seine *primäre* Bedeutung darin, seine Autorität bei den Dayak-Pfarrern zu stärken: ihrem Vorverständnis, ihrer Hochschätzung deutscher akademischer Titel unterwirft er sich. Dies zumindest kommunikationstaktisch; wieweit er diesen ihm zugetragenen Maßstab dann auch selber interiorisiert hat, ist eine andere Frage. Seinen eigenen hermeneutischen Ansatz unterzieht er der Nachprüfung und Anerkennung durch eine deutsche Universität. Was er schreibt und wie er schreibt, stellt klar, daß er für hiesige wissenschaftlich-theologische Leser schreibt und nur für sie, im klaren Bruch mit dem, was er zuvor auf indonesisch schon für die Dayak-Pfarrer geschrieben hatte. Zwei Sprachen und Sprachebenen, zwei Einverständnisse sind für ihn säuberlich geschieden, ein indonesisch primärsprachliches und ein deutsch metasprachliches. Zum letzteren gehört die Hermeneutik – aber vielleicht auch nur vorläufig. Möglicherweise hat der schreibende Missionar auch die Normen einer deutschen Universität nicht absolut und für alle Zeiten interiorisiert. Die Dissertation entstand »zunächst«, sie ist ihm langwieriger »Umweg«. Umweg wohin? Nur scheinbar ist die Antwort eindeutig: hin zu dem, was er nunmehr wiederum für die Dayak auf indonesisch schreiben, mit ausgewiesener Autorität für sie verstehen wird. Die andere, verdecktere Seite dabei dürfte sein: Umweg nicht nur hin zu den Dayak, sondern auch hin zu ihm, dem Missionar zwischen den Normen und Kulturen beider Seiten. Ihm ist nicht nur jede Fremde zur Heimat, sondern auch ansatzweise jede Heimat zur Fremde geworden. Er hat sich mit seinem Verstehen zwischen die Stühle, zwischen die mächtigen Einverständnisse gesetzt – es sei denn, er schafft sich eine eigene Sprache und ein eigenes, drittes Einverständnis, in dem die Normen beider Seiten hinterfragt, die unverrückbar »ernsthaften« Fragen beider Seiten neu hierarchisiert und zueinander ins Verhältnis gesetzt werden können.

So wenigstens meine ich den Autor, Hermann Vierling, verstehen zu können. So hat sein Unterfangen, seine missionswissenschaftliche Werkstatt, in der er bald für die einen, bald für die anderen schreibt, meine volle Anteilnahme, meine interessierte, weil selbst mitbetroffene Sympathie. Mein eigener Weg in der Missionswissenschaft war, an dem seinen bisherigen gemessen, teils leichter, teils ungestümer. Leichter fürs erste deshalb, weil die afrikanischen Theologiestudenten und Pfarrer, mit denen ich es in Kamerun zehn Jahre lang zu tun hatte, eine offenkundig, verglichen mit den Dayak, weit höhere Wertschätzung ihres eigenen Erbes schon haben; weil die westliche, englische Sprache, in der sie kommunizieren und schreiben, ihr Selbstbewußtsein interkulturell stabilisiert; und schließlich, weil ich die akademischen Titel einer deutschen Universität (erworben für Untersuchungen über Kommunikation und Hermeneutik ...) schon mitbrachte.

Ungestümer war mein Weg insofern, als ich, nach Klärung der Kommunikationsprobleme für meinen eigenen Bedarf, die nächste größere Untersuchung über Gesellschaft und Religion der Bakossi in englischer Sprache zwar wissenschaftlich, aber primär für die Kameruner Pfarrer, Lehrer und sonstigen Gebildeten als Leser schrieb (Balz, 1984). Ihrem Fragenkanon, ihrem Vorverständnis und ihrer Diskursebene paßte ich mich weitgehend an mit der Folge, daß eine Reihe wissenschaftlicher Methodenfragen implizit blieb oder nur anhangs- und anmerkungsweise darin zu finden ist. Ich hatte mich nicht mit Fleisch und Blut, auch nicht mit der Missionswissenschaft darüber beraten, ob ein Buch dieser Art geschrieben werden dürfte. Die Kameruner Leser nahmen es wohl auf und warten seit Jahren auf die versprochene Fortsetzung. Den deutschen missionswissenschaftlichen Lesern oblag es hernach, ernstlich nachzuprüfen und im positiven Fall dann auch die theologische Fakultät einer deutschen Universität davon zu überzeugen, daß dieses, entgegen des ersten äußeren Anscheins, Wissenschaft sei, die in Deutschland gelehrt zu werden der Missionswissenschaft nicht von Schaden, sondern von Nutzen sei.

Zu viel soll man aus dem Biographischen nicht machen, sei es nun aus indonesischer oder aus afrikanischer Begegnung mit dem »Anderen« und den Weisen des Kommunizierens mit ihm. Doch im Rückblick könnte auch dies für mich wie für Vierling ein notwendiger »Umweg« gewesen sein, um hernach über Fragen des Verstehens und der Hermeneutik interdisziplinär erfahrungsgesättigt, sachverständig mitreden zu können; um das, was andere dazu geschrieben haben, mit Verstand und mit richtigen Fragen lesen zu können. Dies soll im folgenden wieder einmal versucht werden, zuerst im Blick auf die Ethnologie (3.)[6], sodann in Bemerkungen zu den beiden primär an Kommunikation beziehungsweise an Hermeneutik orientierten Entwürfen von R. Friedli und Th. Sundermeier (4. und 5.).

3. Verstehen fremden Denkens in der ethnologischen Diskussion

Wer *inter*kulturell verstehen, und also nicht etwa im Namen des Interkulturellen oder einer interkulturellen Theologie für universal erklärte Subkulturen der eigenen westlichen Kultur vorstellen will, der tut gut daran, sich vorgängig und

---

6. Aus Raumgründen entfallen mußte ein Abschnitt »Zur Hermeneutik in gegenwärtiger Theologie und Religionswissenschaft«, der in der Theologie die neuen Entwürfe von H. Weder (1986) und K. Berger (1988), in der Religionswissenschaft die stark divergierende Bewertung von Hermeneutik bei M. Eliade und J. Waardenburg (1986) einerseits, C. Colpe und F. Stolz (1988) andererseits kommentierte, der demnächst an anderer Stelle erscheinen wird.

wissenschaftlich Klarheit zu verschaffen, was Kultur und Kulturen für die dafür zuständige, anderwärts »cultural anthropology«, in Deutschland weiterhin Ethnologie genannte Wissenschaft eigentlich sind. Das Wort »Hermeneutik« spielt in dieser Zunft, soweit ich sehe, keine erkennbare Rolle; das »Verstehen« dafür um so ausdrücklicher. Teils geht es geschichtlich um die kritische Aufarbeitung früherer, heute überwundener Vorverständnisse, wie etwa des Evolutionismus[7]; teils wird das gegenwärtige Verstehen fremder Kulturen und fremden Denkens problematisiert. Kulturen sind Gebilde des Zusammenlebens von Menschen. Unsere eine Frage ist darum schlicht, ob die Ethnologen sich nur *über* die Kulturen verständigen oder auch *mit* den Menschen dieser Kulturen; und welcher Stellenwert dabei dem, was diese über sich selber zu sagen haben, wie sie sich also selber verstehen, für die Wissenschaft zukommt. Unsere zweite, beim Tübinger Symposion mit einiger Leidenschaft gerade von den Medizinern gestellte Grundfrage ist, ob das Denken nichtwestlicher traditionaler Kulturen eher im Kontrast oder im Kontinuum mit rationalem wissenschaftlichem Denken zu verstehen ist. Mit der ersten Frage wenden wir uns an die französische Diskussion bei Cl. Lévi-Strauss und an die amerikanische bei Cl. Geertz (3.1.); mit der zweiten an die englische Diskussion, im genaueren bei R. Horton (3.2.).

3.1. Am gewaltigen Oeuvre von Lévi-Strauss und an der von P. Ricoeur 1963 umsichtig eröffneten Debatte um »Struktur und Hermeneutik«[8] interessiert uns hier also nur eine Frage: Was ist das Selbst-Verständnis, die Selbstdeutung der Eingeborenen für den Anthropologen wert? In Lévi-Strauss' eigener Terminologie sind sie die Theorien, Modelle und Strukturen – sie bezeichnen einen privilegierten, aber überwiegend unbewußten Sonderfall der Modelle – der Menschen anderer, archaischer Kulturen. Grundsätzlich hat sich Lévi-Strauss dazu im Kapitel »Der Strukturbegriff in der Ethnologie« der Strukturalen Anthropologie I geäußert[9]. Zum einen lobt er seine Lehrer E. Durkheim und M. Mauss für die Erkenntnis,

daß die bewußten Vorstellungen der Eingeborenen zu allen Zeiten mehr Interesse verdienen als die Theorien, die – gleichfalls als bewußte Vorstellungen – aus der Gesellschaft der Außenstehenden hervorgegangen sind.

Zum anderen aber ist das, was dieselben Menschen über ihre Gesellschaft und Kultur denken, gerade das Hindernis für wissenschaftlich-strukturale Erkenntnis:

7. Vgl. hierzu bes. H.-J. Koloß, Der ethnologische Evolutionismus im 19. Jahrhundert. Darstellung und Kritik seiner theoretischen Grundlagen, in Zeitschrift für Ethnologie 111, 1986, 15-46.
8. P. Ricoeur, Structure et herméneutique (Aufsatz über Lévi-Strauss von 1963) in: Ricoeur, Le Conflit des Interprétations. Essais d' herméneutique, Paris 1969, 31-63.
9. C. Lévi-Strauss, Strukturale Anthropologie (I) (frz. 1958) dt. Frankfurt a.M. 1967, Taschenbuch 1971, dort 299-346.

Tatsächlich zählen ja die bewußten Modelle – die man allgemein ›Normen‹ nennt – zu den armseligsten, die es gibt, wegen ihrer Funktion, die mehr darin besteht, den Glaubensinhalten und Bräuchen zu Dauer zu verhelfen, als ihre Quellgründe freizulegen ... je genauer die erscheinende Struktur ist, desto schwieriger wird es, die tieferliegende Struktur, wegen der bewußten und deformierten Modelle, die sich wie Hindernisse zwischen den Beobachter und sein Objekt stellen, zu erfassen.[10]

Nur der reine Beobachter, also der wissenschaftliche Ethnologe, vermag zu den realen, unbewußten Strukturen des menschlichen Geistes in allen Kulturen vorzudringen. Tut er dies aber, dann ist seine strukturale Anthropologie – wie von Ricoeur unterstrichen und als zutiefst unhermeneutisch abgelehnt – absolut, das heißt: ihrerseits keinem geschichtlichen Wandel mehr zugänglich.

Zwiespältig wie des Meisters Aussagen über das Selbstverständnis der Eingeborenen ist in dieser Frage auch seine Wirkungsgeschichte; in der ethnologischen Zunft und bei den »Eingeborenen«, die manchmal selber auch Ethnologen werden. N. Musey Nina Eloki, ein Afrikaner aus Zaïre, preist 1985 Lévi-Strauss als einen leidenschaftlichen Kämpfer für den interkulturellen Dialog und die Einheit des Humanismus in all seiner Gegensätzlichkeit. Gleichzeitig aber bestreitet er ihm seinen zentralen zeitlos überkulturellen Anspruch[11]. Das letzte Wort hat nicht die westliche Ethnologie, sondern die Selbstdeutung jeder Kultur: ganz offensichtlich meint Lévi-Strauss selbst dies nicht. Und sicher sind seine *westlichen* Adepten, die sich stärker an die »Armseligkeit« der Modelle der Eingeborenen-Selbstdeutung halten, die, weil sie nicht von reinen Beobachtern kommen, immer mit einem Interesse an der Erhaltung dessen, was sie beschreiben, einhergehen, der tieferen Neigung des Meisters treu geblieben. Auch was man autobiographisch von ihm weiß, läßt nirgends darauf schließen, daß die von ihm erforschten zentralbrasilianischen Stämme ihm bleibendes Gegenüber, lebendige Partner eines Dialogs geblieben wären. Am Ende steht immer mit den neugewonnenen Erkenntnissen »die Rückkehr« in die eigene Kultur[12].

Gar nicht zwiespältig, sondern im Gegenteil programmatisch eindeutig äußert sich zur Frage der Bedeutung des Selbstverständnisses der anderen in Amerika Clifford Geertz, einer der Erben und zugleich kritischen Erneuerer der »cultural anthropology«[13]. »Erfahrungsnahe Begriffe« sollen, wo nicht an die Stelle, so

10. A.a.O. 304f.
11. N. Musey Nina Eloki, Claude Lévi-Strauss. Anthropologie et Communication, Frankfurt a.M. 1985, 192.
12. So die Überschrift des wichtigen Schlußteils von Lévi-Strauss' autobiographischem Reisebuch Traurige Tropen (frz. 1955) dt. Frankfurt a.M. 1978 (Taschenbuch), 369-413.
13. C. Geertz, ›Aus der Perspektive des Eingeborenen‹. Zum Problem des ethnologischen Verstehens (Aufsatz von 1977), in ders., Dichte Beschreibung. Beiträge zum

doch an die Seite der erfahrungsfernen Begriffe herkömmlicher Ethnologie rücken, ohne daß doch darum der Mythos einer mystischen Einfühlung in die Perspektive der Eingeborenen erneuert werden soll. Ethnologisches Verstehen laviert polar hin und her zwischen Erfahrungsnähe und Erfahrungsferne; die auf diesem Weg entstehende »Spirale« setzt Geertz ausdrücklich in Beziehung zum hermeneutischen Zirkel von Verständnis und Vorverständnis bei W. Dilthey[14]. Die gleiche Absicht bekräftigt der grundlegende Aufsatz »Dichte Beschreibung. Bemerkungen zu einer deutenden Theorie von Kultur« 1973[15]. Das Stichwort »thick description«, vom Oxforder Philosophen G. Ryle übernommen, meint den Gegensatz zur dünnen, nur äußeren, behavioristischen Beschreibung, welche nur sieht, aber nicht eindringt in die »geschichtliche Hierarchie bedeutungsvoller Strukturen«. Gerade das ist die Sache »dichter« Beschreibung, die erst dann zur Ruhe kommt, wenn sie das, was Angehörige einer fremden Kultur tun, aus der Perspektive der bewußt, absichtlich Handelnden plausibel gemacht, das heißt, verstanden hat. Daraus folgt bei Geertz ein abermals präzisierter, »semiotischer« Begriff von Kultur, in welchem er sich mit der deutschen Tradition verstehender Soziologie trifft:

Ich meine mit Max Weber, daß der Mensch ein Wesen ist, das in selbstgesponnene Bedeutungsgewebe verstrickt ist, wobei ich Kultur als dieses Gewebe ansehe. Ihre Untersuchung ist daher keine experimentelle Wissenschaft, die nach Gesetzen sucht, sondern eine interpretierende, die nach Bedeutungen sucht.[16]

Geht es bei Geertz' Definition von Kultur allgemein darum, den fremden Menschen als *Handelnden* zu verstehen, so geht es bei seiner ergänzenden Neudefinition von Religion darum, denselben Menschen auch als *Verstehenden* zu verstehen[17]. Nicht das Problem des Leidens und nicht das der Sünde oder des Bösen, sondern die Verneinung des Chaos, der Unverständlichkeit der Welt im ganzen ist der erste und letzte Antrieb, aus dem Religion entsteht. Für die Menschen aller Kulturen ist Religion darum die notwendige »Vorstellung einer allgemeinen Seinsordnung«: höher als hier bei Geertz läßt sich das Verstehen und Erkennen als Grundbedürfnis des Menschen kaum einstufen. Man möchte, aus europäischer wie aus afrikanischer Erfahrung, zurückfragen, ob das Verstehen hier nicht etwa zu hoch, zu isoliert gewertet ist neben den anderen Triebkräften des Sich-Bemächtigens und Verändern-Wollens der Welt.

    Verstehen kultureller Systeme, übers. V.B. Luchesi u. R. Bindemann, Frankfurt a.M. 1983, Taschenbuch 1987, dort 289-310.
14.   A.a.O., S. 307.
15.   Dichte Beschreibung. Bemerkungen zu einer deutenden Theorie von Kultur, a.a.O., 7-43.
16.   A.a.O., S. 9.
17.   Geertz, Religion als kulturelles System (Aufsatz von 1966), 44-95.

Zu Geertz ist noch eine andere bedeutsame Beobachtung zu formulieren. Gerade *weil* er, im Gegensatz zu Lévi-Strauss, die Selbstinterpretation der fremden Menschen und der anderen Kultur so nachdrücklich ernst nimmt, eben darum kann *inter*kulturelles Verstehen, Verständigung zwischen Menschen verschiedener Kulturen, auch kein Thema eigener Bedeutung und Dignität für Geertz sein. Er beschreibt nur, wie die andere Kultur sich selber deutet, in ihrem Handeln und Verstehen. Er porträtiert und übt Mimesis wie ein gewissenhafter Künstler. Aber er schreibt nicht *für* diese anderen als Adressaten: wen man so ernst nimmt, dem gibt es nichts zu sagen und nichts, worüber man sich gemeinsam sinnvoll streiten könnte. Geertz' Publikum, sein Adressat ist und bleibt, ebenso wie für seinen Antipoden Lévi-Strauss, zuletzt die westliche, eigene gelehrte und gebildete Welt, in die er zurückkehrt und in deren Gewebe er selber lebt. Die Ehrfurcht vor dem Gegenstand und mit ihr die Hermeneutik verbietet die ernstgemeinte Kommunikation über die eigene Kultur hinaus. Wer also als westlicher Autor für nichtwestliche Adressaten über deren »Bedeutungsgewebe«, ihre Kultur, Gesellschaft und Religion schreiben und gleichzeitig seinen eigenen wissenschaftlichen Ansprüchen genügen will – der findet auch in Geertz' so sympathischer und einleuchtender »dichter Beschreibung« nur partiell ein Vorbild[18].

3.2. Die andere Lektüreempfehlung für Theologen hinsichtlich des interkulturellen Verstehens aus dem Bereich der Ethnologie führt in die englische Schule der »social anthropology«, zu den Aufsätzen von Robin Horton[19]. Im genaueren geht es um Hortons Gespräch mit seinem Lehrer E.E. Evans-Pritchard vor dem Hintergrund einer weiteren sozialwissenschaftlichen und auch philosophischen Debatte, die sich in England an des letzteren frühe Theorie von Hexerei und Magie bei den Zande in Afrika 1937 anschloß und über die Jahrzehnte zu einer Kontroverse um das »Verstehen fremden Denkens« überhaupt ausweitete. Um die deutsche Auswahl-Übersetzung und Rezeption der beiden zentralen Diskus-

---

18. Für den Hinweis auf Geertz danke ich G. Elwert, Ethnologe an der FU Berlin. Elwert meinte 1987, daß meine Schreibweise in den Bakossi-Studien von 1984 weitgehend das praktiziere, was Geertz mit »erfahrungsnahen Begriffen« und »dichter Beschreibung« gemeint habe. Das mag teilweise zutreffen. Um so notwendiger ist der Unterschied festzustellen: was mich so schreiben ließ, war primär das Einverständnis mit der afrikanischen gebildeten und betroffenen *Leserschaft,* allenfalls sekundär eine Auseinandersetzung mit den Traditionen und Aporien ethnologisch-wissenschaftlichen Beschreibens, die bei Geertz im Vordergrund stehen.
19. Den Hinweis auf R. Horton als derzeit wohl wichtigsten ethnologischen Gesprächspartner für die Probleme afrikanischen Denkens verdanke ich, nebst vielen anderen Anregungen zur Kamerun-Forschung, H.J. Koloß, früher Linden-Museum Stuttgart, jetzt Völkerkunde-Museum Berlin. – Bücher gibt es von Horton nicht, dafür aber etwa 15 logisch miteinander verknüpfte Aufsätze.

sionsbände: »Rationality«, Oxford 1970 herausgegeben von B.R. Wilson, und »Modes of Thought. Essays on Thinking in Western and Non-Western Societies«, London 1973 herausgegeben von R. Horton und R. Finnegan, hat sich H.G. Kippenberg verdient gemacht[20]. Er hat der deutschen Rezeption damit aber zugleich auch schon eine eigenwillige, nicht unproblematische Wendung gegeben. Treffend beschreibt Kippenberg den geschichtlich neuen Einsatz der Debatte:

> Lange Zeit hatte ... gerade die Magie als Paradebeispiel eines falschen Bewußtseins gegolten. Sie aber wird nun als Zeuge gegen eine Universalität wissenschaftlicher Begriffe angerufen,

geht dann aber mit Evans-Pritchard hart ins Gericht, weil dieser bei allem Verstehen des Denkens der Zande dennoch an einer »Wirklichkeit« festhält, welche das magische Denken als falsch erweist, das westlich-wissenschaftliche dagegen bestätigt. Kippenberg hält es dagegen mit den neueren Philosophen L. Wittgenstein und P. Winch, denen zufolge die Grenzen meiner Sprache auch die Grenzen meiner Welt sind: Ein rationales darüber Hinausgehen, hinein in die Welt des anderen, kann dann nur teils Relikt bürgerlicher Aufklärung, teils Ethnozentrismus sein[21].

Um diese Wendung als Ergebnis der englischen Kontroverse deutschen Lesern überzeugend darbieten zu können, muß Kippenberg einen anderen, vielleicht wichtigeren Teil von ihr ausblenden. Dies trifft besonders R. Horton, den er kritisch referiert, aber nicht in eigenen Texten zu Wort kommen läßt. Genau hier setzt unsere alternative Rezeption und Leseempfehlung ein. Nach eigener westafrikanischer Feldforschung hatte Horton 1967 in einem großen und folgenreichen Aufsatz »African Traditional Thought and Western Science« neu ins Verhältnis zueinander gesetzt[22]. Sein Ergebnis war: Beide sind viel näher beieinander, als man herkömmlich dachte. Ihr Unterschied reduziert sich auf den zwischen »geschlossener« und »offener« Denkweise. Für das afrikanisch traditionale Denken heißt dies, daß ihm Sinn und Vision für die »mögliche Alternative« zum Anerkannten abgeht und daß der von Wirklichkeit und Geschichte aufgenötigte Verzicht auf bisherige Erklärungen – anders als in der westlichen Wissenschaft – Angst bewirkt und das Ganze einer Kultur und Gesellschaft in Frage stellt. – Wer lange genug in Afrika und mit Afrikanern, auch afrikanischen

---

20. H.G. Kippenberg und B. Luchesi (Hg), Magie. Die sozialwissenschaftliche Kontroverse über das Verstehen fremden Denkens, Frankfurt a.M. 1978, Taschenbuch, das im folgenden zitiert wird, 1987.
21. H.G. Kippenberg, a.a.O., Einleitung: Zur Kontroverse über das Verstehen fremden Denkens, 9-50, Zitat 10; Referat und Kritik Hortons 45-47.
22. R. Horton, African Traditional Thought and Western Science, in: Africa 37, 1967, 50-71 und 155-187.

Christen, gelebt hat, wird dieser neuerlichen Annäherung und Unterscheidung zweier Denkweisen, die sich beide auf dieselbe »Wirklichkeit« beziehen, weniger leicht widersprechen können als der Religionswissenschaftler Kippenberg und die englischen Philosophen. Sie packt zu und bringt vieles an afrikanischer Hexerei und Magie neu in Perspektive; vor allem die Art, wie sie von den Afrikanern mit »whiteman's magic«, das heißt: mit Technik und Wissenschaft parallelisiert wird. Bedenkenswert ist auch, daß Horton das offene, alternativenfähige Denken keineswegs als das »des Westens« allgemein versteht, sondern als Spezialisierung der elitären Minderheit der Wissenschaftler. Der Laie, die westliche Gesellschaft im allgemeinen, denkt genauso »geschlossen«, Alternativen zum Anerkannten fürchtend – und darum ethnozentrisch – wie die Afrikaner auch.

In seinem eigenen Beitrag zu dem Diskussionsband 1973 »Lévy Bruhl, Durkheim and the Scientific Revolution« begründet Horton dann seine These von der Vergleichbarkeit, ja Kontinuität zwischen traditionalem und wissenschaftlichem Denken mit einer ausführlichen Neuinterpretation Durkheims. Gerade er habe gewußt, daß unsere moderne Wissenschaft inhaltlich und funktional nichts anderes sei als das verwandelte, weiterentwickelte vorwissenschaftlich magische und religiöse Denken. Alle, die Durkheim heute wie seinen Zeitgenossen L. Lévy-Bruhl für einen unüberbrückbaren Gegensatz zwischen rationalem und exotisch vorlogischem Denken in Anspruch nehmen, auch wenn sie das letztere heute romantisch und positiv bewerten, haben ihn, Horton zufolge, gründlich mißverstanden. Der Streit geht dabei nicht um die moralisch ehrenhaften »kulturpluralistischen« Motive solcher Romantiker, wohl aber um Rationalität und Wirklichkeitsbezug des nichtwestlichen Denkens, auch außerhalb Afrikas[23]. – Es läßt sich absehen, daß mit solcher Annäherung des vermeintlich ganz Fernen und Anderen Horton zum beargwöhnten Feind aller derer werden muß, die – Naturwissenschaftler und Theologen in ungewohnter Eintracht – ganz genau wissen, was *nur* westlich an Wissenschaft und Rationalität ist und eben darum a priori davon ausgeschlossen ist, etwa auch in nichtwestlicher Kultur vorzukommen. *Diese* Denkalternative, die nicht einmal das unaustauschbar westlich Eigene unangetastet läßt, macht Angst.

---

23. R. Horton: Lévy-Bruhl, Durkheim and the Scientific Revolution, in Horton/Finnegan 1973, 249-305. Horton versöhnt sich mit den »Romantikern« durch den Hinweis, daß er – auf seine Weise – auch einer der ihren sei: seit Jahrzehnten lebt und lehrt er in Afrika, weil es sich dort besser lebt als im Westen und hat keine Absicht, zurückzukommen. Es läßt sich vermuten, daß das alltägliche Gegenüber afrikanischer Studenten, die er lehrt und für die er versteht, die er auch bei seinem Schreiben nicht ganz aus dem Blick verliert, Horton daran hindert, über die Andersheit der kulturell anderen zu sehr ins Träumen zu kommen.

Mit alledem bleibt Horton bei dem rationalistischen Teil des Erbes seines großen Lehrers Evans-Pritchard, von welchem Kippenberg und andere sich gerade befreien wollen. Kaum weniger wichtig ist Hortons relativ spät erst folgende, weit schärfere Abrechnung mit dem Lehrer, wo es um das Verstehen des Gegenpols afrikanischer Magie, das heißt um afrikanische Religion, konzentriert in dessen spätem Buch »Nuer Religion« von 1956, geht[24]. 1984 setzt Horton zum Generalangriff auf das moderne, Afrikaner wie westliche Forscher umgreifende, von seinem Lehrer klassisch vertretene Einverständnis an: »Judeo-Christian Spectacles: Boon or Bane to the Study of African Religions?«, so der Titel seines Aufsatzes, ist nur rhetorisch eine Frage, in der Sache aber für Horton selber längst klar beantwortet: der »fromme« Zugang zu afrikanischer Religion, der vormals gegen Atheisten und Evolutionisten sein gutes Recht hatte, ist mittlerweile wissenschaftlich selber gescheitert, bei den großen afrikanischen Theologen Mbiti oder Idowu nicht minder als bei Evans-Pritchard[25]. Die Ziele afrikanisch-religiösen Lebens seien eindeutig »explanation – prediction – control« und nicht, wie afrikanische oder westliche Christen glauben und zu glauben machen versuchten, personal geistige Gemeinschaft oder Erlösung in einer anderen Welt. Die gebe es in in biblischer und in asiatischer Hochreligion, nicht aber im vorchristlichen Afrika. Dem gegenwärtigen wissenschaftlichen Irrweg in der Erforschung traditional afrikanischer Religion läge – genau wie dem romantischen Festhalten an einem »ganz anderen«, nichtwestlichen Denken – ein durchaus ehrenwertes Motiv zugrunde, bei den afrikanischen Autoren noch deutlicher als bei den westlichen: die Frage nach dem Heil der vorchristlich Verstorbenen, das sie sich nicht anders vorstellen können als in einer Rehabilitierung der guten alten Religion, der sie anhingen.

Soweit Robin Hortons neueste Herausforderung des beinahe universalen Einverständnisses über afrikanische Religion. Wiederum: wer Afrikaner kennt, auch christliche Intellektuelle, wird Horton nicht rundweg entrüstet widersprechen können. Wohl rennt er im Detail manche offenen Türen ein; denn ganz so kritiklos in der theistischen Vereinnahmung des traditional Afrikanischen ist ja auch ein Mbiti nicht. Doch der von ihm neuerlich ausgelöste Streit um das Verstehen afrikanischer Religion lohnt und erfordert genaues, intensives Mitdenken, auch und gerade von interkulturellen Theologen. Würde dadurch vertiefter Sinn für die Geschichtlichkeit des Verstehens fremder Religion eingeübt, so wäre dies an sich schon, unabhängig davon, ob die von Horton empfohlenen Freud-Durkheimschen »spectacles« wirklich so viel weiter sehen als die jüdisch-christlichen, ein hermeneutischer Gewinn. Offenkundig sagt er mit seinen neuen

---

24. E.E. Evans-Pritchard, Nuer Religion, Oxford 1956.
25. R. Horton, Judeo-Christian Spectacles: Boon or Bane to the Study of African Religions?, in: CEtAf 76, 1984, 391-436.

neutralen Wörtern: »explanation – prediction – control« – die auf ihre Weise gezielt auch wieder an die Nähe zwischen afrikanischer Religion und moderner Technik erinnern – nichts wesentlich anderes, als was die alten Missionare etwas zorniger von den Afrikanern auch sagten: nämlich daß sie materialistisch, magisch-zauberisch und dem rein Geistigen abhold seien.

Richtig und bedenkenswert ist weiterhin, daß die Seite des Manipulierens, »control«, in der modernen Darstellung afrikanischer Religion ortlos geworden ist, faktisch zu kurz kommt und darum früher oder später wiederentdeckt und als wesentlich oder gar ausschlaggebend erklärt werden mußte. Man verdrängte aus dem Bild Altafrikas, was man als das uns eigene, das Wesen modern westlichen Verhängnisses meinte unwiderruflich durchschaut zu haben. Hermeneutisch weniger einleuchtend ist Hortons neuerlich konträre Entgegensetzung von *entweder* explanation – prediction – control *oder* aber Kommunion und Spiritualität. Beides findet sich in afrikanischer Religion; für ihr Verstehen ist es also eher ein quantitatives und regionales als ein qualitatives Problem.

Wir halten inne mit der ethnologischen Lektüre zur Zwischenbilanz. Lektüren sind immer, wofern man darüber nicht vergißt, was man eigentlich gefragt hatte, auch Umwege zur Selbstverständigung. Ethnologische Lektüre im besonderen ist für den Missionswissenschaftler zugleich Einblick, auch ein bißchen Spionage in der anderen Werkstatt. Man schaut sich an, wie die anderen das machen mit dem interkulturellen Verstehen. Im Weiterdenken an dem Tübinger Symposion lag es nahe, den Ethnologen mehr Gehör zu geben als Religionswissenschaftlern und Theologen, weil diese beiden dort selber vertreten waren, nicht aber die – reinen, zünftigen – Ethnologen[26]. Daß das Gespräch gerade mit Horton mich leicht überproportional beschäftigt, hat zu tun mit dem, was derzeit in meiner Werkstatt in Arbeit ist: das Verstehen der traditionalen, vorchristlichen Religion der Bakossi im südwestlichen Kamerun, nachdem zuvor das Verstehen ihrer Gesellschaft und Kultur zu einem Abschluß geführt wurde. Das inter*kulturelle* Verstehen führt

---

26. Durch die Konzentration auf das Gespräch mit Horton habe ich dieses Mal das Schwergewicht stärker auf die *interdisziplinäre* Problematik des Verstehens anderer Kulturen gelegt. In meinem mündlichen Beitrag in Tübingen hatte ich dagegen stärker auf den praktisch *interkulturellen* Dialog abgehoben mit dem Hinweis auf M. Duala M' bedy. In seiner Habilitationsschrift: Xenologie. Die Wissenschaft vom Fremden und die Verdrängung der Humanität in der Anthropologie, Freiburg/München 1977, führt der Kameruner Politologe und Philosoph eine noch grundsätzlichere Kritik als Horton an westlicher Anthropologie, insofern diese – romantisch oder evolutionär – beim Fremden und seiner Kultur wiederzufinden hofft, was sie bei sich selbst verloren hat, nämlich die Humanität. Wie freilich eine bessere, angemessenere Wissenschaft von den anderen Kulturen aussehen könnte, wird aus Duala M' bedy nicht ersichtlich.

folgerichtig weiter zur sicher nicht einfacheren, aber genauer umgrenzten Aufgabe des inter*religiösen* Verstehens, bei mir nicht anders als bei Sundermeier und Friedli.

Unsere beiden Leitfragen in diesem Abschnitt waren erstens, was das Selbstverständnis der Menschen der anderen Kulturen den Ethnologen wert ist, und zweitens, *wie* anders die Kultur und das Denken der anderen im Bezug auf das unsere bzw. das der westlichen Wissenschaft denn überhaupt ist. Zur ersten Frage fanden wir, daß für Lévi-Strauss die Selbstdeutungs-Modelle der Eingeborenen am Ende »armselig« sind; für Geertz dagegen sind sie das allein und letztlich zu Verstehende, Nachzuvollziehende, nicht in Frage zu Stellende. Beide Versuchungen sind, so dünkt mich, im Ansatz neuer Hermeneutik interkulturellen Verstehens methodisch noch nicht hinreichend bedacht, darum aber auch nicht überwunden. In beiden Fällen besteht, wenn auch aus entgegengesetztem Grund, kein Anlaß, *mit* den Betroffenen in neuem, höherem Einverständnis weiter zu kommunizieren: wer das will, muß sich also anders, weniger einseitig orientieren. Zur Frage der Andersheit der anderen fanden wir Horton als noch relativ einsamen Kämpfer gegen das derzeit herrschende Einverständnis, daß *nur* wir bösen modern westlichen Menschen Welt und Mitmensch beherrschen, manipulieren und kontrollieren wollen. Der Mensch der anderen, afrikanischen Kultur will das auch, und zwar schon immer, zumal in seiner Religion, meinen andere mit Horton. Diese neuerliche Herausforderung stieß, wie vordem bei Kippenberg, so auch im Tübinger Symposion nicht mehrheitlich auf williges Gehör. Sie störte. Aber könnte da nicht doch etwas daran sein? Gewiß: im Sinne eines neuen, unverrückbaren Bekenntnissatzes wäre dies kein Verstehensfortschritt. Wohl aber im Sinne einer Arbeitshypothese, einer angstfrei zu prüfenden Denk-Alternative für offenes, also wissenschaftliches Denken.

Darüber ließe sich noch mehr sagen. Aber man muß von der methodischen Selbstverständigung über das eigene Verstehen fremder Kultur auch wieder zum Dialog mit den Mitstreitern in der eigenen Zunft kommen. Der Werkstattmonolog hat da nur Exkurswert. Immerhin: das Wesentliche, Entscheidende ist mit ihm schon gesagt. Es bleibt die Gegenprobe. Was folgt aus alledem für die mehrheitlich festgestellte Krise der Kommunikation? Und was für die Schwierigkeiten einer angesagten Wiederkehr der Hermeneutik?

4. Krise der Kommunikation

In einem mündlichen Beitrag brachte ein jüngerer Teilnehmer des Symposions das Verhältnis von Hermeneutik und Kommunikationstheorie auf folgenden Nenner: Diejenigen, die heute in der Mission noch an Kommunikationsmodellen und -techniken arbeiten, sind die unverdrossenen Optimisten, die noch nicht gemerkt haben, was die Stunde eigentlich geschlagen hat. Nämlich das Ende, genauer: den Abbruch der Kommunikation durch die Menschen in den anderen Kulturen und Gesellschaften, die mit uns westlichen Christen und insbesondere Theologen nicht mehr kommunizieren *wollen*. Da und nirgends sonst fange die Hermeneutik, die theologische Hermeneutik interkulturellen Verstehens an; beim Verstehen der tiefen Gründe, warum die anderen nicht mehr wollen. – Nun hat gewiß das Verhältnis der beiden Größen, Kommunikation und Hermeneutik, etwas mit Zeitstimmungen, mit den emotionalen Tiefen und also auch mit Pessimismus und Optimismus zu tun; und ein Treffen verschiedenartiger, auch verschieden alter, Missionswissenschaftler in unruhiger Zeit nicht minder. Im Ganzen und im Rückblick würde ich dennoch von diesem Deuter der Meinungs- und Methodendifferenz denken: Er hat unrecht – aber er bringt uns auf nützliche Gedanken.

Unrecht hat er fürs erste geschichtlich. Es waren nicht die unverdrossenen Amerikaner, die als erste zusammenhängend über »The Communication of the Christian Faith« nachgedacht haben. Es war in einer Vorlesungsreihe 1956 in Toronto der nicht übermäßig des Optimismus verdächtige Hendrik Kraemer[27]. Die vierte der fünf Vorlesungen handelt von dem, warum gerade jetzt, zu dieser besonderen geschichtlichen Zeit über Kommunikation ganz neu gehandelt werden müsse: Ursache ist »the breakdown of communication«, der konstatierte Zusammenbruch. Der also kann so neu nicht sein, auch wenn ihn Kraemer primär auf die innerwestliche Situation nach dem Krieg bezieht, sekundär erst auf die Lage der Mission. Hier wäre also auch heute nicht so sehr im Namen der Hermeneutik eine Epochenwende auszurufen als vielmehr geschichtlich zu begreifen, daß Hermeneutik und Kommunikationstheorie alle beide immer erst dann auf den Plan treten, wenn etwas abbricht, wenn etwas nicht mehr geht.

Unrecht hat er zum zweiten in einem etwas schwerer einzusehenden Sinn auch theologisch, auf die Schrift bezogen. Wenn man anerkennt, daß im Neuen Testament die Apostelgeschichte *das* Buch der Kommunikation ist, dann kann kein aufmerksamer Leser übersehen, daß sie – und nicht erst wir – nach allem Rennen und Laufen, angesichts der mehrheitlich glaubensunwilligen Juden in Rom im 28., letzten Kapitel mit nachdrücklichster »Theologie der Inkommunikation« endet: damit, daß Menschen nicht hören können, weil Gott selber in seinem unergründlichen Ratschluß sie »verstockt« hat. Die Evangelikalen in der Mission wissen das noch und entlasten sich damit seelisch dort, wo der Erfolg der Predigt und Mission ausbleibt, wie vielleicht schon Jesaja sich damit entlastete, dem Lukas dieses Theologoumenon verdankt. Auch Hendrik Kraemer bringt die scheiternde Glaubenskommunikation auf Calvins Spur mit der doppelten Prä-

---

27. H. Kraemer, The Communication of the Christian Faith, London 1957. Zur Interpretation s. Balz (1978) (o. Anm. 5), 41-54.

destination zusammen. Nicht unbelehrbarer Optimismus ist also das Familienmerkmal der Kommunikationsleute, sondern eher Sprunghaftigkeit, Willkür zwischen den Extremen: bald hochgemut, bald pessimistisch und defaitistisch. Sie haben zu wenige Farben auf der Palette. An den Hermeneutikern wäre es, recht verstanden, ihnen die Zwischenfarben und Zwischentöne zu liefern. Aber mit bloßem Scheiterns- und Krisenpathos geht das vermutlich nicht.

Einer der nützlichen Gedanken, auf welchen die anfechtbare Zuordnung von hier Kommunikatoren, dort Hermeneutikern einen bringen kann, wäre versuchsweise formuliert der folgende: Krise der missionarischen Kommunikation und Moratorium gehören in einer bestimmten Spannungssituation zwischen Jungen und alten westlichen Kirchen zusammen. Man legt eine Pause ein nicht nur im Geld- und Personaltransfer, sondern auch im Reden miteinander. Beide Seiten führen zum Finden oder Festigen der eigenen kulturellen Identität eine Zeitlang Selbstgespräche. Die sinnvolle Innenseite des Moratoriums, das Selbstgespräch westlicher Theologie und Missionswissenschaft wäre dann die Hermeneutik interkulturellen Verstehens. Ob dies tatsächlich gemeint ist oder ob es schon eine Relativierung, gar Verharmlosung des neu erhobenen Anspruchs wäre, müßten wohl die Vertreter des neuen Programms gefragt werden. Eingeschlossen in solch einer Lesart von Hermeneutik – abgekürzt und zugespitzt also: als Strickzeug fürs Wartezimmer – wäre dann ja, daß sie jedenfalls nicht Eule der Minerva, nicht wie Lévi-Strauss' endliche »Rückkehr« und letztes zu sagendes Wort, sondern immer nur Zwischenbesinnung und, wenn manchmal auch sehr lange, Vorbereitung zu neuer, zukünftiger ökumenischer und interkultureller Kommunikation sein kann.

Das bleibende Recht der Kommunikation *neben* der Hermeneutik zu vertreten war, so scheint es, in Tübingen die mir zugedachte Rolle gewesen. Es traf sich aber so, daß der integrale Ansatz bei der Kommunikation, ohne eine Hermeneutik eigenen Rechtes neben sich, bei dem Symposion viel nachdrücklicher und konsequenter von Richard Friedli in seinem Beitrag zur interkulturellen Übersetzung von Exodus 3,14 vorgetragen wurde. So waren wir schon zwei. Das von ihm gebrauchte graphische Modell biblisch-interkultureller Kommunikation geht in allen seinen wesentlichen Bestandteilen auf E.A. Nida zurück, der es 1960 erstmals bekannt gemacht hatte[28]. Nidas Hauptgedanke ist im Übersetzen die »dynamische« anstelle der »formalen« Gleichwertigkeit und die Analogisierung von Kulturen überhaupt mit Sprachen im besonderen; eine spezifisch amerikanische Tradition, die auch noch in Geertz' »semiotischem« Kulturbegriff weitergeht. Zweifellos ist die von Friedli an Nida angebrachte Korrektur: daß – wenn entsprechende Übersetzer zu finden sind – ohne den Umweg über das »Grie-

---

28. Nida (1960). Zur Interpretation s. Balz (1978), 60-97. – Interessante Anwendungen und Variationen von Nidas graphischem Modell bietet Friedli (1982).

chisch-Christliche« direkt vom »Hebräisch-Jüdischen« ins »Japanisch-Buddhistische« übersetzt werden soll, ein auch theologisch bedeutsamer Fortschritt. Jedenfalls ist sie eine bessere Wendung als das, was die amerikanischen Nida-Epigonen D.J. Hesselgrave und C.H. Kraft mit noch mehr Medienwissen und noch weniger Theologie inzwischen gemacht haben: Sie haben sein Modell evangelikal zurückentwickelt[29].

Wichtig für die Aufgabe der Mitteilung und Weitergabe des christlichen Glaubens und noch folgenreicher als die synchrone Korrelation von zwei oder drei Kulturen ist aber, daß Nida unseres Wissens zum ersten Mal das diachronische Verstehen vom synchronisch-interkulturellen her verstanden und verfremdet hat statt umgekehrt. Das heutige interkulturelle Übersetzen und Verstehen ist in seinem Erfolg oder Mißerfolg wenigstens teilweise verifizierbar; der Vermittlungsprozeß von biblischen Zeiten bis auf uns dagegen nicht, weil die Toten tot sind und Texte sich nicht wehren können – ein Unterschied, über den weiter nachzudenken sich gewiß lohnt. Es ist, daran findet man sich bei Friedlis Umgang mit ihm erinnert, mit Eugene Nida aber eine grundsätzliche Schwierigkeit, daß er nie groß Aufhebens davon macht, wenn er Unerhörtes, die gesamte geisteswissenschaftliche Tradition Negierendes denkt. Er tut es beiläufig, ohne die an Anwendung interessierten Leser mit der Fülle von Voraussetzungen, Hintergründen und »Implikationen« zu verwirren. Darin ist er Lehrer, daß er sich selber in seinen Grundentscheidungen möglichst unsichtbar macht. Man muß ihn aber als großen Lehrer der Kommunikation zu Gesicht bekommen – nur dann kan man sachgemäß mit ihm streiten, frei kommen von ihm und selber lehren.

Zu Friedlis ausgewähltem Beispiel, der Übersetzung von Ex 3,14 ist zu bemerken: Sie hat den Reiz und die Problematik eines außergewöhnlichen, atypischen biblischen Textes, der, ähnlich wie etwa die Kernstelle Joh 1,1-5 oder, in anderer Richtung, Röm 3,28, eine kräftige kulturelle wie interkulturelle Wirkungsgeschichte schon hat, die quasi selbst kanonisch wurde und von der auch ein bibelkundiger katholischer japanischer Übersetzer heute nicht gänzlich abstrahieren kann. Daß man nicht mehr wie vordem nur Wörter, sondern Sätze und kulturgeprägte Anschauungen übersetzen will, ist ein Fortschritt, aber möglicherweise doch noch nicht der ganze Weg. Es könnte doch sein, daß Jahwe Mose überhaupt keine Aussage über sein Wesen mitteilt, sondern ihm nur verständlich machen will, daß diese Frage jetzt nicht dran ist: In dem Fall wären nicht analoge Anschauungen, sondern analoge Geschichten zu suchen, wie man solches alltäglich, unphilosophisch in Japan zwischen Menschen zu verstehen gab und gibt; und das Übersetzen müßte noch einmal von vorne anfangen.

29. D.J. Hesselgrave, Communicating Christ Cross-Culturally, Grand Rapids 1978; C.H. Kraft, Communicating the Gospel God's Way, 1979 und Communication Theory for the Christian Witness, Nashville 1983.

Doch eben auf die analogisierbaren japanischen, westlichen und hebräischen »Anschauungen« und ihre mögliche wechselseitige Bereicherung scheint Friedlis tieferes Interesse zu gehen; nicht auf erzählbare Geschichten. Ist aber die Bibel ein Buch von Anschauungen – und nicht vielmehr ein Buch von Geschichten? Hier lauert die Gefahr, daß der Westen wie der Osten gleichermaßen an der intentio recta der Texte vorbei gehen, um sich um des spekulativen Gehalts willen an die intentio obliqua zu halten, in welcher nicht mehr Jahwe spricht, sondern vielleicht der Geist des hebräischen Denkens und der Sprache, die selbst Gott noch diktiert, was er meinen kann und was nicht. Hier dürfte Nida – falls Friedli es so meinen sollte – energisch widersprechen. In der klassischen Frage »Sprache und Weltbild« hält er es mit J. Barr, nicht mit Th. Boman. Dahinter liegt freilich noch ein anderes Problem: ob – wenn schon nicht das hebräische Denken, dann aber doch – die übersetzte Textgestalt und Struktur selber schon »die Botschaft« ist oder aber nur ein Hinweis, das Zeugnis von ihr. Das ist bei Nida letztlich unentschieden. Vielleicht haben Katholiken es da leichter als Protestanten, dem Text, auch als heiligem, gegenüber Nüchternheit zu bewahren[30].

Nehmen wir wieder einen Schritt Abstand und kommen zu dem, was Friedli mit seinem Beispiel allgemein veranschaulichen will, dann bleibt mir vor allem die Frage: Wo im Modell findet die Aneignung des Evangeliums nicht für den fremden Anderen, sondern *für mich* selber statt? Wie kommt es von den Inhalten zur Haltung, von der fides quae creditur zur fides qua creditur? In der Aussprache habe ich Friedlis Antwort so verstanden: Die fides qua hängt sich an das schon latent »Christische« – nicht Christliche – in allen menschlichen Religionen, zumal denen des Ostens; und die Aneignung pro me findet im Modell der Kommunikation ihren Platz in der Reziprozität der Kulturen, im gegenseitigen Lernen. Zu beidem wäre manches zu sagen. In Kürze dieses: Das letztere ist mir zu wenig, das erstere zu viel. Da bleibt weiterer Gesprächsbedarf[31].

30. Daß die Magisierung, ja Fetischisierung von Texten eine besondere protestantische Versuchung ist, sollte man nicht bestreiten. Freilich ist ihr nicht durch programmatische Nivellierung, d.h. Wiedergleichstellung der nichtsprachlichen mit den sprachlichen Ausdruckweisen zu begegnen: dies würde auch den anderen Kulturen und Religionen nicht gerecht. Das zweite Gebot gilt auch in Judentum und Islam; und der jahrhundertelange Bilderstreit in der orthodoxen Kirche war nicht als solcher abwegig, sondern theologisch sinnvoll. So darf man auch im Blick auf die vordem schriftlosen Kulturen nicht generell die Existenz christlicher bildender Kunst zum Maß der Indigenisierung des Christentums machen, ohne gleichzeitig zu fragen, was etwa schon in der vorchristlichen afrikanischen Religion mit Bedacht der bildlichen Darstellung entzogen wurde: Gott praktisch immer, und die Ahnen überwiegend. Zu dieser Problematik vgl. meine Besprechung von J.F. Thiel/H. Helf, Christliche Kunst in Afrika, Berlin 1984, in ThR 52, 1987, 105-110.
31. Nicht getroffen wird Friedlis modifiziertes Modell von meiner Kritik an Nidas

Weiterhin: Daß an sich das mit Hermeneutik Gemeinte auch in einem umfassenden Modell der Kommunikation des christlichen Glaubens eingebaut werden könnte, daß es also nicht prinzipiell *neben* diesem zu stehen kommen muß, darüber bin ich mit Friedli einig. Faktisch hat sich aber bislang erwiesen, daß es bei Nida selber keinen hinreichenden Platz gefunden hat und daß es bei seinen amerikanischen evangelikalen Schülern erst recht unter die Räder kommt. Das läßt vermuten, daß das ganze Modell in seiner ursprünglichen Anlage eben doch zu sehr objektiviert, verdinglicht: am Ende ist es doch ein »observer-« und kein »actor-« und Mitbetroffenen-Modell der Glaubensmitteilung. Eben hier ist nun die theologische Hermeneutik aufgerufen, wie, in welcher Sprache und Bildlichkeit sie den solchermaßen erkannten Schaden nicht nur perhorreszieren, sondern beheben und heilen kann.

Schließlich: Ein letztes Verdienst des von Friedli weitergeführten Modells von Kommunikation erscheint mir darin, daß es, obwohl – oder weil? – primär synchron entworfen, in unserer multireligiösen, pluralistischen Weltlage den Blick dafür offenhält, wie diese in den letzten fünfhundert Jahren eigentlich zustande kam. Die Mission, das heißt: der bewußte *Wille,* christlich zu kommunizieren, war von Anfang an, wie verstrickt mit Habgier und Neugier auch immer, schon mit dabei, seit Columbus und seinen Genossen[32]. Christliche Mission ist in der Neuzeit zwar vielfältig, aber doch nicht nur und nicht überall gescheitert. Der besondere Wille, die Menschen anderer Kulturen nur zu *verstehen,* ethnologisch und philosophisch, ohne ihnen etwas mitzuteilen, hat eine kürzere, weniger reiche Geschichte. Er kam erst später und ist insofern weniger disponiert, das, was geschichtlich vor ihm war, aufzuschließen. Im Gegenteil: um selber Epoche zu machen, wird er die alte interkulturelle Vorgeschichte eher abdunkeln, wenn nicht verdrängen müssen.

5. Wiederkehr der Hermeneutik

Einer neuen Hermeneutik interkulturellen Verstehens diente das Symposion, und um ihr weiteres Gehör zu verschaffen, werden seine Beiträge auch veröffentlicht. Hermeneutik, die in der Theologie einmal war, soll wieder sein – nun aber

> methodischer Empfänger-Vergessenheit, Balz 1978, 117-124. Hier wären besonders die Kapitel III: »Erwartung«, 47-74 und X: »Sterben«, 158-161 in: Friedli (1982) ins Gespräch zu ziehen, die freilich im kenotischen Verständnis christlichen Glaubens und missionarischer Existenz sehr weit gehen.
> 32. Der bewußt geschichtliche Bezug auf die Herkunft der gegenwärtigen Weltlage und ihre Deutung bestimmte schon Friedlis Dissertation: Fremdheit als Heimat. Auf der Suche nach einem Kriterium für den Dialog zwischen den Religionen, Freiburg/Schw. 1974.

anders, interkulturell und interdisziplinär. Der Gedanke Theo Sundermeiers hat sich in der Praxis des Zusammenkommens und Redens miteinander schon bewährt. Das Zusammenkommen wollte nicht mit dem einmal Konzipierten geradeheraus »Schule machen«; es gab auch möglichen parallelen, alternativen und widerstrebenden Wegen Raum. Dafür, also für die organisierte Konvivenz, sei zunächst und vor allem Dank. Vieles, das einen nicht ohne weiteres überzeugt, bringt doch auf neue Gedanken. Es legt nahe, dem Dank die Form von Anfragen und Rückfragen an Sundermeier zu geben. Ich bündle sie, bezugnehmend auf das zuvor schon Geschriebene, zu deren vier.

1. Wiederkehr der Hermeneutik. Sie soll ausdrücklich *wieder*kommen; in einer Zeit, in der in der Mission die enggeführte Kommunikationstheorie nicht weiterführte; in der aber auch in der evangelischen Theologie die Erinnerung an das Scheitern einer Schule universaler Hermeneutik vor kaum zwei Jahrzehnten noch nicht vergessen ist. Man fragt sich demnach: Ist diese neue Hermeneutik durch Schaden klug geworden – setzt sie tief genug an im Deuten des geschichtlichen Scheiterns der älteren, damals auch »neu« genannten Hermeneutik? Ist sie bescheiden statt beschwörend geworden? Weiß sie nunmehr, was sie damals, etwa beim späten Fuchs, nicht mehr wußte, um ihren begrenzten, also keineswegs abschließend-endzeitlichen Ort im Gefüge der anderen theologischen Disziplinen? Weiterhin: Noch bei Gadamer und schon bei Schleiermacher ist Hermeneutik als Disziplin abgegrenzt von Kritik einerseits, Rhetorik andererseits. In anderer, an der Entwicklung der Sprachwissenschaft orientierter Unterscheidung wäre zu vermuten: Hermeneutik, auch die der Kulturen, hat es mit Performanz, nicht mit Kompetenz, mit parole und ergon, nicht mit langue und energeia zu tun. Sie ist wesenhaft nicht generativ oder kreativ. Sie schafft selber keine neuen, anderen Kulturen. Ihr Feld ist, was schon da ist, was sich geäußert hat, nicht was sein könnte[33].

Interkulturelle Hermeneutik würde sodann auch an Kontur und an Sicherheit für ihre nächsten Schritte gewinnen durch engere Fühlungnahme mit den Schicksalen der Hermeneutik in der Religionswissenschaft und des Verstehens in der Ethnologie. In der Religionswissenschaft ist Hermeneutik weiterhin umstritten. Die Zurücknahme ihres großen, systematischen Anspruchs beim späteren Eliade gibt zu denken; desgleichen die gezielte Nachordnung der »hermeneutischen Forschung«, nach geschichtlicher, vergleichender und kontextueller Forschung

---

33. Damit würde auch W. Ustorfs Frage nach dem Verhältnis von religiöser und kritischer *Kompetenz* zueinander als nicht zum Gebiet der Hermeneutik im engeren Sinn gehörig erwiesen, obwohl andererseits die Profilierung der Hermeneutik durch ihren Unterschied von der Kritik zu ihrem klassischen Erbe gehört: F.D.E. Schleiermacher, Hermeneutik und Kritik, hg. u. eingel. von M. Frank, Frankfurt a.M. 1977.

bei Waardenburg, als Sicherung gegen zu großen, zu endgültigen Anspruch. Was setzt entsprechend die interkulturelle Hermeneutik sich voraus – was sind ihre vorhermeneutischen Wissenschaften? Schließlich: in der Ethnologie bleibt der große Abstand des Verstehens, Redens und Schreibens über die Anderen, nicht *für* sie, von Lévi-Strauss bis Geertz. Was tut der interkulturelle Theologe: für wen versteht er? Welches gemeinschaftliche Einverständnis setzt er voraus? Und anders herum, die Frage Hortons: *Wie* anders müssen die Anderen sein, um »uns« zu interessieren? Dies leitet hinüber zum zweiten Fragenbündel.

2. Der fremde Andere und unser eigenes Kulturerbe. Sundermeier kommt über E. Lévinas eindrücklich auf den jüdisch-alttestamentlichen Anteil westlicher Tradition zurück, der den Sinn für das Fremde, den Anderen als uns selber konstituierend erneuern könnte. R. Horton dagegen schreibt, daß gerade die »Judeo-Christian spectacles« und die Vorstellung von notwendig personaler Kommunion wie ein böser Zauber, ein Bann das rechte Verstehen des Wesens afrikanischer Religion in unserer Generation verhindert haben. Derselbe Horton sagt auch: Die Analogie, die unerwartet große Nähe des »anderen«, traditionalen Denkens zum modern wissenschaftlichen, die genetische Kontinuität zwischen beiden, ist noch längst nicht ausgeschöpft. Anstatt schnell zu sagen: »Die anderen sind *ganz* anders« oder umgekehrt: »Das haben wir auch«, sagt Horton: *Wir* sind gar nicht wir. Wir sind in unserer Technik und Wissenschaft selber magisch, archaisch und afrikanisch. Plus ça change, et plus c'est la même chose. Ist das untief? Ist es durch Lévinas widerlegt?

Weiter: Lévinas redet in gut jüdischer Weise, wie Rosenzweig und Buber, vom *nahen* Anderen; seinem Antlitz, meiner Heimsuchung durch ihn. Für ihn bedeutet dies Kritik einer starken westlich-philosophischen Tradition, nicht aber den Abbruch des dauernden Gesprächs mit ihr oder mit den eigenen Lehrern, Husserl und Heidegger. Faktisch und praktisch genügen ihm »Bibel und Philosophie«. Zu den fernen Anderen, Kulturen wie Religionen, zieht es ihn nicht hinaus. Cl. Lévi-Strauss zieht es umgekehrt hinaus zu den Wilden; zu den ganz fernen gojim auf den Inseln; doch nicht um ihnen das Licht zu bringen, sondern um es bei ihnen zu finden: als die strukturale Wahrheit über »den Menschen« überhaupt. Er kommt zu den verlorenen Söhnen, »denen die Geschichte das gemästete Kalb versagt hat«; er sucht »soziologische Erfahrung«, aber er findet »nur Menschen«[34]. Dann kehrt er zurück. *Diese* andere jüdisch-christliche Tradition dünkt mich, in all ihrer Verbohrtheit und Monomanie, für interkulturelles Verstehen nicht minder notwendig bestimmt als die von E. Lévinas.

Schließlich: Sundermeier macht in der Egozentrik und im solipsistischen Zirkel einen Wesenszug herkömmlicher Hermeneutik, ja westlicher Philosophie

---

34. C. Lévi-Strauss, Traurige Tropen, 273 und 314.

und Kultur überhaupt aus. Dies ist ihm ein wichtiges Thema nicht erst seit Neuem. »Ich« ist für ihn vorab Wille und Bemächtigung; nicht sosehr Bewußtsein, Vernunft, Erkenntnis erst ermöglichende Intentionalität. Da mag etwas daran sein. Aber als feste Definition dessen, was »wir« Menschen im Westen sind und immer waren, trotz oder wegen unseres Christentums, wird es der Komplexität unserer Herkunft schwerlich gerecht. Auch der Sozialismus ist westlich und, wie es scheint, für Verderben von innen an sich anfällig. So ich-verachtend mögen Buddhisten aus asiatischer Ferne über uns Europäer und Christen reden; wir selber wissen es geschichtlich und theologisch besser: Jede vermeintliche Konkretisierung des Bösen und der Erbsünde, bei Augustin und Pascal, bei Luther und im Pietismus, war immer zugleich auch Einschränkung, Verharmlosung ihrer verwirrenden Vielgestaltigkeit.

3. Hermeneutik und afrikanische Religion. Die neue Hermeneutik ist bei Sundermeier, wie zur programmatischen Entdeckung der Konvivenz, so auch zum wichtigen und schönen Buch über das Menschenbild schwarzafrikanischer Religionen ein Epilegomenon zur praktizierten Methode[35]. Sie erläutern sich gegenseitig. Das Buch ist eindeutig, nicht nur weil deutsch verfaßt, für hiesiges Publikum geschrieben; für interessierte aufgeschlossene Studenten, Lehrer, Gebildete. Es will, so das Angebot, »dazu beitragen, in der Begegnung mit Afrikanern weitherziger und verstehender zu werden« und »durch Informationen das Gefühl von Fremdheit« abzubauen[36]. Afrikaner als Leser sind nicht ausgeschlossen, aber auch nicht besonders angesprochen[37]. Themen und Fragen sind von hier aus akzentuiert. Hiesiges gebildetes Einverständnis über die Fremdheit der Fremden wird sprachlich und gedanklich vorausgesetzt – so nur war das Buch möglich – und damit zugleich auch wieder bestärkt, stabilisiert. Im inhaltlichen Aufriß ist das Menschenbild Mitte eines Weltbildes, einer afrikanischen Ontologie; der Weg geht – worüber man mit guten Gründen streiten könnte – vom Muntu zu den Bantu, vom Einzelmenschen zur Gesellschaft. Das aber ist notwendig der Hermeneutik, des Skopus wegen, den der Autor wirksam für sein hiesiges

35. Sundermeier (1981) und ders. (1988).
36. So auf dem Umschlagtext und in der Einleitung, 8.
37. Ein Beispiel für solche Ausschließung des »Anderen«, nämlich des afrikanischen Lesers durch einen westlichen Autor kann gesehen werden in dem von Sundermeier mehrfach anerkennend erwähnten Buch von H. Rücker, ›Afrikanische Theologie‹. Darstellung und Dialog, Innsbruck/Wien 1985. Rücker kommt zu dem Schluß, daß die afrikanischen Theologen, wie etwa J. Mbiti, »Symbol« und »Allegorie« immer noch nicht radikal genug auseinanderhielten. Er will auf seine Weise afrikanischer sein als die Afrikaner. Afrikanische theologische Leser erklären unzweideutig, was sie von solcher Belehrung, solchem Verstandenwerden halten; so bes. B. Bujo, Afrikanische Theologie in ihrem gesellschaftlichen Kontext, Düsseldorf 1986, 64-73 (Diskussion des Symbolbegriffs von Rücker und A. Vanneste).

Publikum im Obertitel benennt: »Nur gemeinsam können wir leben« als die zeitlos-zeitgemäße Botschaft Afrikas an uns. Der Bezug zur Solipsismus-Diagnose unseres Erbes ist evident; und falsch ist das bewußte Gemeinsam-Leben im Blick auf Afrika sicher nicht. Nur: ist es auch das das Wichtigste und Tiefste, was Afrika uns zu verstehen gibt? Hier scheiden sich die Sachkundigen, hier beginnt der sinnvolle Konflikt der Interpretationen, auch der interkulturellen. Hätte ich zu wählen, so käme wohl heraus: Nicht das Gemeinsam-Leben, sondern Kain und Abel, nicht Psalm 133, sondern Genesis 4 ist das Tiefste, was Afrika für uns deutet und worüber es uns zu belehren hat. Um die Symbolik des Bösen in der gestörten Gemeinschaft geht es, wo einer den »Anderen« gerade nicht ignoriert, sondern durch Hexerei »ißt« und somit des möglichen Lebens beraubt. Kain will nicht, daß Abel lebt.

4. Nachordnung der Kommunikation. Eines der klaren Gesprächsergebnisse in Tübingen war, daß »Kommunikation« ein Brückenwort zwischen Medizin und Theologie, Natur- und Geisteswissenschaft sein kann, »Hermeneutik« dagegen nicht. Jeder lebende Organismus kommuniziert, für den wissenschaftlichen Beobachter feststellbar, in sich selbst, die Organe miteinander, und mit seiner Umwelt. Der Grashalm kommuniziert mit der Sonne, die ihn bescheint. Ob er auch Hermeneutik betreibt, werden wir nie feststellen können. Was aus dieser Brückenfunktion von Kommunikation für den Menschen weiter folgt, mögen die Naturwissenschaften ausführen. Hier geht es nur darum, zu zeigen, daß die größere »Weite« von Hermeneutik der Enge der Kommunikationstheorie gegenüber durchaus zweideutig, weil besonders menschbezogen ist.

Doch damit zurück zu unseren engeren Kreisen: Im Gegenzug zu den amerikanischen Evangelikalen der Hermeneutik mehr und grundsätzlicher in der Missionslehre Raum zu schaffen, darüber besteht Einigkeit zwischen Sundermeier und mir. Auch bei Nida, der selber kein Evangelikaler ist, kommt sie nicht zur rechten Zeit, am rechten Ort. Doch trifft dieselbe Kritik auch Friedlis erneuertes, umfassenderes Modell von Kommunikation? Die Frage mag offen bleiben. Grundsätzlich kann das Thema der Glaubenskommunikation auch innerhalb einer umfassenden Hermeneutik interkulturellen Verstehens in Nach- und Unterordnung seinen passenden Ort finden. Darum ist nicht zu streiten. Wohl aber möglicherweise darum, wie denn, nach dem Leben in jeweiliger Isolation, die heutige interkulturelle Menschheitssituation geschichtlich zustande gekommen ist – jedenfalls nicht primär durch das Verstehen der Anderen; wir sagten es bei Friedli schon. Hier ist dasselbe Argument noch einmal anders zu wenden: Wenn missionarische Kommunikation der Hermeneutik nachgeordnet wird, dann muß sie notwendig als zu verstehende *in* der Hermeneutik und *neben* den in sich ruhenden anderen Kulturen wiedererscheinen. Verstehen der Missions*geschichte* ist weiterhin eine theologische Notwendigkeit.

Der diachronische Aspekt interessiert aber nicht nur an der christlichen Mission und Ausbreitung. Er interessiert überall, wo in der Religions- und Kulturgeschichte Neues wurde und Altes abtrat. Die Zeiten des Bestehens sind andere als die des Entstehens von grundstürzend Neuem. Auch Islam und Buddhismus, ja sogar die Revolution Lenins 1917 hat in diesem Sinne ihre »Apostelgeschichte«, ihre erste Zeit, die irgendwann aufhört und in gemächlichere, stabilere Kirchengeschichte übergeht. Dann erst koexistiert und arrangiert man sich mit Anderem, das verstanden, aber nicht mehr geändert werden soll. Bei Nida ist diese andere Dimension geschichtlich-kommunikativer Abläufe auf den Spuren von A.F.C. Wallace gedeutet, der sie 1956 an nativistischen Bewegungen vergleichend untersuchte[38]. Für die Unterscheidung der sukzessiven Stadien solcher Abläufe beruft Wallace sich seinerseits auf Max Webers Beschreibung von »charismatischer Herrschaft«, die sich in der Geschichte durch die »Institutionalisierung des Charismas« gewöhnlich selber aufhebt[39]. Mitteilung, »communication« ist dabei für Wallace und Nida der Name eines besonderen Stadiums, das der Organisation und Institutionalisierung vorausgeht, der allgemeinen Krise und der sie beantwortenden Vision des Charismatikers aber erst folgt: Hier wenigstens dünkt es mich sinnvoll, gegen Sundermeier am Vorrang der Kommunikation festzuhalten gegenüber der Hermeneutik, die immer der späteren, schon eingespielten Phase angehört und ohne willkürliche Veränderung des Wortsinnes schwerlich an den Charismatikern, den Stifterpersönlichkeiten selber festgemacht werden kann.

38. Nida (1960), 137-157. A.F.C. Wallace, Revitalization movements, in: 58, 1956, 264-281; deutsch: Revitalisationsbewegungen, in C.A. Schmitz (Hg), Religions-Ethnologie, Frankfurt a.M. 1964, 404-427.
39. M. Weber, Die drei Typen der legitimen Herrschaft (1922), in ders., Soziologie, weltgeschichtliche Analysen, Politik, hg. v. J. Winckelmann, Stuttgart 1968, 151-166, bes. 159ff. Dieser Hinweis will das in: Balz (1978), 104-101 spezieller überentstehenden und bestehenden *christlichen* Glauben Ausgeführte nicht zurücknehmen, sondern weiterführen.

Literatur

Balz, H. (1978); Theologische Modelle der Kommunikation, Bastian/Kraemer/Nida, Gütersloh.

Ders. (1984): Where the Faith has to live. Studies in Bakossi Society and Religion. Part I: Living Together, Basel/Stuttgart.

Ders. (1987): Art. Kommunikation, in: K. Müller / T. Sundermeier (Hg.): Lexikon missionstheologischer Grundbegriffe, Berlin, 219-224.

Friedli, R. (1982): Mission und Demission. Konturen einer lebendigen, weil missionarischen Gemeinde, Freiburg/Schw., 63-69.

Laye, C. (1975, Taschenbuch): Le Regard du Roi. Roman, Paris 1954.

Nida, E.A. (1960): Message and Mission. The Communication of the Christian Faith, New York.

Robinson, J.M. (1965): Die Hermeneutik seit Karl Barth, in: J.M. Robinson / J.B. Cobb (Hg.): Die neue Hermeneutik, Zürich/Stuttgart 13-108.

Sundermeier, T. (1981): Konvivenz als Grundstruktur ökumenischer Existenz heute, in: W. Huber / D. Ritschl / T. Sundermeier (Hg.): Ökumenische Existenz heute 1, München, 49-100.

Ders. (1988): Nur gemeinsam können wir leben. Das Menschenbild schwarzafrikanischer Religionen, Gütersloh.

Vierling, H. (1990): Hermeneutik – Stammesreligion – Evangelium. Interkulturelle Kommunikation bei den Kendayan, Gütersloh.

II. Erste Konkretion: Symbol und Religion

Horst Rzepkowski

Das Papsttum als ein Modell frühchristlicher Anpassung

In der großen Monographie über »Die Mission und Ausbreitung des Christentums in den ersten drei Jahrhunderten« hat durch Adolf von Harnack (1851-1930) vieles von dem, was hier erfragt wird, erstmals eine umfassende missionsgeschichtliche und missionstheologische Gesamtdarstellung erfahren[1]. Spätere Autoren greifen auf die nahezu erschöpfende Darstellung und das Quellenmaterial von Harnack zurück[2], während eine Fortsetzung und Erschließung der vorliegenden Materialien für die folgenden Jahrhunderte der Spätantike noch immer aussteht[3]. Es wird aber von Norbert Brox rechtens darauf aufmerksam gemacht, daß einerseits die Erfahrung der frühchristlichen Mission in einem »nahezu ›archaischen‹ Zustand« steckt, daß seit Harnack keine Synthese mehr versucht worden ist, daß aber Harnacks Darstellungsstil und -schema heute »nicht mehr befriedigen kann«[4].

Auch ist eine Ideengeschichte der antiken Missionsgeschichte noch nicht geschrieben worden, die quellenmäßig genau die Einzelschritte der Anpassung, wie sie sich in der Kirche anbahnen, beschrieben hat. Es müßte dargestellt werden, wie sich die christliche Botschaft und der christliche Kult ihre sichtbare Gestalt aus griechischem Geist und lateinischem Wort schaffen. Dabei hat Franz Joseph Dölger (1879-1940) meisterlich in die Bereiche der religiösen und profanen Kultur der Antike eingeführt. Er gibt in Einzeluntersuchungen und in den kleinsten Teilbereichen Auskunft über antike Mysterienfrömmigkeit, religiöse Kulte, antike Welt und Verflochtenheit und Beziehung des frühen Christentums

1. Adolf von Harnack, Die Mission und Ausbreitung des Christentums in den ersten drei Jahrhunderten, Leipzig 1924⁴, vgl. dazu Klauspeter Blaser, Geschichte, Kirchengeschichte, Dogmengeschichte in Adolf von Harnacks Denken. Ein Beitrag zur Problematik der historisch-theologischen Diszipin, Gütersloh 1964.
2. So z.B.: Gerard J.M. Bartelink, Umdeutung heidnischer Termini im christlichen Sprachgebrauch, in: Heinzgünter Frohnes und Uwe W. Knorr, KGMG, Bd. I. Die Alte Kirche, München 1974, 397-418; Alois Kehl, Antike Volksfrömmigkeit und das Christentum, a.a.O., 313-343; Hanneke Gülzow, Soziale Gegebenheiten der altkirchlichen Mission, a.a.O., 189-226.
3. Karl Baus, Erwägungen zu einer künftigen »Geschichte der christlichen Mission in der Spätantike« (4.-6. Jh.), in: Erwin Iserloh, Hg., Reformata Reformanda. Festgabe für Hubert Jedin, Bd. I, Münster 1965, 22-38.
4. Norbert Brox, Zur christlichen Mission in der Spätantike, in: Karl Kertelge (Hg.), Mission im Neuen Testament, Freiburg-Basel-Wien 1982, 190.

dazu. Er eröffnet neue Wege zur antiken Missionsgeschichte, zugleich aber bietet er auch die Mosaiksteine zu dem Bild von der Ausbreitung und Entfaltung des Christentums in der antiken Umwelt. Ziel seiner Geschichtsschreibung war es, die Beziehung zwischen Antike und Christentum und die religionsgeschichtliche Auseinandersetzung zu erhellen. Durch seine Untersuchungen hat er eine Fülle an Material für die Missionsgeschichte der antiken Kirche bereitgestellt, wodurch er zum Führer einer Missionsgeschichte des frühen Christentums wurde. Seine Untersuchungen sind Teil- und Vorarbeiten, Bausteine einer solchen Missionsgeschichte[5].

In Teilfragen wurde der Ansatz von Dölger durch Hugo Rahner (1900-1968) fortgesetzt. Er versuchte eine geschichtliche Systematik aus den Ergebnissen und Forschungen von Franz Joseph Dölger und eigenen Untersuchungen des antiken christlichen Schrifttums, um »das christliche Mysterium und die heidnischen Mysterien« in ihrem religionsgeschichtlichen Bezug und ihrer geistesgeschichtlichen Verwandtschaft zu erhellen. Sein religionsgeschichtlicher Beitrag zur Missionsmethode und Geschichte des frühen Christentums und seiner Ausbreitung sind bisher noch nicht beachtet und zu wenig gewertet worden[6].

Eine wichtige Folgerung und der entscheidende Gesichtspunkt für das rechte Verständnis der altkirchlichen Mission ist, daß im christlichen Altertum das innere Werden und Wachsen der Kirche mit ihrem äußeren Wachstum zusammenfallen. Das will sagen, daß die Herausbildung des Christentums und die Ausbreitung in einem Prozeß vereint sind.

Dölger hat sich selber mehrfach zu einer Missionsgeschichte der Antike geäußert und seine Vorstellungen dazu ausgesprochen. So sagt er: »Mit dem Überschreiten der Grenzen Palästinas trat das Christentum in das Gebiet der antik-heidnischen Kultur ... überall fand es Tatsachen des profanen und religiösen Lebens vor, mit denen es sich auseinandersetzen mußte.«[7] Diese Begegnung ist immer nach Kulturen und Ländern verschieden, die man gewöhnlich vereinfacht unter den Begriffen des römischen Imperiums oder Hellenismus und Mysterienfrömmigkeit zusammenfaßt. Man sollte aber nach Dölger dennoch die Unterschiede und die verschiedenen Einfärbungen beachten. Er sucht stets dieses »Aufeinanderprallen« – wie er immer wieder sagt – in seine beiden Grundkomponenten aufzulösen, in

5. Hugo Rahner, Neue Wege der antiken Missionsgeschichte. Zum Andenken an Franz Joseph Dölger (1879-1940), in: NZM 1 (1945) 12-23; Hauptwerke hier: ICHTYS Bd. 1-5, 1910-1943; Antike und Christentum, Bd. 1-5, 1929-1950; Die Sonne der Gerechtigkeit und der Schwarze, 1918; Sol Salutis, 1920; vgl. auch: Theodor Klauser, Franz Joseph Dölger, Leben und Werk, 1956 (Werkverzeichnis).
6. Hauptwerke hier: Griechische Mythen in christlicher Deutung, 1945; Symbole der Kirche, 1964.
7. Dölger, in: Antike und Christentum, Kultur- und religionsgeschichtliche Studien, Bd. I, III.

»Ablehnung« und »Anpassung«. Er sah das als den geschichtlich richtigen Weg an, um zu einer dogmatisch und grundsätzlich richtigen Scheidung zwischen antiker und christlicher Religion zu kommen, dabei aber läßt er historisch die Frage des Problems der Akkommodation der antiken Missionskirche offen.»Diese Auseinandersetzung konnte sich als schroffe Ablehnung kundgeben, wenn es sich um den religiösen Verehrungsgegenstand handelte ..., die Auseinandersetzung konnte sich aber auch in der Form einer unwillkürlichen oder beabsichtigten Anpassung vollziehen: in den Zeremonien religiöser Weihen und des Gottesdienstes, in den vielfach mit der Religion verknüpften Äußerungen des häuslichen Lebens und der bürgerlichen Sitte, und darüber hinaus in der gedanklichen und sprachlichen Ausprägung von Glaubensvorstellungen und Glaubensformulierungen, in der bildnerischen Darstellung von Heilstatsachen in der Kunst des Hauses, der Grabanlagen und der gottesdienstlichen Räume.«[8]

1. Der Weg der Kunst

In der plastischen, malerischen und symbolischen Ausgestaltung und Darstellung der christlichen Inhalte und biblischen Motive trat das Christentum in eine künstlerisch übersättigte Welt ein, war zum anderen aus seinem Ursprung im biblischen Judentum[9] und seiner eigenen Gegenhaltung zum Bild vorbestimmt. Seine Botschaft als eine Kundgabe des Wortes hat zwangsläufig eine zurückhaltende Einstellung zum Bild zur Folge. Für die Umwelt erschien das Christentum durch das Fehlen einer bildlichen Darstellung Gottes als befremdlich und anstößig[10]. Die Geistigkeit und Unfaßbarkeit der Gottesvorstellung ließen eine Darstellung des Göttlichen nicht zu. Es würde etwas Geschaffenes sein, während Gott doch der Schöpfer ist[11]. Dennoch haben wir bis fast in die früheste Zeit des Christentums Hinweise auf bildliche Darstellungen. Obgleich ihr Vorhandensein als heidnisches Erbe erachtet wurde, so kann man dennoch bald ein Wachsen von Bildwerken feststellen.

Die frühesten erhaltenen christlichen Malereien in Rom gehören wohl einer irrgläubigen Gruppe an[12]. Ähnliches gilt auch von der Hauskirche in Dura Europos (um 232 datiert), die wahrscheinlich einer Täufergemeinde zugehörte[13]. Das

8. A.a.O.
9. Vgl. Ex 20,4 und par.
10. Orig. Cels. 7,62.
11. Hans v. Campenhausen, Die Bilderfrage als theologisches Problem der alten Kirche. Das Gottesbild im Abendland, 1959, 77-108.
12. Carlo Cecchelli, Ipogei eretici e sincretistici di Roma. I. L'ipogeo degli Aureli, Rom 1926.
13. Theodor Klauser, Erwägungen zur Entstehung der altchristlichen Kunst, in: Gesam-

zeigt zwar die eigenartige Stellung des christlichen Bildes zwischen häretischer und nichtchristlicher Erscheinung, aber gleichzeitig deutet das auf eine gemeinsame frühere Wurzel der christlichen Kunst. Denn die gleichen biblischen Szenen wie in Dura Europos – Heilung des Lahmen, Samariterin am Brunnen, der Hirte mit dem Schaf auf den Schultern – finden sich in den römischen Katakomben, die bei aller Unsicherheit in der Datierung wenigstens zur gleichen Zeit anzusetzen sind. Heute hat sich weithin die Auffassung von Fritz Wirth durchgesetzt und damit der Beginn der Katakombenmalerei für die Jahre 220/230 eingependelt[14].

Diese Bildszenen hatten wohl ihren Ursprung in einer noch früheren Zeit und waren so etwas wie Gebetsvorlagen, die die Hoffnung auf die Auferstehung im Grabkult bekundeten. Oder sie stellten, diesem Gedankengang theologisch verwandt, die Liturgie der Taufe dar[15].

Daß der römische Totenkult als der eigentliche Ausgangspunkt der christlichen Kunst anzusehen ist, wird durch die nichtchristlichen und christlichen Funde und ihre verwandtschaftliche Beziehung in den Szenen, im Aufbau und in den bildlichen Inhalten erhärtet[16].

Auf Sarkophagen zeigen sich die ersten christlichen Darstellungen, die aus heidnisch-neutralen Motiven herauswachsen; so die ursprünglich heidnische Symbolfigur des »Orans« und des »Philosophen«, die auch als Personifikation der Frömmigkeit verstanden werden. Nur langsam löste sich die christliche Orans als Symbolfigur, nie als Abbild der Verstorbenen, aus ihrem geläufigen Umfeld und wurde zur Kirche, zur fürbittenden Gestalt[17].

Der Hirte mit dem Schaf und der Fischer als Hinweise auf einen paradiesischen Daseinszustand wurden christlich gedeutet und im christlichen Sinne verwendet. Die frühen Symbole des Ankers und des Fisches haben ihre Wurzeln im religiösen bzw. kulturellen Umfeld des werdenden Christentums. Der Anker kommt in der Antike als Bild auf den Grabsteinen von Fischern und Seeleuten vor, was weiter nicht verwunderlich ist. Dann wird er aber auch als Vergleich in der religiösen Literatur verwendet. Die Weisungen des Mithras sind ein sicherer

melte Arbeiten zur Liturgiegeschichte, Kirchengeschichte und christlichen Archäologie, 1974, 343.
14. Johannes Kollwitz, Die Malerei der konstantinischen Zeit, in: Akten des VII. Internationalen Kongresses für Christliche Archäologie, Trier 5.-11. September 1965, in: SAC 27 (1969), 36f.
15. W. Neuss, Christusbild, in: RDK Bd. 3 (1954), 609-744; Alfonso M. Fausone, Die Taufe in der frühchristlichen Sepulkralkunst (Eine archäologisch-ikonologische Studie zu den Ursprüngen des Bildthemas), Città del Vaticano 1982.
16. Hans Georg Thümmler, Bilder, IV. Die Alte Kirche, in: TRE 6, 525-531.
17. Karl Michel, Gebet und Bild in frühchristlicher Zeit, Leipzig 1902 (= SCD 1); W. Neuss, Die Oranten in der altchristlichen Kunst, in: Festschrift für Paul Clemen, 1926, 130-149.

Anker, wird gesagt. Die Verwendung des Vergleiches mit dem Anker ist in der christlichen Literatur vielfältiger. In der christlichen Grabkunst wird er dann zum Symbol des Glaubens und der Hoffnung auf die Auferstehung[18]. Es findet sich aber der Anker auch auf eindeutig nichtchristlichen Gräbern als ein Wunschbild eines glücklichen Lebens. Er wird dabei vielfach mit anderen Symbolen vereinigt wie dem Fisch oder dem Hirten.

Als besonders gesichertes Beispiel der missionarischen Anpassung des Frühchristentums kann das Fischsymbol gelten. Dölger faßt das Ergebnis seiner Forschung zusammen, wenn er schreibt: »Das antike Glückssymbol des Fisches ist durch den christlich gedeuteten Fisch – Christus nach einer häufig geübten Sitte der christlichen Mission verdrängt worden.«[19] Der Einwand von Adolf von Harnack, daß der Ursprung der »ganzen christlichen Fischsymbolik nicht im Heidentum, sondern in den evangelischen Schriftstellen, dem Taufwasser und sodann in den Anfangsbuchstaben: Iesous Christos Theou Yios Soter, zu suchen ist; später hat dann Heidnisches eingewirkt«[20], trifft nicht die hier gestellte Frage. Es geht nicht um die inhaltliche und theologische Aussage, sondern um den Ursprung des Symbols, und da scheint die Meinung von Dölger doch die bessere Beweislage zu haben. Die theologische Aussage hat sich im Fischsymbol die sinnhafte Form geschaffen[21].

Die immer wiederkehrenden gleichen biblischen Szenen auf den Sarkophagen der frühen Kirche können ein Hinweis darauf sein, daß hier eine Auswahl getroffen wurde, die durch Fremdkriterien bestimmt ist. Auf den Sarkophagen werden diese Szenen wie die der Mythologie bei den Nichtchristen auf den Verstorbenen bezogen. Die Darstellung Jesu Christi wird in Beziehung zum Verstorbenen gesetzt. Der nach seiner Errettung aus dem Bauch des Wals[22] unter der Kürbisstaude ruhende Jonas verweist typologisch auf die Auferstehung Jesu Christi, die die Auferstehungshoffnung des Verstorbenen garantiert[23]. Eine der häufigsten Darstellungen ist der sogenannte »Gute Hirte« – der Lammträger. Sie ist ganz sicher durch biblische Texte nahegelegt[24]. Aber dennoch hat bei der Wahl, wie bei der des Jonas, auch ein anderer Gedanke mitgespielt. Der Hirte mit dem Lamm ist ein uraltes und häufiges Thema der antiken Kunst. Er erscheint in der

18. P. Stumpf, Anker in: RAC I, 440-443.
19. Dölger, ICHTHYS, Bd. 2: Der heilige Fisch in den antiken Religionen und im Christentum, 197.
20. Harnack, a.a.O., 424, Anm. 6.
21. J. Engemann, Fisch, Fischer, Fischfang,in: RAC VII, 959-1097.
22. Mt 12,40.
23. Wolfgang Wischmeyer, Das Beispiel Jonas. Zur kirchengeschichtlichen Bedeutung von Denkmälern frühchristlicher Grabkunst zwischen Theologie und Frömmigkeit, in: ZKG 92 (1981), 161-179.
24. Joh 10,14; Ps 23; Jes 40,11; Ez 34,23, 1 Petr 5,4.

Sarkophagkunst als ein Hinweis auf die Humanität und Menschenfreundlichkeit. Das Thema war christlicherseits durch den Modellvorrat des Bildhauers gegeben, andererseits lagen auf der christlichen Seite keine Vorbilder und Beispiele der Darstellung vor[25]. So wurde ein nichtchristlicher Kunsttypus zum Träger eines biblischen Inhaltes. Auch der ruhende Jonas geht auf die Darstellung des schönen Jünglings Endymion auf den antiken Sarkophagen zurück. Hinweise auf die schützende und verbergende Funktion dieser »kryptochristlichen« Motive sollten nicht überbewertet werden[26].

Denn ähnliche Vorgänge können auch heute in der Evangelisierung beobachtet werden, daß nämlich vorgegebene Typen und Motive mit neuen Deutungen und Inhalten gefüllt und so zum Träger der biblischen Botschaft werden[27]. In allen gebotenen Szenen tritt die Person Christi ganz hinter der durch ihn gebrachten Erlösung zurück. Sein Bild bleibt geradezu farblos, was hinwiederum auf die Fremdvorbildlichkeit hinweisen kann.

Das eigentliche Bild Christi aus dieser Zeit ist der Hirte. Er wird zumeist als Jugendlicher, unbärtig dargestellt. Das Lamm trägt er auf den Schultern, andere Lämmer stehen meist zu seinen Füßen. Mit dem Hirten verbindet sich oft die Vorstellung des Lehrers. Das Heil wird ja wesentlich durch den Lehrer vermittelt. Christus ist der Lehrer der wahren Philosophie. So schreibt Clemens von Alexandrien (140/150 – um 215): »Da nun das Wort selbst vom Himmel herab zu uns gekommen ist, haben wir es, wie mir scheint, nicht mehr nötig, auf menschliche Lehren auszugehen ...; durch den Logos ist bereits die ganze Welt zu Athen und Griechenland geworden.«[28]

Es lassen sich zwei Motivreihen bei der Symbolfigur des Hirten unterscheiden, die auf Christus übertragen werden. Einmal die streng symmetrisch gestaltete Hirtengestalt, die das Lamm auf den Schultern trägt. Meist wird diese Figur von zwei Schafen flankiert und mit Vorliebe auf dem Sarkophag ins Zentrum gestellt und in Beziehung zu einer Orans. Und eine zweite, etwas jüngere, fast idyllische Darstellung ist die des Hirten mit seiner weidenden Herde in den Gefilden des

25. J. Quasten, Der Gute Hirte in der frühchristlichen Totenliturgie und Grabkunst, in: Miscellanea G. Mercati, Bd. 1, 1946, 373-406.
26. Johann Baptist Aufhauser, Avalokitesvara-Kuan yin [Kwannon] – Maria, in: Ostasiatische Rundschau 10 (1929), 366-367; ders., Hâritî – Kuanyin – Die Maria des Ostens, in: Ostasiatische Rundschau 11 (1930), 224-227; Pierre Charles, Kwannon de blanc vêtue, Louvain 1936; Pierre Humbertclaude, Maria-Kwannon. Iconographie mariale au Japon durant la persécution, in: L'Apôtre de Marie 35 (1953), 97-104.
27. Vgl. dazu Georg Höltker, Tatsachen und Gedanken rund um ein Neuguinea-Kruzifix, in: Menschen und Kulturen in Nordost-Neuguinea, Gesammelte Aufsätze, St. Augustin 1975, 311-359.
28. Clem. Al., Protr. 11, 112,1.

Paradieses. Beide Typen sind formal aus der antiken Kunst herzuleiten, wenn sie auch inhaltlich durch die Hirtengleichnisse der Evangelien begreiflich sind[29]. Eine ganz enge Verwandtschaft hat die Hirtendarstellung mit dem Bild des Orpheus. Durch seinen Gesang wird er zum Retter der Menschen. »Sieh, was das neue Lied vollbrachte: Menschen hat es aus Steinen, Menschen aus Tieren gemacht. Und die sonst tot waren ... sie wurden wieder lebendig, sobald sie nur Hörer des Gesanges geworden waren.«[30] Es ist allerdings eine charakteristische Eigenheit, daß man den Orpheus-Christus zunächst einmal nur mit Schafen umgibt. Erst später stellt ihn die Kunst entsprechend der Sage inmitten der wilden Tiere dar. Dem Sieg über die wilden Tiere entspricht in der verchristlichten Form auch Christus als Bezwinger und Zähmer der Löwen[31].

Mit dieser Kunst erhebt sich die Frage nach der Interpretation. Es wird damit zugleich auch die grundsätzliche Frage der Beziehung von literarischem Zeugnis und bildnerischer Kunst berührt. Dennoch ist hier eine ganz eigene Frage, ob die Vätertheologie eine Deutung und Erhellung der künstlerischen Bildwerke bietet oder aber die Bildwerke ihren besonderen Weg einer Deutung des Christlichen gehen. Ganz sicherlich verbietet die Eigenständigkeit der Kunstwerke und der theologischen Literatur eine enge und unbedachte Vermischung beider Sichtweisen. Beide haben ihren eigenen Ursprung und sind darin ernst zu nehmen. Ein Text kann als »Ergebnis theologischer Spekulation« und ein Bild als »Produkt des spontanen religiösen Empfindens des Volkes« aufgefaßt werden[32]. Dieser Grundsatz gilt in besonderer Weise vor allem bei dem Kunstschaffen der vorkonstantinischen Zeit. Im Grunde gilt, was Theodor Klauser (1894-1984) deutlich ausspricht, wenn er schreibt: »Schon heute scheint mir sicher zu sein, daß die volkstümliche Kunstproduktion der Frühzeit nicht den bildlichen Reflex der offiziellen Dogmatik wiedergibt, wie das noch Joseph Wilpers angenommen hat.«[33]

Die Texte der Väter geben eine Hilfestellung zu den Bildern, aber sind nicht als eine Interpretation der Bilder selber zu betrachten, wie auch umgekehrt die Bilder nicht als eine Illustration der theologischen Erwägungen zu verstehen sind. Dennoch kann man weder die Texte noch die Bilder in einen neutralen und geschichtsfreien Raum stellen. Die religiösen Vorstellungen einer Zeit finden in

29. J. Kollwitz, Christusbild, in: RAC III,1-23; F. Gerke, Ideengeschichte der ältesten christlichen Kunst, in: ZKG 59 (1940), 1-102; W. Jopst, Poimen. Das Bild vom Hirten, 1939; Th. K. Kempf, Christus der Hirt, 1942.
30. Clem. Al., Protr. 1,4,4.
31. O. Gruppe, Die altchristlichen Orpheusdarstellungen, Leipzig 1893.
32. U. Fasso, La giustificazione delle immagini religiose dalla tarda antichità al christianesimo, in: Edizioni Scientifiche Italiane, Napoli 1977, 7-20, 313-364.
33. Th. Klauser, Erwägungen zur Entstehung der altchristlichen Kunst, in: ders., Gesammelte Aufsätze, Münster 1974, 344, ebenso Anm. 36.

den verschiedenen Formen und Ausdrucksmöglichkeiten ihren Niederschlag, dazu gehören auch Bilder, Kunstwerke, Texte und theologische Erwägungen. Es ist die menschlich-religiöse Situation, die die verschiedenen Ausdrucksmittel verwendet und sie dafür hervorbringt. Ein wichtiges Bindeglied zwischen den theologischen Texten und der figürlichen und bildnerischen Darstellung ist sicherlich die Volksfrömmigkeit, wobei unter Volksfrömmigkeit wohl die Grundform und der Ansatz jeder einheimischen Glaubensweise und kontextuellen Theologie zu verstehen ist. Hier wird zunächst im Herzen und im alltäglichen Christsein die erste Weise eines »inkulturierten Christentums« gelebt. Die Haltung des Christentums zu den antiken Formen der Volksfrömmigkeit war die der griechisch-römischen Philosophie. Sie lehnte diese rundheraus ab oder aber suchte sie durch entsprechende Deutung annehmbarer zu machen. Bei beiden spielte es keine Rolle, welchen Sinn diese religiösen Phänomene ursprünglich hatten[34].

2. Theologie in ihrer sprachlichen Gestalt

Unter den vorkonstantinischen Mosaiken in einem Mausoleum unter der Peterskirche in Rom ist die Darstellung des »Christus-Helios« in seiner Auffahrt aus dem Hades zum Vater[35], die Verbindung also der christlichen theologischen Aussage vom »descensus ad inferos« mit einer nichtchristlichen Bildwelt und einer antiken Vorstellung aus der Mythologie und Religion des griechisch-römischen Bereiches.

Eine Zusammenfassung und fast dichterische Übertragung der antiken Gedankenwelt vom Untergang des Helios auf das Christusgeheimnis findet sich in einem Fragment aus der verlorenen Schrift »Über die Taufe« von Meliton von Sardes († vor 190): »Wenn die Sonne ihren Tageslauf vollendet hat mit ihrem feurigen Gespann, wird sie durch die wirbelnde Bewegung ihres Laufes feuerfarbig und wie eine brennende Fackel. Nachdem sie die Hälfte der Himmelsbahn in ihrem Lauf brennend durcheilt hat, scheint sie uns so nahe, als ob sie mit zehn strahlenwerfenden Blitzen die Erde verbrennen wollte. Dann steigt sie, dem Auge nicht leicht sichtbar, in den Ozean hinab. Wenn eine kupferne Kugel, die innen voll Feuer ist und viel Licht ausstrahlt, ins kalte Wasser getaucht wird, so zischt sie gewaltig, wird aber hell gemacht vom Glanz, das Feuer im Inneren wird nicht ausgelöscht, sondern, wieder entfacht, leuchtet es mächtig. So auch die Sonne: brennend wie der Blitz erlöscht sie nicht, wenn sie ins kalte Wasser taucht, und behält ihr Feuer brennend ohne Unterbrechung. Sich badend in

---

34. Kehl, Antike Volksfrömmigkeit ..., 341.
35. O. Perler, Die Mosaike der Juliergruft im Vatikan, Fribourg 1953.

geheimnisvoller Tiefe, jauchzt sie auf gar sehr, das Wasser ist ihre Nahrung. Sie bleibt eine und dieselbe, aber sie strahlt dennoch den Menschen auf als eine neue Sonne, gekräftigt aus der Tiefe, gereinigt im Bade. Sie hat das Dunkel der Nacht verscheucht und den glänzenden Tag uns gebracht. Ihrem Laufe folgend, geht der Reigen der Sterne, wirkt die Natur des Mondes. Sie baden sich im Baptisterium der Sonne wie gute Schüler: denn nur weil Sterne und Mond dem Lauf der Sonne folgen, haben sie reinen Glanz. Wenn nun die Sonne mit den Sternen und dem Mond sich badet im Ozean, warum sollte da nicht Christus getauft werden im Jordanfluß? Der König der Himmel, Herzog der Schöpfung, die Sonne des Aufgangs, die auch den Toten im Hades erschien und den Sterblichen auf Erden. Als allein wahrer Helios ging er auf aus Himmelshöhen.«[36] In seinem Werk »Sol Salutis« hat Dölger von der theologischen Aussage vom Abstieg in die Unterwelt gehandelt. Er legt die antiken Vorstellungen dar, die zur Einkleidung dieser Wahrheit gedient haben, und folgert: »Der Descensus ad inferos als Glaubensbestand des Urchristentums fand bei seinem Eindringen in die griechisch-römische Kulturwelt die Meinung von der in die Unterwelt herabsteigenden Sonne vor, und dieses Bild wurde dann bei der Missionspredigt unwillkürlich zur Ausmalung der Hadesfahrt Christi verwendet.«[37] Der dreimalige dreifache Kyrieruf der Liturgie zeigt verwandtschaftliche Züge mit dem antiken Sonnenkult, wo er auch vorkam[38].

Welch eine enge Verflechtung zwischen Sonnenkult und christlicher Lebensgestaltung bestand, zeigt die Feier des Geburtsfestes Jesu am 25. Dezember, die in Rom bestand und eine christliche Umdeutung des von Kaiser Lucius Domitius Aurelianus (214-[270]-275) eingeführten Geburtstages des »Unbesiegten Sonnengottes« war[39]. Wie ein tiefsinniges Symbol dieses Zusammentreffens von Kirche und antikem Sonnenkult wirkt die Notiz des sogenannten Chronographen aus dem Jahre 354, der für den 25. Dezember festhält:

»VIII. Kalendas Januarias Natalis Invicti.
VIII. Kalendas Januarias natus Christus in Bethlehem Judeae.«[40]

Es wird aus den Quellentexten des vierten Jahrhunderts eindeutig klar, daß man das Geburtsfest am 25. Dezember als ein christliches Sonnenfest aufgefaßt hat.

36. Hier zitiert nach Hugo Rahner, Griechische Mythen in christlicher Deutung ..., 155f. Übersetzung und ausführlicher Kommentar bei Dölger, Sol Salutis ..., 342-345.
37. Dölger, Sol Salutis. Gebet und Gesang im christlichen Altertum. Mit besonderer Rücksicht auf die Ostung in Gebet und Liturgie, Münster 1925², 354.
38. A.a.O., 62, 82.
39. F. Altheim, Niedergang der Alten Welt, Frankfurt a.M. ..., 952, 337-352. Hier nach Dölger, a.a.O., 377.
40. Hier zitiert nach Hugo Rahner, Griechische Mythen in christlicher Deutung ..., 191.

Man sah in ihm die Antwort der Kirche auf den Sonnenkult der ausgehenden Antike. In einem Text eines römischen Klerikers des ausgehenden dritten oder aus den ersten Jahrzehnten des vierten Jahrhunderts wird die Frage des Wintersolstitiums und seiner Beziehung zum Geburtsfest Christi behandelt: »Sie nennen (diesen Tag) aber auch ›Geburtstag der Unbesiegten Sonne‹. Wahrlich, wer ist so unbesiegt wie unser Herr, der den Tod niederwarf und besiegte? Und wenn sie diesen Tag den ›Geburtstag des Sol‹ heißen: Er ist die Sonne der Gerechtigkeit, von dem der Prophet Malachias gesagt hat: Aufgehen wird euch Gottesfürchtigen sein Name als Sonne der Gerechtigkeit, und Heil ist unter seinen Flügeln.«[41]

Und Ephräm der Syrer († 373) sang am Epiphaniefest, dem östlichen Weihnachtsfest:

»Es siegt die Sonne, und die Schritte, mit denen sie anstieg zur Höhe,
bedeuten ein Mysterium.
Siehe, zwölf Tage sind's, seitdem sie zur Höhe wandelt,
und heute ist der dreizehnte Tag:
das vollkommene Symbol des Sohnes und seiner zwölf Apostel.
Besiegt ist die winterliche Finsternis,
um anzuzeigen, daß der Satan besiegt ist.
Es siegt die Sonne, um zu verkünden,
daß seinen Triumph feiert der Eingeborene!«[42]

Die Kalenderreform des Julius Caesar (100-44 v.Chr.) hatte die Grundlage dafür geschaffen, daß der Sonnenlauf zur Grundlage der Zeitrechnung wurde. Jetzt wurde es auch möglich, daß ein kultisches Fest des Geburtstages der Sonne einen festen Platz im Jahresablauf erhielt. So legte Kaiser Aurelian im Jahre 274 auf den 25. Dezember als Jahresfest des neuen »Sol invictus« fest. Neben das alte Priesterkollegium traten die neuen »Pontifices Solis«. Der neue Kult konnte sich überaus schnell durchsetzen, schon deshalb, weil er vom Heer schnell übernommen wurde. Der Grund dafür lag in der bereits durchgeführten Gleichsetzung von Mithras und Sol, die hier ihre volle Geltung erreicht hatte. Das Heer bekannte sich fast ausschließlich zum Mithraskult[43].

Die Religion des »Sol invictus« war eine wirklich neue Religion und eine zutiefst ernsthafte Bedrohung des Christentums. Sie konnte alles religiöse Gut aufsaugen und umdeuten und griff von daher die alten Traditionen auf und bot in

---

41. Hugo Rahner, Griechische Mythen ..., 192, dort auch Textübersetzung; vgl. dazu auch Dölger, Sol Salutis ..., 377.
42. Hymnus auf Epiphanie I, Strophe 11,12.
43. Hans von Soden, Die christliche Mission in Altertum und Gegenwart, in: Die Alte Kirche ..., 25; Harnack, a.a.O., 939-946.

ihrer Einordnung eine neue inhaltliche Deutung. Sie konnte aber auch die festen, ganz sakralen Bindungen der Soldaten an den Kaiser wie auch den schon geschwächten, aber immer noch wirkungsvollen Mithraskult integrieren. Die gesamte religiöse Symbolwelt wurde schließlich auf den »Sol invictus« angewendet. Hugo Rahner verweist in diesem Zusammenhang auf den Theologen des Sonnenkultes Cornelius Labeo, der den Helios-Sol mit dem jüdischen Jao und mit Dionysos gleichsetzt, so daß sich das Christentum der Gefahr eines solaren Synkretismus gegenübersah[44]. Selbst die Mysterien waren in den Bereich und die Theologie des Sonnenkultes einbezogen, wie das aus den Äußerungen der christlichen Theologen erschließbar wird. So setzt Gregorios von Nazianz (330-390) das Mysterium des Lichtes, das Christus ist, in Gegensatz zu den Mysterien des Dionysos, Mithras und denen von Eleusis[45].

Trotz einer nur kurzen Lebensdauer hat der Kult des »Sol invictus« dauernde Spuren hinterlassen. In die christliche Theologie und Sprachwelt sind viele Vergleiche mit der Sonne eingegangen, vor allem aber die Wendung »Sonne der Gerechtigkeit«[46].

»Sol invictus« ist die von der Finsternis nicht bezwungene und zum Zeichen des Sieges morgens wieder auftauchende Sonne. Die Sonne im Totenreich und die Sonne am Morgen sind der Inhalt von »Sol invictus«. Solche Vorstellungen und Gedanken stellten sich wie von selbst für die Liturgie dem aus der Antike kommenden Christen zur Verfügung. So schreibt Hieronymus (340-[350-419]-420) in der Lebensbeschreibung der Paula: »Paula erinnerte sich, als die Sonne aufgegangen war, an die Sonne der Gerechtigkeit.«[47]

Für ihn verbindet sich die Natur mit der Theologie; denn sie biete einen Beweis in der Sonnenwende: »Selbst die Kreatur gibt unserer Predigt recht, der Kosmos ist Zeuge für die Wahrheit unseres Wortes. Bis zu diesem Tag wachsen die finsteren Tage, von diesem Tage an nimmt die Finsternis ab. Es wächst das Licht, es weichen die Nächte! Der Tag nimmt zu, der Irrtum nimmt ab, auf geht die Wahrheit. Denn heute wird uns geboren die Sonne der Gerechtigkeit.«[48]

44. Hugo Rahner, Griechische Mythen ..., 190f.
45. Oratio 39, PG 36,336-360; ähnlich Firmicus Maternus, Epistola 58,3, CSEL 54,532; Drepanius, Oratio 39,1, PG 36,336 A. Harnack spricht einmal vom Christentum der Frühzeit als der großen »Mysterienreligion des Monotheismus«, a.a.O., 409.
46. Heinrich Dörrie, Die Solar-Theologie in der kaiserlichen Antike, in: H. Frohnes und U.W. Knorr, Die Alte Kirche ..., 283-292; J. Fendt, Der heutige Stand der Forschung über das Geburtsfest Jesu am 25.12. und über Epiphanias; in: ThLZ 78 (1953), Sp. 1-10; vgl. zum Ganzen Dölger, Die Sonne der Gerechtigkeit ..., 81-90 bzw. 100-110; Hugo Rahner, Symbole der Kirche. Die Ekklesiologie der Väter, Salzburg 1964, 126f.
47. Ep. 108, 12 § 5.
48. Hugo Rahner, Griechische Mythen ..., 193.

Vom dritten Jahrhundert an gehörte die »Sonne der Gerechtigkeit« als Name Christi zur christlichen theologischen Sprachwelt. »Daß das Wort im Laufe des dritten Jahrhunderts einen so gewaltigen Anklang fand, mag durch den gerade damals im raschen Aufstieg begriffenen Sonnenkult veranlaßt sein. Im Kampf gegen diesen Kult haben die Christen ihren Herrn mit besonderer Betonung die wahre Sonne und die Sonne der Gerechtigkeit genannt.«[49]

Die anschließende Auseinandersetzung mit dem Neuplatonismus hat dann dem Sonnennamen Jesu zu noch größerer Bedeutung verholfen. In den Kreisen der Philosophie war eine starke Neigung für die Sonnenverehrung vorhanden. Man schrieb Hymnen zu Ehren des Sonnengottes, der mit den Namen und den Anreden »Aufzeiger der Gerechtigkeit« und »Auge der Gerechtigkeit« angesprochen wurde. Es kam aus philosophischen Kreisen zu einer Gegenüberstellung von Christus und dem Sonnengott. Die Neuplatoniker sahen in dem Sonnenkult eine Gegenreligion zum Christentum[50].

Clemens von Alexandrien preist in seinem Hymnus des Pädagogos Christus als »ewiges Licht«[51]. Noch aufschlußreicher ist der Hymnus im »Symposion« des Methodios von Olympos († um 311), wo er schreibt: »Du Lebensführer, Christus, sei gegrüßt, Licht ohne Abend.« Die Wendung »chaire phos anesporon« ist im Gegensatz zur irdischen und geschaffenen Sonne gesprochen, die am Abend untergeht. Dem gegenüber steht die Sonne Christus als das Licht ohne Abend und ohne Untergang. Dabei sollte man weiter beachten, daß einzig das Wort »anesporon« die antike Sonnenbegrüßung und Huldigung – »chaire phos« – christianisiert hat. Diese Anlehnung an die Antike schreitet im Bereich der Gedankenwelt der Sonne weiter, wenn im fünften Jahrhundert Christus nicht nur die wahre Sonne genannt, sondern als der wahre Apollos gepriesen wird, der den Höllendrachen überwunden hat. Dabei werden vom Dichter auch Bilder verwendet, die voll umd ganz Apollos entsprechen, der mit dem Sonnengott gleichgesetzt ist. Der Hymnus selber bezieht sich auf den Ostermorgen[52].

Es wurde aufgenommen und umgewandelt, was im Sonnenkult vorlag. Die tiefen Wurzeln, die der Sonnenkult und das Mithrasfest in der römischen Bevölkerung geschlagen hatten, machten eine Abschaffung des Sonnenfestes unmöglich, gaben aber auch dem christlichen Fest und der Theologie in der Neuwendung seinen sozio-kulturellen Hintergrund. Es wird in diesem Zusammenhang von einer Überwindung des Helios in der Taufe gesprochen. Hugo Rahner sieht in dem ganzen Vorgang der Begegnung und Aneignung des Helios-Gedankengutes zwei Schritte im christlichen Bereich. Einmal wird Helios entthront, und das

---

49. Dölger, Die Sonne der Gerechtigkeit ..., 108f., dort auch Väterbelege.
50. Dölger, a.a.O., 109.
51. Paedagogos I, Vers 36.
52. Dölger, Sol Salutis ..., 378f.

bedeutet für die christliche Theologie die Rückführung der ganzen Mystik und Symbolik des hellenistischen Kulturbereiches auf den faßbaren, historischen, sichtbaren Menschen Jesus Christus. Wenn die Kirche Bilder, theologische Aussagen und Erwartungen der römisch-griechischen Sonnenfrömmigkeit übernimmt, so werden diese immer auf die geschichlich klar umrissene Gestalt des Jesus von Nazareth übertragen. Zugleich damit besteht aber eine zweite Begegnung des Christentums mit dem Sonnenkult. Diese wird von Hugo Rahner »Heimholung des Helios« genannt. Hier liegt nach ihm der einzigartige Vorgang der Annahme vor, der alles Wahre in die christliche Theologie einfügt, wie es sich in den »Uranfängen christlicher Theologie« zeigt. Es geht hier um die Anpassungstheologie der Väter[53].

In einem ähnlichen gedanklichen Zusammenhang kommt Dölger in seiner Forschung zum Phylakterium (Amuletum) des Kreuzes darauf zu sprechen. Er trifft die folgende Feststellung, die direkt in den theologischen Bereich führt: »Im Jahre 380 schrieb Gregor von Nyssa in der Vita Macrinae das Wort vom ›Phylakterium des Kreuzes‹. Diese Formulierung folgt einer in der Missionspraxis des Christentums viel geübten Sitte, wonach man, oft in großer Kühnheit, ein antikes Wort zur Ausprägung eines christlichen Gedankens verwertete. So handelte z.B. Clemens von Alexandrien, wenn er den Christus-Logos unter dem Bild des Orpheus zur Darstellung brachte; so handelte auch Tertullian, wenn er von Gott, dem Schöpfer der Menschen, als dem wahren Prometheus sprach.«[54]

So wurden nichtchristliche Begriffe zur Bezeichnung theologischer und christlicher Sachverhalte herangezogen. Der nichtchristliche Festname »hilaria« wird zur Bezeichnung des christlichen Osterfestes in Spanien übernommen. So heißt es in spanischen liturgischen Texten »missa in hilaria paschae dicenda«. Hilaria wird in der nichtchristlichen Tradition als Name eines Festtages der »Magna Mater« verwendet. Das Fest fällt ungefähr in den gleichen Zeitraum wie das Osterfest, auf das es übertragen wurde[55].

Die christliche Botschaft und die Verwendung sowohl des Griechischen wie des Lateinischen in der Theologie und Liturgie haben diesen Sprachen eine ganz eigene neue Färbung gegeben. Man suchte nach einer Ausdrucksweise, die das Neue der Botschaft entsprechend zum Ausdruck brachte, wobei die Sprache in

---

53. Hugo Rahner, Griechische Mythen ..., 130-132.
54. Dölger, Antike und Christentum, Bd. 3, 86.
55. Gerard J.M. Bartelink, Umdeutung heidnischer Termini im christlichen Sprachgebrauch, in: Die Alte Kirche ..., 414f.; zur Frage der Übernahme und der Neudeutung von Festen vgl. Horst Rzepkowski, Fest und Evangelisierung. Missionspastorale Anmerkungen, in: Werner Prawdzik (Hg.), Theologie im Dienste der Weltkirche. Festschrift zum 75jährigen Bestehen des Missionspriesterseminars St. Augustin, Nettetal 1988, 151-202.

einem längeren Prozeß der Anpassung »christianisiert« wurde, ihr ein ganz eigener »unverwechselbarer Charakter« aufgeprägt wurde, der sich durch die Jahrhunderte erhalten hat. Dieser Vorgang wurde im Grunde typologisch für die spätere Zeit, wo und wann immer die Botschaft in einer anderen Sprache erneut zum Ausdruck kommen sollte[56]. »So wie sich das Christentum in der heidnischen Welt zurechtzufinden wußte und es verstand, deren Formen ohne den Inhalt zu übernehmen, wie man Sitten und Gebräuche zu christlichen umprägte, indem man ihnen ihren heidnischen Charakter nahm, so wurde aus demselben Grund auch in der Sprache vielen Wörtern ihre heidnische Bedeutung entzogen, wodurch sie in alter Form einen neuen Inhalt und neues Leben erhielten.«[57]

Ein Weg bei diesem Vorgang der sprachlichen Gestaltwerdung ist die Wahl von neutralen Ausdrücken und Worten, die wegen ihrer Farblosigkeit und nicht näher eingegrenzten Allgemeingültigkeit leicht mit neuen Inhalten gefüllt werden können. Dennoch gingen auch hierbei »Bedeutungsschattierungen« in den christlichen Sprachgebrauch ein, die dann spätere Entwicklungen deutlich machen[58]. Diesem Vorgang ist Einar Löfstedt nachgegangen und meint, man solle eher von Umprägungen als Neuprägungen eines Begriffes durch die Christen sprechen. Er verweist darauf, daß so die Worte »populus« und »gentes« im christlichen Bereich gegensätzlich verwendet werden, was durch die Theologie und den biblischen Sprachgebrauch von »Volk Gottes« und »Völkern« vorgezeichnet ist. Es wird aber die Gegensätzlichkeit, die im römischen Sprachgebrauch eine weitere Bestimmung des Wortes ist, mit übernommen, die man umzuprägen sucht. »Die gentes sind also im Gegensatz zum populus Romanus die fremden Völker, die Ausländer, die Barbaren, ein Begriff, an dem naturgemäß eine ungünstige Vorstellung haftet. Das christliche gentes = ›die Heiden‹ ist nur die natürliche, ganz naheliegende Übertragung dieser Auffassung auf das religiöse Gebiet.«[59] Erfolgen Umdeutungen, so können diese sehr tiefgreifend sein. So hat der Terminus »conversio« in Abhebung von den philosophischen Systemen und den Mysterienreligionen im Christentum einen ganz neuen Inhalt erhalten. Das Christentum fordert Absage und Neubeginn. Es geht nicht nur um die Annahme und den Vollzug eines neuen Rituals, sondern es geht um einen neuen Glauben und einen neuen Lebensstil[60].

56. Christine Mohrmann, Das Sprachproblem in der frühchristlichen Mission, in: ZMR 38 (1954), 103-111; dies., Études sur le latin chrétien I, Rome 1961².
57. St. Teeuwen, Sprachlicher Bedeutungswandel bei Tertullian, Paderborn 1926, 23f.
58. Gerard J.M. Bartelink, a.a.O., 399.
59. E. Löfstedt, Syntactica. Studien und Beiträge zur historischen Syntax des Latein II, Lund 1933, 467; vgl. auch J. Vogt, Kulturwelt und Barbaren. Zum Menschenbild der spätantiken Gesellschaft, Mainz-Wiesbaden 1967.
60. A.D. Nock, Conversion, Oxford 1952², 14 (London-Oxford-New York 1972); zur

Besondere Zurückhaltung und Vorsicht ist in der frühen Periode des Christentums gegenüber kultischen und sakralen Ausdrücken zu bemerken. Nach Kaiser Konstantin (um 285-[306/324]-337) schwand allerdings diese Vorsicht, und man kann das Eindringen von römischer Sprachwelt und kultischem Vollzug in die Liturgie beobachten. Die frühere römische sakrale Überlieferung wird zum Vorbild der liturgischen Entfaltung im Christentum[61]. Das Wort »orare« wurde neben dem mehr in der liturgischen Sprache verwendeten »precari« zu einem der wichtigsten Termini für »beten« in der lateinischen Christenheit. Es bietet zugleich auch ein gutes Beispiel der Anpassung im sprachlichen Bereich. In der damaligen Umgangssprache war das Wort »orare« auf einige wenige fest ausgeprägte und umschriebene Gebrauchsweisen beschränkt. »Als die neue Religion einer speziellen Bezeichnung für den außerordentlich wichtigen Begriff des Betens bedurfte, hat man mit dem richtigen psychologischen Instinkt das alte, feierliche, in der Alltagssprache schon ungebräuchliche orare, oratio aufgegriffen und diesen Worten damit ein neues dauerhaftes Leben gesichert.«[62] Es wird sowohl bei Cicero (106-42 v.Chr.) wie auch bei Livius (59 v.Chr. – 17 n.Chr.) nur ausnahmsweise und schon gar nicht im religiösen Sinne verwendet. Hingegen wird es bei Seneca (4 v.Chr. – 65 n.Chr.) ziemlich oft herangezogen und hat schon eine Nähe zum religiösen Bereich. »Was bei Livius die Ausnahme, ist bei Seneca die Regel. Es ist eine bisher ungewohnte feierliche Verwendung unseres Wortes, und diese Verwendung, in welcher wir es bei Seneca in Verbindung mit dem Begriff der Gottheit gebraucht finden, erscheint als eine Art Vorstufe zu jener Entwicklung der Bedeutung, wie sie im christlichen Latein stattfand.«[63] Es wurde durch die Übernahme eine Entwicklung eingeleitet, die schließlich zu einem ganz neuen Inhalt führte.

Wichtig und bedeutungsschwer für den religiösen Bereich sind die Begriffe »consecratio« und »consecrare«. Sie wurden in der römischen Überlieferung in einem vollen sakralen Sinne verwendet und bedeuteten die Aussonderung eines Gegenstandes aus dem Profanbereich und die Übermittlung an die Gottheit. In der christlichen Theologie und Liturgie war man behutsamer und vorsichtiger im Gebrauch dieses Begriffes. Bis etwa 300 finden sich in der christlichen Liturgie

Konversion und den Gründen zum Übertritt zum Christentum vgl. Harnack, a.a.O., 11-299; G. Bardy, La conversion au christianisme durant les premiers siècles, Paris 1949, 171-210 (dt. Menschen werden Christen, Freiburg-Basel-Wien 1988); K. Aland, Über den Glaubenswechsel in der Geschichte des Christentums, Berlin 1961, 15-40; P. Aubin, Le problème de la »conversion«, Paris 1963.

61. Ch. Mohrmann, Liturgical Latin. Its Origins and Character, Washington 1957, 52.
62. E. Löfstedt, Philologischer Kommentar zur Peregrinatio Aetheriae, Uppsala-Leipzig 1911 (Neudruck Darmstadt), 1958, 11, hier zitiert nach Bartelink, a.a.O., 411.
63. F. Heerdegen, Untersuchungen zur lateinischen Semasiologie III, Erlangen 1881, 68, hier zitiert nach Bartelink, a.a.O., 411.

nur spärliche Belege für diese beiden Worte in der liturgischen Sprachwelt. Im vierten Jahrhundert erfolgt ein plötzlicher Umschwung. »Consecratio« wird zu einem der geläufigsten Kultworte im Christentum[64]. Es findet seine Anwendung bei der Weihe der Kirche, des Taufwassers, wird bei der Eucharistie angewendet und bei der Priester- und Bischofsweihe gebraucht. Hieronymus gibt in der Vulgata die verschiedenen Weihen des Alten Testamentes immer mit »consecratio« bzw. »consecrare« wieder[65]. So ist das Wort ein Beispiel für das christliche Verhalten. Solange man Mißverständnisse fürchtete, wies man es ab, später verwendete man es, obgleich es ein in der römischen Sakralsprache gebräuchliches Wort war.

Augustinus von Hippo (354-430) kommentierte die Praxis der alten Kirche in einem Brief, wo er schreibt: »Wenn Tempel, Idole, geheiligte Orte und alle anderen Dinge dieser Art für den Kult des wahren Gottes bestimmt werden, so geschieht mit ihnen, was sich auch bei den Menschen vollzieht, wenn sie aus Frevlern und Gotteslästerern, die sie waren, zu Anhängern der wahren Religion werden.«[66]

3. Ein Schiff mit fremder Ladung

Von W.S. van Leeuwen stammt die treffende bildhafte Feststellung, daß in der Septuaginta manches Wort »wie ein griechisches Schiff mit fremder Ladung« erscheint[67]. Das soll hier abgewandelt auch für die sprachliche und theologische Anpassung der frühkirchlichen Mission gelten. Es werden aus dem alltäglichen Bereich, aus der religiösen Überlieferung Worte, Vorstellungen und Bilder eingeführt, die nun mit einem neuen Inhalt und Sinn versehen zur Vermittlung der christlichen Botschaft dienen. Im Grunde ist dieser Vorgang bereits in der Missionstätigkeit des Paulus in vollem Gange. So hat man herausgestellt, daß die Pastoralbriefe eine erste Wiedergabe christlicher Glaubensinhalte und christlicher Lebensweise in griechischen Formen sind. »Das elastische Anpassungsvermögen des Apostels weiß in seinen letzten Jahren das christliche Ideal in Termini auszudrücken, mit denen die griechischsprechende Welt vertraut war, ohne dem übernatürlichen Charakter dieses Ideals Abbruch zu tun.«[68]

64. L. Koep, Consecratio I, in: RAC III, 269-283, bes. 278.
65. Väterbelege bei Bartelink, a.a.O., 412f. bzw. L. Koep, a.a.O.
66. Ep. 47, ad Publicolam, PL 33,185.
67. W.S. van Leeuwen, Eirene in het Nieuwe Testament. Een semasiologische exegetische bijdrage op grond van de Septuaginta en de Joodsche literatuur, Leiden 1940, 17.
68. W.K.M. Grossouw, Sint Paulus en de beschaving van zijn tijd, Nijmegen-Utrecht 1947, 10, zitiert nach Gerard J.M. Bartelink, a.a.O., 400f.

Geradezu als Modellfall[69] für das Verhalten gegenüber den Religionen und dem fremden kulturellen Umfeld gilt die Areopagrede des Apostels Paulus in Athen[70]. Sie ist das klassische Beispiel der missionarischen Verkündigung der frühchristlichen Zeit. Paulus wollte die Botschaft nahebringen, indem er Parallelen zur religiösen Erfahrung und Kultur der Hörer aufweist. Das Verhalten zeigt, daß jede Zielgruppe in der Missionsarbeit ihren eigenen kulturellen Hintergrund und Verstehenshorizont hat, zu dem der Verkünder der christlichen Botschaft einen Bezug herstellen muß. Es wird aber auch deutlich, daß der Erfolg dieser Methode nicht allein vom Verkünder abhängig ist, sondern es bleibt auch beim Aufweis der Gemeinsamkeiten eine Kluft bestehen. Das Evangelium bringt als Botschaft des Heilswillens Gottes ein Ereignis ein, das als Verschiedenheit und Neuheit vom Hörer erlebt und erfahren wird. So stellt die Rede des Paulus die erste Phase eines längeren Prozesses dar, der die außerchristliche Gruppe mit einer ihr fremden Botschaft konfrontiert. Die Neuheit und die Einzigartigkeit der christlichen Botschaft und des Ereignisses in Jesus Christus kann in keiner Weise verwechselt, verschmolzen oder aufgegeben werden. In der Areopagrede begegnete aber auch die ganze Kraft der hellenistischen Kulturwelt der christlichen Urbotschaft, so daß dem Versuch des Paulus kein unmittelbarer Erfolg möglich war. – Es läuft der folgende Vorgang ab: »Lukas läßt den Areopag-Redner seine Botschaft zunächst in das religiöse Schema des Polytheismus einbauen. Er tut das selbstverständlich nicht in der Meinung, als könnte seine Christusbotschaft in allgemeine religiöse stoische Kategorien einbezogen werden. Sondern er tut das gleichsam in sokratischer Absicht.«[71] Er ist davon überzeugt, daß man einen Menschen nur in seinem Erfahrungshorizont ansprechen kann. Der Mensch kann die Übernatur und die christliche Botschaft nur erfassen und sich ihr nähern, indem er Brücken und Hinweise in seiner Umwelt findet, die hier eine Antwort und die Weiterführung der Linie ihres Lebensbereiches finden[72]. Die Athener können nur eine innere Bereitschaft zum Hören und zur Annahme der Botschaft aufbringen, wenn sie ihnen in den ihnen vorerst verfügbaren religiösen Kategorien geboten wird. Nehmen sie Christus zunächst in die Reihen ihrer Götter auf, »dann wird die Exousia dieses Christus schon dieses Aufnahmeschema von innen her sprengen«. Es werden sich die Kenntnis und die religiöse Wahrheit durchsetzen, daß er der »Einzige« ist. – Das Eingehen auf die Hörer geht so weit,

69. Helmut Thielicke, Theologie des Geistes. Der dritte Glaubensartikel. Die Manifestation des Heiligen im Wort, in der Kirche, in den Religionen und in den letzten Dingen, Tübingen 1978, 467.
70. Apg 17,19-33.
71. Thielicke, a.a.O., 467.
72. Louis J. Luzbetak, Unity in Diversity. Ethnotheological Sensitivity in Cross-Cultural Evangelism, in: Missiology 4 (1976), 209.

daß Martin Dibelius (1883-1947) sagen kann, die Areopagrede sei eine hellenistische Rede mit einem christlichen Schluß. Sie trete geradezu durch ihren sich anpassenden Charakter aus dem Gefüge des Neuen Testamentes heraus. Sie wird von ihm als ein »Fremdling« im biblischen Kontext gewertet. »So ließ Lukas seinen Paulus an einer der vornehmsten Stätten den Griechen predigen, wie er meint, daß zu seiner Zeit den Griechen gepredigt werden sollte: mit philosophischen Beweisen, unter relativer Anerkennung des griechischen Polytheismus, mit Berufung auf die von griechischen Dichtern ausgesprochene Weisheit.«[73]

Es ist damit etwas von dem Bemühen um das Verstehen der Botschaft durch den anderen und fremden Hörer angesprochen; dabei sollte man das grundsätzliche theologische Problem nicht übersehen, das darin steckt. In diesem Zusammenhang ist aber wichtig, das methodische Problem zu sehen, das für den missionarischen Umgang mit anderen Religionen nicht bedeutungslos sein kann. Der Redner geht auf deren religiöse Umwelt mit einer solchen inneren Kenntnis und Aneignung der Sprach- und Denkstrukturen ein, daß es bei der christlichen Botschaft zu einer Verschmelzung mit ihrer Umwelt kommt und sie folglich wie eine hellenistische Rede aussieht.

Eine Haltung, die sich durchweg in der Väterzeit durchsetzt, aber zwei in sich unterschiedliche Linien hat. Einmal ist das die theologische praktische Richtung, die bis zum Zweiten Vatikanischen Konzil nachweisbar ist. In der Väterzeit wird sie durch das unkanonische Herrenwort umschrieben: »Zeigt euch als erfahrene Wechsler, die reine und echte Goldmünzen sammeln, die falschen aber verweigern.«[74] Was im Zweiten Vatikanischen Konzil die Formulierung erfuhr: »Die katholische Kirche lehnt nichts von alledem ab, was in diesen Religionen wahr und heilig ist. Mit aufrichtigem Ernst betrachtet sie jene Handlungs- und Lebensweisen, jene Vorschriften und Lehren, die zwar in manchem von dem abweichen, was sie selber für wahr hält und lehrt, doch nicht selten einen Strahl jener Wahrheit erkennen lassen, die alle Menschen erleuchtet.«[75] Seit Clemens von Alexandrien hat die Kirche viel von der griechischen Kultur und Wissenschaft übernommen. Es wird immer wieder in diesem Zusammenhang betont, daß die Kirchenväter »in Dankesschuld bei der griechischen Philosophie« stehen[76]. Die Kirchenväter haben vieles bei der griechischen Philosophie entlehnt, was zum Aufbau und zur Darlegung der Glaubenslehre seinen Beitrag leistete. Sie haben, was haltbar und wahr erschien, übernommen und gebraucht[77].

---

73. M. Dibelius, Paulus auf dem Areopag, 1939, 56.
74. Hier zitiert nach Bartelink, a.a.O., 401.
75. NA 2.
76. Johannes Thauren, Die Akkommodation im katholischen Heidenapostolat, Münster 1927, 13.
77. Gonsalvus Walter, Die Heidenmission nach der Lehre des heiligen Augustinus,

Die zweite Kategorie ist die »Paidagogia Gottes«, die ausführlich von den Kirchenvätern entfaltet worden ist[78] und im Laufe der Theologiegeschichte immer wieder herangezogen wurde, um das Verhältnis von Christentum und nichtchristlichen Religionen zu erklären. Nach der Ansicht der Kirchenväter befand sich die vorchristliche Heilszeit immer schon unter der auf die Erfüllung in Jesus Christus und seiner Kirche hinzielenden Führung Gottes. Dabei war nicht so sehr an ein eschatologisches Ausgerichtetsein gedacht, sondern in erster Linie an eine Vorbereitung auf das in Jesus Christus und seiner Kirche in unserer Zeit gegenwärtig gewordene Heil. Es ist die Zeit der Vorbereitung und »Erziehung« der Völker zu ihrer vollen und eigentlichen Bestimmung in Jesus Christus. Dieser Gedanke wird oft auch dadurch in der Theologie ausgesagt, daß man vom adventlichen Charakter der Nichtchristenheit spricht. Hier sah man die Grundlage, sich der vorhandenen Kultur und religiösen Welt zu bedienen und sie in einen neuen Zusammenhang zu stellen und sie neu zu deuten.

Es konnte dabei nicht ausbleiben, daß unbemerkt Elemente in die Sprache und Theologie eingingen, die ihre frühere Bedeutung mitbrachten. So hat man für den Begriff »Caritas« sichtbar gemacht, daß neben den biblischen Aspekten auch profane Färbungen mitanklingen. Bei Ambrosius (um 339-397) wird z.B. in »De officiis« die ciceronische Sprachwelt verwendet, was zur Folge hat, daß im Text selber sich das biblische Modell mit dem des Cicero verbindet[79]. Mit der Verwendung von griechischen und lateinischen Begriffen der römischen Religionswelt und denen der überlieferten Mythen kommen in gewisser Weise Vorstellungen und Gedanken der »heidnischen Welt« in die christliche Glaubenswelt, so daß die Scheidelinie späterhin nicht immer eindeutig zu ziehen ist. Die Anpassung an die Sprachwelt war keine Nebensächlichkeit und Kleinigkeit; denn damit kommen die Vorstellungen, die Denkkategorien und das ganze Netz der inneren Verknüpfungen mit der religiös-kulturellen Heimat in die christliche Gedanken-

Münster 1921; S. Knöpfler, Die Akkommodation im altchristlichen Missionswesen, in: ZM 1 (1911), 41-51; A. Seumois, La papauté et les missions au cours des six premiers siècles. Méthodologie antique et orientations modernes, Louvain 1953; J. Zameza, Característica misionera de los Padres Apostólicos y Apologetes (sig. II-III), in: MisEx 3 (1949), 5-23.

78. W. Bierbaum, Geschichte als Paidagogia Theou. Die Heilsgeschichte des Klemens von Alexandrien, in: MThZ 5 (1954), 246-272; P. Catrice, L'idée d'adaption et Clément d'Alexandrie, in: Revue Apologétique 60 (1932), 555-575; H. de Lubac, Katholizismus als Gemeinschaft, Einsiedeln-Köln 1943, 216-241.
79. Hélène Pétré, Étude sur le vocabulaire latin de la charité chrétienne, Louvain 1948, 13; J. Mesot, Die Heidenbekehrung bei Ambrosius von Mailand, Schöneck-Beckenried 1958; W. Wilbrand, Heidentum und Heidenmission bei Ambrosius von Mailand, in: ZM 1 (1938), 193-202; ders., Ambrosius von Mailand als Missionsbischof, in: ZM 4 (1941), 97-104.

welt[80]. Dieses Zugehen auf die Religionen bedeutet zugleich auch immer eine Metamorphose der Kirche und der Theologie. Es werden dadurch die jeweilige Religiosität und Kultur und ihre besondere Ausprägung des Religiösen in Frömmigkeit und Spiritualität in das Christliche eingebracht. Und das wird nicht nur hinzugefügt, gleichsam addiert, sondern als Bereicherung und Ausweitung der nie absoluten und fertigen Darlegungen des Christlichen eingebracht.

4. Interpretatio Romana und Interpretatio Christiana

Der Scheidepunkt in der Missionsgeschichte zwischen Altertum und dem Übergang zum Mittelalter ist die Angelsachsenmission durch Papst Gregor den Großen (540-[590]-604)[81]. Seine Weisungen und Briefe sind nicht nur für den besonderen Fall maßgebend, sondern sind von grundsätzlicher missionstheologischer Bedeutung. Sie sind außerdem eine Zusammenfassung und Darlegung dessen, was bisher in der Kirche theologisch tragend war und zugleich als bleibender Ertrag aus der frühchristlichen Mission für die weitere Missionsgeschichte von Bedeutung ist. In seiner Geschichte des Papsttums nennt Erich Caspar »die Aussendung von Missionaren zu den Angelsachsen das wichtigste Ereignis der Papstgeschichte auf lange Zeit hin und eine der entscheidenden Tatsachen der abendländischen Geschichte«[82].

Der innere Kern dieser Aussendung und der theologische Wertinhalt ist bei dieser Hinwendung zu neuen Völkern die missionstheologische Einstellung des Papstes. J. Vogt hat in seiner Studie über die antike und altchristliche Kulturwelt aufgezeigt, daß die Idee einer Missionierung der Fremdvölker, der Barbaren außerhalb des römischen Imperiums, bis auf einige wenige Ausnahmen kein aktuelles Thema der Alten Kirche war. Diese Völker konnten nur durch die

80. W. Jaeger, Early Christianity and Greek Paideia, Cambridge Mass. 1965, 6.
81. P. Benkart, Die Missionsidee Gregors des Großen in Theorie und Praxis. Eine religionsgeschichtliche Untersuchung zur Christianisierung der Germanen, Diss. masch., Leipzig 1946; Vera Paronetto, Gregorio Magno. Un maestro alle origine cristiane d'Europa, Roma; Suso Brechter, Zur Bekehrungsgeschichte der Angelsachsen, in: La conversione al cristianesimo nell'Europa dell'alto medioevo, in: SSAM 14 (1967), 191-215; J.M. Wallace-Hadrill, Rome and the Early English Church, in: Le Chiese nei regni dell'Europa occidentale e i loro rapporti con Roma fino all'800, in: SSAM 7 (1960), 519-548; Beda Danzer, Der hl. Gregor der Große in der Missionsbewegung seiner Zeit, in: SMGB 33 = NS 1 (1912), 205-219; R.A. Markus, Gregory the Great and the Papal Missionary Strategy, in: G.J. Cuming, Hg., The Mission of the Church and the Propagation of the Faith (= SCH(L) 6), London 1970, 29-38.
82. Erich Caspar, Geschichte des Papsttums, Bd. 2, Tübingen 1933, 506.

Ausdehnung der Reichsgrenzen in den Missionsbereich der Christen gelangen. Prudentius († nach 405) sieht aus seiner römischen Sicht diese Völker als »eine Art Untermenschen« an, die durchaus nicht als mögliche Anhänger des Christentums zu betrachten sind. Die Kirchenväter von Ambrosius von Mailand (um 340-397) bis zu Papst Leo I (440-461) zeichnen das Bild von primitiven, zivilisationsunfähigen Fremdvölkern, die bei der Frage der christlichen Reichsidee, das meint der Sammlung der Menschheit zur Einheit und damit der Evangelisierung, außerhalb der Betrachtungsweise liegen[83]. Selbst bei dem Augustinus-Schüler (Paulus) Orosius († nach 418) ist es eine ganz klare Aussage, daß es den Fremdvölkern nur über den Kontakt mit den Römern möglich ist, Zugang und Mitgliedschaft zum Christentum zu finden[84].

Für Augustinus war aber schon klar, daß die Ausbreitung des Christentums die Dimensionen des Reiches sprengen muß und über es hinausgeht[85]. Es wird also die Verbindung vom Universalismus der Missionsidee mit der Reichsidee rückgängig gemacht und zerbrochen. »Missions- und Zukunftsperspektive der Kirche sind klar von der Reichsidee abgekoppelt. Man gewinnt wieder die unbefangene Vorstellung vom universalen erfolgreichen Wirken des Evangeliums.«[86]

Von Papst Gregor d.Gr. ist in der Missionsgeschichte bei zwei Aspekten die Rede. Das eine Mal bei dem Ursprung der Idee der Heidenkriege[87]. Das zweite Mal bei diesem einzigartigen Dokument der Akkommodation im Zusammenhang mit der Evangelisierung Englands[88]. So überraschend es ist, so erwachsen doch beide

83. J. Vogt, Kulturwelt und Barbaren. Zum Menschenbild der spätantiken Gesellschaft, Mainz-Wiesbaden 1967, 38-45.
84. H.-W. Goetz, Die Geschichtstheologie des Orosius, Darmstadt 1980, 128-130; K.A. Schöndorf, Die Geschichtstheologie des Orosius, Diss. masch. München 1952; A. Lippold, Rom und die Barbaren in der Beurteilung des Orosius, Diss. masch. Erlangen 1952.
85. En. in Ps. 95,2; vgl. auch: »Ecclesia ... omnes nationes et linguas occupans, ut longius quam Romani imperii iura tenduntur, usque in Persas et Indos aliasque barbaras gentes funiculos porrigat« (De cons. evang. I, 32,49).
86. Norbert Brox, Zur christlichen Mission in der Spätantike, in: Karl Kertelge (Hg.), a.a.O., 214.
87. Hans-Dietrich Kahl, Die ersten Jahrhunderte des missionsgeschichtlichen Mittelalters. Bausteine für eine Phänomenologie bis ca. 1050, in: KGMG Bd. 2/1: Knut Schäferdiek, Hg., Die Kirche des frühen Mittelalters, München 1978, 55f., 64-67; H. Beumann, Hg., Heidenmission und Kreuzzugsgedanke in der deutschen Ostpolitik des Mittelalters, Darmstadt 1973².
88. Ep. 76, in: MPL 77,1215-1217; weiterhin gehören zur Deutung und zum Verständnis die Responsiones des Papstes in diesem Zusammenhang, wenn auch ihre historische Echtheit umstritten ist: Beda Venerabilis, Historia ecclesiastica gentis Anglorum I, 27; Bertram Colgrace and R.A.S. Mynors, Eds., Bede's Ecclesiastical History of the English People, Oxford 1972; R.A. Markus, The Chronology of Gregorian Mission

Vorstellungen aus einer Wurzel und haben den gleichen denkerischen Ansatz. Zur missionstheologischen und geistesgeschichtlichen Einordnung der Theologie und der missionsmethodischen Vorstellungen des Papstes ist eine geschichtliche Ortsbestimmung notwendig. Andernfalls steht man vor gegensätzlichen Elementen, die sich einer Zuordnung sperren und ein Verständnis der gegensätzlichen Aussagen nicht ermöglichen[89]. – Seine Ideen sind von der Vorstellung bestimmt, daß England noch ein dem Universalreich zugeordneter Teil ist, zum anderen wird durch den Eintritt in andere Kulturbereiche das Überschreiten der Grenzen des römischen Kulturkreises vollzogen. Die kommende Mission hat sich nun mit gänzlich anderen Denkstrukturen und kulturellen Gegebenheiten auseinanderzusetzen. Dafür ist es notwendig, daß die Rolle der schon vorkonstantinisch-imperialen Idee des Kaisers als Bezwinger der Barbaren und die damit verbundene Vorstellung von einer Heilsnotwendigkeit des römischen Imperiums übernommen wird. Dieses Reich hat der Idee nach eine universale Ausdehnung und ist der wegbereitende Rahmen für die Erfüllung des Missionsbefehls an die ganze Menschheit[90]. – Gregor griff diese Ideenkreise auf und verschmolz sie zu einem neuen, zukunftsträchtigen Ganzen. Römische Reichsverfaßtheit hatte eine einheitliche kulturelle Voraussetzung geschaffen. Nun stieß man auf andere Kulturen und fremde religiöse Überlieferungen. Es gelingt die Integrierung dieser Tatsachen in das herkömmliche Modell. So wurde von ihm der Weg zu einer eigenständigen, theologisch begründeten Universalmission eröffnet[91]. Das Christentum traf im römischen Herrschaftsbereich auf Strukturen, die ihm verwandt oder ähnlich waren. Zudem war für die Missionstheologie und die Kirche im

to England. Bede's Narrative and Gregory's Correspondence, in: JEH 13 (1963), 16-30; M. Müller, Zur Frage nach der Echtheit und Abfassungszeit des Responsum beati Gregorii ad Augustinum episcopum, in: ThQ 113 (1932), 94-118; F. Wasner, De authenticitate »libelli responsionum« beati Gregorii magni Papae ad Augustinum Anglicae apostolum animadversiones, in: JusPont 18 (1938), 293-299; Suso Brechter, Die Quellen zur Angelsachsenmission Gregors des Großen. Eine historiographische Studie, Münster 1941; Paul Meyvaert, Les »Responsiones« de Grégoire le Grand à S. Augustin de Cantorbéry, in: RHE 54 (1959), 879-894; Margaret Deanesly / Paul Grosjean, The Canterbury Edition of the Answers of Pope Gregory I to Augustine, in: JEH 10 (1959), 1-49; Margaret Deanesly, The Capitular Text of the Responsiones of Pope Gregory to St. Augustine, in: JEH 12 (1961), 231-234.

89. Eugen Ewig, Die Bekehrung der Angelsachsen und die Entwicklung der angelsächsischen Kirche, in: Hubert Jedin, Hg., HKG(J) Bd. 2/2, Freiburg-Basel-Wien 1972, 165, Anm. 2.
90. Hans-Dietrich Kahl, Die ersten Jahrhunderte des missionsgeschichtlichen Mittelalters, a.a.O., 66f.
91. W.F. Fritze, Universalis gentium confessio. Formel, Träger und Wege universalmissionarischen Denkens im 7. Jahrhundert, in: FMSt 3 (1969), 78-130.

antiken Mittelmeerraum eine Vorprägung durch die hellenistische und die römische Kultur gegeben. Die gesamte Kultur- und Religionswelt war durch die »interpretatio Romana« vereinheitlicht und strukturell angleichend geprägt[92]. Die Religionen und die Kulturprovinzen wurden als eine vermeintlich einheitliche Religion verstanden, die unterschiedlichen religiösen Ausprägungen der Mysterienreligionen und die nichtchristliche Welt wurden als eine Einheit verstanden und gedeutet. – Man ging von der Überzeugung aus, daß es letztlich nur eine einzige Welt gebe, die von den überall gleichen göttlichen Mächten gelenkt werde. Das sprach sich in der Unbekümmertheit der römischen Denkweise aus, die die Gottheiten anderer Völker mit den eigenen identifizierte. Das schuf im Mittelmeerraum die Voraussetzungen für die Mission und das missionarische Vorgehen, die beim Überschreiten der römischen Kulturgrenzen entfielen. Diese »interpretatio Romana« war eine Form des Umganges des vorchristlichen Römertums mit anderen Religionen, der Ausdruck einer Haltung, die fremden Glaubensvorstellungen gleichsam in die eigene einzugliedern[93]. Dieses Vorgehen fand ein theologisches Entsprechen in der Anpassungstheologie der Väterzeit, wenn auch nicht seine theologische Begründung. Es wurde gleichsam als Modell auf der geistesgeschichtlichen Ebene geliefert.

Diese Haltung erfährt nun in der »interpretatio Christiana« des frühen Mittelalters eine Spiegelung[94]. Durch die römische sozio-politische Deutung der Fremdumwelt wurde ein Modell geschaffen, das die »interpretatio Christiana« vorbereitete und ermöglichte, aber in der christlichen Theologie nicht das biblische Nein zu den Religionen aufhob. Zudem war sie von der Einzigartigkeit Jesu Christi entscheidend theologisch getragen, so daß es immer wieder nötig war, Gottes Wirkmächtigkeit und Bedeutung auch für die neuen Missionsgebiete zu erweisen. Sie sieht in den anderen Religionen und fremden Überlieferungen nicht mehr ein Entsprechen des bisherigen religiösen und kulturellen Erbes, sondern einen Widerpart zum Christentum und hat so weite Teile der christlichen Missionsarbeit beeinflußt[95]. Die Unterwerfung und Nötigung sollte diese Einheitlichkeit der Kultur und Auffassung zuerst herstellen – gleichsam als Vorstufe der Missionstätigkeit.

92. G. Wissowa, Interpretatio Romana. Römische Götter im Barbarenland, in: ARW 19 (1916), 1-49.
93. Hans-Dietrich Kahl, Die ersten Jahrhunderte des missionsgeschichtlichen Mittelalters, a.a.O., 66-69.
94. Der Ausdruck wurde wohl von Achterberg geprägt; H. Achterberg, Interpretatio Christiana. Verkleidete Glaubensgestalten der Germanen auf deutschem Boden, Greifswald 1930.
95. Hans-Dietrich Kahl, Bausteine zur Grundlegung einer missionstheologischen Phänomenologie des Hochmittelalters, in: Miscellanea Historiae Ecclesiasticae (I), in: BRHE 38 (1961), 50-90.

In Gregor fließen diese beiden Sichten zusammen, und er versucht aus römischer Tradition eine Lösung[96], die für die Zukunft tragen sollte.

Papst Gregor sandte an Augustinus von Canterbury († wahrscheinlich 609) eine ausführliche Missionsinstruktion (601). Man solle sich nicht radikal von den heidnischen Kultstätten distanzieren, sie zerstören. Er fordert eine Methode der bewußten Anknüpfung an den nichtchristlichen Sakralbereich. Tempel sollen in Kirchen verwandelt werden, da durch die lückenlose Stetigkeit der Kultstätte größere Bereitschaft und Offenheit für den christlichen Gottesdienst zu erwarten sei. Heidnische Opfermahlfeste sollen in Kirchweih- und Märtyrerfeste umgewandelt und mit kirchlichem Inhalt gefüllt werden. Diese Missionsmethode entspricht dem nun breit einsetzenden Missionsvollzug, der sich an die ganze Gruppe wendet, wie er durch die politische und geographische Gliederung des Raumes erzwungen wurde[97].

Die Missionswissenschaft und die missionswissenschaftliche Diskussion um die Fragen der Anpassung sahen in den Dokumenten von Papst Gregor immer Schlüsseltexte. Und sie sind maßgebend geblieben, wenn sie auch in der Praxis zu oft vergessen werden. In Untersuchungen zur Akkommodation werden sie immer wieder herangezogen, ohne daß allerdings ihre entscheidende Bedeutung als Wendepunkt in der Missionsgeschichte gewürdigt wird. Es wird die Idee der frühkirchlichen Missionspraxis und -methode gerettet und ausdrücklich bejaht, zugleich aber auch der Ansatz zu ihrer Verschüttung gesetzt.

---

96. Diese Verflochtenheit von Romanitas und Christianitas im Leben, theologischen Denken und im Papsttum von Gregor d.Gr. kommt in dem Titel »Consul Dei« auf seinem Epitaph zum Ausdruck; vgl. auch Jeffrey Richards, Consul of God. The Life and Time of Gregory the Great, London 1980.
97. Josef Müller, Missionarische Anpassung als theologisches Prinzip, Münster 1973, 45; Knut Schäferdiek, Die Grundlegung der angelsächsischen Kirche im Spannungsfeld insular-keltischen und kontinental-römischen Christentums, in: ders., Die Kirche des frühen Mittelalters ..., 158f.; Johannes Thauren, Die Akkommodation, a.a.O., 15, 102, 124-127; Joseph Schmidlin, Katholische Missionslehre im Grundriß, Münster 1923², 80.

Literatur

Dölger, J. (1910-1943): ICHTYS Bd. 1-5, Münster.
Ders. (1918): Die Sonne der Gerechtigkeit und der Schwarze. Eine religionsgeschichtliche Studie zum Taufgelöbnis, Münster.
Ders. (1920): Sol Salutis. Gebet und Gesang im christlichen Altertum, Münster.
Ders. (1929-1950): Antike und Christentum Bd. 1-5. Kultur- und religionsgeschichtliche Studien, Münster.
Kahl, H.D. (1978): Die ersten Jahrhunderte des missionsgeschichtl. Mittelalters. Bausteine für eine Phänomenologie bis ca. 1050, in: KGMG Bd. 2/1, K. Schäferdiek (Hg.): Die Kirche des frühen Mittelalters, München.

Ulrich Berner

Zur Hermeneutik religiöser Symbole

*Das Kreuzsymbol in der frühchristlichen
und in der modernen indischen Theologie*

1. Terminologie und Fragestellung

Der Symbolbegriff wird in der Religionswissenschaft des 20. Jahrhunderts in ganz verschiedenen Bedeutungen verwendet[1]. Im Rahmen eines hermeneutischen Ansatzes wird der Symbolbegriff eng gefaßt, wie z.B. im Werk M. Eliades:

»Bei genauem Sprachgebrauch müßte der Ausdruck Symbol auf Symbole beschränkt bleiben, die eine Hierophanie ›verlängern‹ oder die selbst eine anders (durch einen Ritus, Mythos usw.) nicht ausdrückbare ›Offenbarung‹ darstellen« (Eliade 1954, S. 508)[2].

Im Rahmen eines anthropologischen Ansatzes kann der Symbolbegriff in einer weiten und funktionalen Fassung verwendet werden. C. Geertz gibt einen Überblick über die Verwendung des Begriffes und entscheidet sich für die folgende Möglichkeit:

»In yet others, it is used for any object, act, event, quality, or relation which serves as a vehicle for a conception – the conception is the symbol's ›meaning‹ – and that is the approach I shall follow here« (Geertz 1973, S. 91).

Als ein Beispiel nennt Geertz in diesem Zusammenhang auch das Kreuz: »talked about, visualized, shaped worriedly in air or fondly fingered at the neck« (Geertz 1973, S. 91). Sein Symbolbegriff würde also das christliche Zeichen des Kreuzes wie auch den theologischen Begriff des Kreuzes umfassen. Diese Definition des Symbolbegriffes wird in den folgenden Ausführungen vorausgesetzt.

Die hermeneutische Aufgabe der Religionswissenschaft würde dann zunächst einmal darin bestehen, die Bedeutung solcher Symbole – wie z.B. des Kreuzzeichens oder des Begriffes »Kreuz« – in ihrem historischen Kontext zu erheben. In dieser Aufgabe überschneiden sich Religionswissenschaft und Theologie. Die hermeneutische Arbeit, die dabei zu leisten ist, ist im weitesten Sinne interkulturell, insofern als der historische Abstand eine Übersetzung der Bedeutung in den

---

1. Vgl. dazu: U. Berner (1982a), S. 17ff.
2. Vgl. dazu: M. Eliade (1959), S. 122. Vgl. dazu auch: U. Berner (1982b), S. 27ff.

kulturellen Kontext des Forschers erfordert. Interkulturelle Hermeneutik in einem engeren Sinne liegt dann vor, wenn es darum geht, die Bedeutung eines Symbols – wie z.b. des Kreuzzeichens – in verschiedenen Kulturen zu vergleichen. Diese Fragestellung kann als »religionsphänomenologisch« bezeichnet werden. Eine andere Fragestellung der interkulturellen Hermeneutik bezieht sich auf kulturübergreifende religionsgeschichtliche Prozesse. Wenn religiöse Symbole in fremde Kulturen übertragen werden, wie z.b. durch die missionarische Ausbreitung einer Religion, dann können sich Kommunikationsprobleme und Bedeutungsverschiebungen ergeben. Die Untersuchung derartiger Prozesse berührt die Frage nach der Identität einer Religion und ist für die Religionswissenschaft mindestens ebenso interessant wie der religionsphänomenologische Vergleich[3].

Im Kontext der christlichen Theologie stellt sich die Aufgabe einer interkulturellen Hermeneutik noch einmal in einem engeren Sinne. Die Symbole der christlichen Religion sind in viele verschiedene Kulturen übertragen worden, und auf dem Boden der nichteuropäischen Kulturen sind in den letzten Jahrzehnten eigene Theologien entstanden. Die nichteuropäischen Theologen fordern das Recht, unabhängig von der europäischen Kultur eine eigene Auslegung des Evangeliums zu geben[4]. Diese Entwicklung kann nicht mehr ignoriert oder ausschließlich in historischer Perspektive betrachtet werden. Es erscheint vielmehr notwendig, die traditionelle theologische Hermeneutik um eine neue Dimension zu erweitern. Die europäische Kultur kann nicht mehr als einzig gültiger Verstehenshorizont vorausgesetzt werden, wenn es darum geht, die Bedeutung der christlichen Symbole zu bestimmen. Bei der hermeneutischen Arbeit der Theologie – abgesehen von der Exegese in engerem Sinn – muß jetzt auch die Frage gestellt werden, wie das Evangelium in anderen Kulturen ausgelegt wird.

In der Debatte über die Kreuzestheologie, die in den 70er Jahren durch ein Buch J. Moltmanns ausgelöst wurde, gab es nur vereinzelte Ansätze, den Horizont der europäischen Kultur zu überschreiten[5]. In den 80er Jahren hat Th. Sundermeier das Kreuzesverständnis nichteuropäischer Theologen ausführlich dargestellt und auf das Fehlen einer interkulturellen Hermeneutik aufmerksam gemacht[6]. Die christliche Theologie würde in ein neues Stadium eintreten, wenn der interkulturelle Dialog konsequent in die hermeneutische Reflexion einbezogen würde.

Eine interkulturelle theologische Hermeneutik erfordert aber zunächst einmal religionswissenschaftliche Arbeit. Denn die Auseinandersetzung mit den nichteuropäischen Theologien setzt ein Verständnis der Religion voraus, die mit der betreffenden Kultur verbunden ist. Außerdem zwingt diese Auseinandersetzung

3. Vgl. dazu: H. Seiwert (1986), S. 4-6.
4. Vgl. dazu: U. Berner (1986), S. 83f.
5. Siehe dazu: J. Moltmann (1973), S. 351f.; U. Luz (1974), S. 141.
6. Siehe dazu: Th. Sundermeier (1985), S. 30.

zu einer neuen Reflexion über die eigene kulturelle Tradition, in der das Christentum Gestalt gewonnen hat. In methodischer Hinsicht handelt es sich dabei um religionsgeschichtliche Arbeit, die in den Prozeß der theologischen Reflexion eingeht[7]. In diesem Kernbestand der interkulturellen Hermeneutik überschneiden sich Religionswissenschaft und Theologie.

Im Folgenden soll dieser methodische Ansatz am Beispiel des Kreuzsymbols durchgeführt werden. Als Ausgangspunkt der Betrachtung dient ein Beispiel aus der gegenwärtigen indischen Theologie. Der Schwerpunkt liegt auf der historischen Reflexion, die für Religionswissenschaft und Theologie gleichermaßen interessant ist. Die theologische Debatte, die darüber hinausgeht, kann nur ansatzweise berücksichtigt werden.

2. Das Kreuzsymbol in der gegenwärtigen indischen Theologie

Der katholische Theologe D.S. Amalorpavadass ist als ein Vertreter der indischen Inkulturationsbewegung bekannt. Als erster Direktor des National Biblical Catechetical and Liturgical Centre (Bangalore) hat er die Gelegenheit gehabt, sein Inkulturationsprogramm künstlerisch umzusetzen. In der Architektur der Kapelle hat sein theologisches Programm einen anschaulichen Ausdruck gefunden.

Amalorpavadass versteht den Tempel als ein Zeichen der Gottes-Gegenwart in der Welt. In seinem architektonischen Entwurf hat er indische und christliche Traditionen aufgenommen. Die indische Tradition ist vor allem im Tempelturm erkennbar:

»On top of the temple is a Gopuram or Vimana a tower with seven layers. It is a cosmic mountain or a cosmic tree. Earth, water, fire, air, ether, super mind and finally God Himself are indicated by the seven layers, with the convergence of descending heavenly and ascending earthly energies. These are signs and symbols of God's descent to man and man's ascent to God, ...« (Amalorpavadass 1982, S. 17f.).

Diese Symbolik wird dann auf die Christus-Gestalt bezogen:

»We know and believe that for Christians this meeting point between heaven and earth, between God and man is Jesus Christ, the God-man« (Amalorpavadass 1982, S. 18).

Die Verbindung zwischen Himmel und Erde, die für die Christen in Jesus Christus gegeben ist, wird auf der Spitze des Turmes wiederum durch ein indisches Symbol dargestellt:

---

7. Vgl. dazu: U. Berner (1988), S. 216f.

»Above the Gopuram is a Kalasam the ›Sacred Vessel‹. The lower cup (lotus) is the earth and the upper cup is the heaven. The vessel contains the nectar of immortality« (Amalorpavadass 1982, S. 18f.).

Amalorpavadass verläßt damit die christliche Tradition, ein Kreuz auf der Spitze der Kirche anzubringen. Diese Tradition hat aber gerade in den Missionskirchen große Verbreitung gefunden, wie z.B. in Afrika:

»Das Kreuz ist Kennzeichen des Christentums in Afrika schlechthin. Es benennt die Gebäude – so wie der Halbmond die islamische Gebetsstätte kennzeichnet – und sondert sie von anderen ab« (Sundermeier 1985, S. 45).

Amalorpavadass ist sich darüber im klaren, daß seine Konzeption Widerspruch herausfordern wird. Er kennt den Synkretismusvorwurf, der gegen solche Versuche einer Inkulturation erhoben wird[8]. Es erscheint ihm aber vertretbar, das Kreuzsymbol durch ein indisches Symbol zu ersetzen. Er ist davon überzeugt, daß das indische Kalasam-Symbol ebenso gut dazu geeignet ist, die Verbindung zwischen Himmel und Erde, Gott und Mensch, darzustellen, die nach christlichem Glauben in Jesus Christus gegeben ist. Entscheidend ist demnach nicht das Zeichen selbst, sondern die Möglichkeit, dem Zeichen eine christliche Bedeutung zu geben. Amalorpavadass weist in diesem Zusammenhang darauf hin, daß das Kreuzsymbol selbst im frühen Christentum einen Bedeutungswandel durchlaufen habe – vom Zeichen des Verbrechens habe es sich zum Siegeszeichen entwickelt. Einen vergleichbaren Prozeß will er durch sein Inkulturationsprogramm in Gang setzen, auch und gerade durch die künstlerische Umsetzung in der Kapelle.

Amalorpavadass verweist darauf, daß sich im Inneren seiner Kapelle ein Kruzifix befindet, und er bekennt sich ausdrücklich zum Glauben an die Kreuzigung und an den Tod Jesu Christi, zur Verehrung des Kreuzes und des Kruzifixes – »as a specifically Christian sign« (Amalorpavadass 1982, S. 20). Er hält aber daran fest, daß es nicht notwendig sei, das Kreuz auf der Spitze jeder Kirche anzubringen.

Im Kontext eines Inkulturationsprozesses ist es ein ganz normaler Vorgang, daß ein europäisch-christliches Symbol durch ein indisches ersetzt wird. Die besondere Problematik dieses Beispiels liegt darin, daß es sich hier um das zentrale christliche Symbol handelt, das bis auf das paulinische »Wort vom Kreuz« zurückgeht. Ein Blick auf neuere Ansätze in der indischen Theologie zeigt, daß es nicht nur um das christliche Zeichen des Kreuzes geht, sondern auch um den theologischen Begriff des Kreuzes. R. Panikkar und S. Samartha haben pluralistische Konzeptionen entwickelt, die jeden Exklusivanspruch des Christentums ausschließen. Samartha hat in diesem Zusammenhang auf das Symbol

---

8. Siehe dazu: D.S. Amalorpavadass (1985), S. 12f.

des Regenbogens zurückgegriffen, um die pluralistische und universalistische Perspektive zu beschreiben[9]. Das Kreuzsymbol scheint damit seine zentrale Stellung zu verlieren.

Aus der Sicht der europäischen Theologie stellt sich die Frage, ob die Identität des Christentums in solchen pluralistischen Konzeptionen erhalten bleibt[10]. Eine starke Tradition in der europäischen Theologie würde die christliche Identität gerade als Wort vom Kreuz bestimmen:

»Christliche Theologie findet ihre Identität als christliche Theologie im Kreuz Christi« (Moltmann 1987, S. 28).

Zu Beginn dieses Jahrhunderts hatte schon M. Kähler festgestellt:

»Hat es sich doch immer einem eindringenden Verständnis des Christentums gefährlich erwiesen, wenn man das Ärgernis des Kreuzes in den Schatten stellte, auch ohne es zu verleugnen« (Kähler 1971, S. 294f.).

J. Moltmann hat in seinem Entwurf einer Kreuzestheologie die These vertreten, daß es gerade das Kreuz sei, das »die synkretistischen Momente im Christentum ausscheidet« (Moltmann 1987, S. 12).

Im Dialog mit der indischen Theologie wäre also die Frage zu erörtern, ob die Bedeutung des Wortes vom Kreuz erhalten bleibt, wenn das Zeichen des Kreuzes durch ein Symbol ersetzt wird, das aus einer anderen Religion stammt. Durch die Begegnung mit der fremden Symbolik wird die europäische Theologie aber auch dazu herausgefordert, die eigene Auslegung des Wortes vom Kreuz zu überprüfen. Der methodische Ansatz der interkulturellen Hermeneutik führt zunächst zu einer historischen Reflexion zurück. Gegenstand der Reflexion ist in diesem Fall der Prozeß, in dem das Kreuz zum zentralen Symbol der christlichen Religion geworden ist. Die Theologen des frühen Christentums mußten das Wort vom Kreuz im Kontext der griechisch-römischen Kultur auslegen. Eine Betrachtung dieses historischen Inkulturationsprozesses müßte für die moderne interkulturelle Debatte von Interesse sein.

9. Siehe dazu: S.J. Samartha (1987), S. 40. Vgl. dazu auch R. Panikkars Anwendung des Regenbogen-Modells (1978, S. XIX-XXI). Einen kurzen Überblick über die Entwicklung der Christologie in Indien geben H.J. Gräf (1988), S. 221ff. und G. Robinson (1989), S. 403ff. Zur aktuellen Debatte in Indien vgl. auch: G. Evers (1989), S. 429f.
10. Vgl. dazu: U. Berner (1990).

3. Das Kreuzsymbol in der frühchristlichen Theologie

3.1 Heidnische Kritik am christlichen Wort vom Kreuz

Die heidnische Kritik am Christentum hat sich auch und gerade gegen das Symbol des Kreuzes gerichtet. Zielpunkt der Kritik war die Verehrung des Kreuzes wie auch die Person des Gekreuzigten selbst.

Dem römischen Historiker Tacitus war bereits bekannt, daß die Bewegung des Christentums auf einen Mann zurückgeht, der hingerichtet worden ist. Wie seine Zeitgenossen Plinius und Sueton hat Tacitus das Christentum als »Aberglaube« (Superstitio) bezeichnet (Annales 15,44)[11]. Dieses negative Urteil bezieht sich vielleicht auch auf die Verehrung eines Gekreuzigten[12]. Explizite Kritik an der christlichen Kreuzesverehrung ist im apologetischen Dialog »Octavius« überliefert. Die Rede des Heiden Caecilius, die in diesem Dialog vorgetragen wird, geht vielleicht auf den römischen Redner Fronto zurück[13]. In der heidnischen Polemik wird den Christen nicht nur die Verehrung eines Eselskopfes unterstellt, sondern auch die Verehrung eines Gekreuzigten:

»Und wenn es heißt, im Mittelpunkt ihrer Zeremonien stehe ein für seine Verbrechen mit dem Tode bestrafter Mensch samt den Kreuzeshölzern, dann wird damit diesen verlorenen, verbrecherischen Menschen eben das als Heiligtum zugeschrieben, was zu ihnen paßt: sie verehren, was ihnen selbst gebührt« (Octavius 9,4)[14].

Im Hinblick darauf, daß die Verehrung des Eselskopfes und die Kreuzesverehrung in engem Zusammenhang erwähnt werden, erscheint es sinnvoll, das sogenannte Spottkruzifix vom Palatin zum Vergleich heranzuziehen. Diese Darstellung aus dem 3. Jahrhundert, die eine Gestalt mit Eselskopf am Kreuz zeigt, kann ebenfalls als eine Antwort auf das christliche Wort vom Kreuz aufgefaßt werden[15].

Origenes berichtet, daß der griechische Philosoph Kelsos »den Erlöser wegen seines Leidens verhöhnt, ›als wäre ihm nicht von dem Vater geholfen worden, oder er selbst habe sich nicht helfen können‹« (Contra Celsum I,54)[16]. Göttlichkeit und Leidensfähigkeit – und das gilt im besonderen Maße für den Tod am Kreuz – sind aus der Sicht des Kelsos unvereinbar[17].

11. Vgl. dazu: S. Benko (1980), S. 1056-1076; F. Vittinghoff (1984), S. 342f.
12. Vgl. dazu: M. Hengel (1976), S. 126f.
13. Vgl. dazu: S. Benko (1980), S. 1081-1089.
14. Übersetzung von B. Kytzler: M. Minucius Felix, Octavius. Lateinisch und Deutsch, München 1965.
15. Vgl. dazu: W. Nestle (1968), S. 605, Anm. 28; W. Speyer (1963), S. 131, Anm. 16.
16. Übersetzung von P. Koetschau: Des Origenes ausgewählte Schriften, II. Band, München 1926 (BKV 52).
17. Siehe dazu z.B. Origenes, Contra Celsum I,54, II,9.16.44.68.

Augustin zitiert ein Apollon-Orakel, das in einer Schrift des Christentum-Gegners Porphyrios überliefert war. In diesem Orakel wird Jesus als ein »toter Gott« bezeichnet, der mit Recht verurteilt worden sei (De Civitate Dei XIX,23). Die Ablehnung der christlichen Predigt vom Kreuz ist auch im Werk Lukians von Samosata zu erkennen. Lukian spricht von dem gekreuzigten Sophisten, den die Christen verehren (De Morte Peregrini 13).

Die Feststellung des Apostels Paulus, das Wort vom Kreuz sei den Heiden eine Torheit, hat sich in den ersten drei Jahrhunderten also zu einem guten Teil bewahrheitet. Es ist deshalb von besonderem Interesse zu untersuchen, ob und in welcher Weise die Theologen des frühen Christentums versucht haben, das Wort vom Kreuz im Kontext der griechisch-römischen Kultur auszulegen und zu begründen. Die Betrachtung konzentriert sich auf das Werk der lateinischen Apologeten Tertullian und Minucius Felix.

3.2 Christliche Antworten auf die heidnische Kritik

Tertullian geht in seinem Apologetikum auch auf den Vorwurf der Kreuzesverehrung ein. Seine Antwort ist in ironischem Ton gehalten. Er weist darauf hin, daß auch die Heiden Kreuze verehren – z.B. in Gestalt der Feldzeichen:

»Ich muß eure Sorgfalt loben: ihr habt Kreuze nicht ohne Schmuck und ohne Hülle vergöttlichen wollen« (Apologeticum 16,8)[18].

Tertullian zeigt also nicht das geringste Interesse daran, das Christentum als Religion des Kreuzes darzustellen. Er versucht vielmehr, den Gegensatz aufzulösen, der von der heidnischen Seite gerade in diesem Punkt gesehen wird.

Tertullian entwickelt in seinem Apologetikum den Ansatz einer eigenen Christologie (Apologeticum 21,4-23). Es geht ihm darum, die Gottheit Christi zu behaupten und die Heiden von der Wahrheit dieser Behauptung zu überzeugen. Zunächst bestimmt er das Verhältnis zum Judentum und führt aus, wie die Juden den Stand der Gnade bei Gott verloren haben. Dann grenzt er das christliche Verständnis des Prädikates »Sohn Gottes« gegen das heidnische Verständnis ab. Um das Wesen Christi genauer zu beschreiben, greift er die Begriffe »Wort« (Verbum/Logos) und »Geist« (Spiritus) auf und weist darauf hin, daß diese Begriffe auch in der griechischen Philosophie, bei Zenon und Kleanthes, vorkommen. Er beschreibt dann die Haltung, die die Juden Christus gegenüber eingenommen haben, und erwähnt in diesem Zusammenhang die Kreuzigung

---

18. Übersetzung von C. Becker: Tertullian, Apologeticum. Verteidigung des Christentums. Lateinisch-Deutsch, München ²1961.

Jesu (Apologeticum 21,18). Den Bericht über Christus führt er weiter bis zur Auferstehung und Himmelfahrt.

Das Kreuz ist also nicht der Zielpunkt seiner Argumentation. Wichtig ist für Tertullian, daß prophetische Weissagungen bestätigt worden sind und daß wunderbare Erscheinungen den Tod am Kreuz begleitet haben. Diese beiden Feststellungen dienen ihm als Argumente, die Wahrheit des christlichen Gottesglaubens zu begründen und das Bekenntnis der Christen – »deum colimus per Christum« – als begründet darzustellen (Apologeticum 21,28). In seinen christologischen Ausführungen kommt er den heidnischen Lesern soweit wie möglich entgegen. Er zieht die stoische Philosophie zum Vergleich heran, um den theoretischen Ansatz der Christologie verständlich zu machen. Tertullian bemüht sich also um eine Anpassung an den kulturellen Kontext – um Inkulturation. Diese Tendenz ist in dem apologetischen Dialog des Minucius Felix, eines Zeitgenossen Tertullians, noch deutlicher zu erkennen.

Octavius, der Vertreter des Christentums, bestreitet energisch, daß die Christen einen verurteilten Menschen und ein Kreuz verehren (Octavius 29,2). Zunächst stellt er fest, daß es ganz unsinnig wäre, die Hoffnung auf einen sterblichen Menschen zu setzen. Er versäumt es nicht, bei dieser Gelegenheit eine kritische Bemerkung über den römischen Kaiserkult einzufügen. Dann wendet er sich dem Vorwurf der Kreuzesverehrung zu und antwortet – wie Tertullian – in ironischem Ton, indem er den Vorwurf an die Heiden zurückgibt:

»Denn die Feldzeichen, die Fahnen und Standarten eurer Lager: was sind sie anderes als vergoldete, verzierte Kreuze?« (Octavius 29,7).

Er geht dann über die Argumentation Tertullians hinaus, indem er darauf hinweist, daß der Mensch überall in der Welt dem Zeichen des Kreuzes begegnet, z.B. bei der Aufrichtung eines Joches oder beim natürlichen Gebetsgestus der Menschen (Octavius 29,8)[19].

Minucius Felix hat die Gemeinsamkeiten zwischen Christentum und Philosophie stärker als Tertullian herausgearbeitet. Er gibt einen Überblick über die monotheistischen Ansätze in der Philosophie und schließt mit der Feststellung:

»Ja, man könnte meinen, die Christen wären die Philosophen von heute – oder die Philosophen wären schon damals Christen gewesen!« (Octavius 19,20).

Im Unterschied zu Tertullian verzichtet Minucius Felix darauf, die Gottheit Christi zu beschreiben. Auf diese Weise verstärkt er die Tendenz, das Christentum als einen monotheistischen Gottesglauben darzustellen, der mit den Höhepunkten der heidnischen Kultur vergleichbar ist. Auch Minucius Felix versucht

---

19. Siehe auch Justin, Apologia I,55.

also nicht, das Besondere des Christentums anhand des Kreuzsymbols darzustellen. Ebenso wie Tertullian ist er vielmehr daran interessiert, diese Besonderheit aufzulösen. Das Bemühen um Inkulturation scheint in diesem Fall aber nicht nur das Kreuz, sondern die Christusgestalt überhaupt aus dem Mittelpunkt zu verdrängen.

Der literarische Charakter der Schrift – vor allem die Anknüpfung an Cicero – läßt deutlich erkennen, daß es um eine Anpassung an die Kultur der römischen Oberschicht geht[20]. Die Frage legt sich nahe, ob eine solche Inkulturation die Identität des Christentums verändert. Eine Antwort auf diese Frage würde den Rahmen einer historischen Betrachtung überschreiten. Innerhalb dieses Rahmens kann aber untersucht werden, wo Minucius Felix die Grenze der Anpassung gesehen hat – ob und in welchen Punkten er auch eine Kritik der römischen Kultur entwickelt hat.

Seine Kritik richtet sich vor allem gegen den heidnischen Götterglauben. Dabei knüpft Minucius Felix allerdings an Tendenzen an, die bereits in der Antike vorgegeben waren. Er bezeichnet die römische Religion als »Aberglauben« (Superstitio) und gibt den Römern damit einen der Vorwürfe zurück, die gegen das Christentum erhoben wurden (Octavius 25,1.8). Auf diese Weise widerspricht er zugleich der bekannten These Ciceros, daß Religiosität die Grundlage des römischen Reiches sei. Außerdem versucht er, an einigen Beispielen aus der römischen Geschichte aufzuzeigen, daß der Aufstieg Roms auf Ungerechtigkeit beruht (Octavius 25,2-5). Die Kulturkritik erhält damit auch eine ethische Begründung. Diese Begründung ist aber nur ein Teil der umfassenden Religionskritik.

Die Tendenz, Kulturkritik als Religionskritik zu entfalten, ist in einem Werk Tertullians noch deutlicher zu erkennen. In der Schrift »De Spectaculis« wird die Frage erörtert, ob es für Christen erlaubt ist, Schauspiele zu besuchen. Tertullian verwendet große Mühe darauf, Zusammenhänge zwischen den Schauspielen und dem heidnischen Götterglauben nachzuweisen. Daraus wird dann abgeleitet, daß der christliche Glaube nicht mit der Teilnahme an Schauspielen vereinbar sei. Der wichtigste Gesichtspunkt ist also die Unterscheidung zwischen wahrer Religion und Götzendienst (vera religio – idololatria) (De Spectaculis 1,4;14,1;15,1). Ethische Argumente, z.B. die Grausamkeit der Spiele betreffend, treten demgegenüber in den Hintergrund (De Spectaculis 19).

Die Kritik der heidnischen Kultur wird also nicht vom Kreuz Christi, sondern vom monotheistischen Gottesglauben her begründet. Ein anderer Ansatz, der das Leiden des Gerechten thematisiert, wäre aber durchaus möglich gewesen. Denn es gab ein berühmtes Vergleichsbeispiel in der heidnischen Kultur: der Tod des

---

20. Vgl. dazu: B. Aland (1983), S. 16. Aland kommt zu dem Ergebnis, daß Minucius Felix »sein Konzept der elastischen Anpassung an den Adressaten seiner Mission meisterhaft beherrscht« (a.a.O., S. 30).

Sokrates. Christliche Apologeten haben tatsächlich oft auf dieses Beispiel zurückgegriffen. Justin rechnet Sokrates zu den Philosophen, die aufgrund ihrer Teilhabe am Logos bereits Christen gewesen sind, wenn sie auch für gottlos gehalten wurden (Apologia I,46,3). Den Tod des Sokrates führt er letztlich auf das Eingreifen der Dämonen zurück: Sokrates habe die Menschen von falschen Göttern – Dämonen – abbringen wollen, und die Dämonen hätten daraufhin veranlaßt, daß er als gottloser und unfrommer Mensch getötet wurde (Apologia I,5). Justin vergleicht den Prozeß des Sokrates mit den Christen-Prozessen (Apologia II,10)[21].

Auch Tertullian zieht diesen Vergleich und stellt fest:

»Gewiß: schon in alter Zeit, und das heißt: immer, ist die Wahrheit verhaßt« (Apologeticum 14,7).

Wie Justin sieht Tertullian die Leistung des Sokrates darin, daß er falsche Götter – Dämonen – abgelehnt habe. Im Unterschied zu Justin verzichtet Tertullian aber nicht auf die kritische Bemerkung, daß Sokrates trotzdem falsche Götter verehrt habe:

»Ebenso hat er auch, obwohl er als Gottesleugner ein wenig von der Wahrheit spürte, trotzdem dem Aesculap noch an seinem Ende einen Hahn schlachten lassen ...« (Apologeticum 46,5).

Der Schritt, den Tod des Sokrates mit der Kreuzigung Jesu zu vergleichen, wird erst im apologetischen Werk des Arnobius vollzogen (Adversus Nationes I,40). Auch in den Märtyrerakten des Apollonius wird dieser Vergleich gezogen:

»Wie daher die athenischen Ankläger gegen Sokrates ein ungerechtes Urteil abgaben, nachdem sie auch das Volk gegen ihn aufgebracht hatten, so haben auch über unsern Lehrer und Erlöser einige von den Verruchten ihr Urteil abgegeben, nachdem sie ihn gefesselt hatten ...« (Acta Apollonii 41)[22].

Die christliche Kulturkritik konnte also auch bei dem Vergleich zwischen Sokrates und Christus ansetzen und das Kreuzsymbol dazu verwenden, die herrschende Ungerechtigkeit – und ihre religiöse Legitimation – in der Kultur aufzudecken. Tertullian und Minucius Felix haben diese Möglichkeit nicht genutzt. Ihr Sokrates-Bild bleibt im wesentlichen negativ. Tertullian kritisiert Sokrates mehrfach in moralischer Hinsicht, und Minucius Felix bezeichnet ihn in der Rede des Chri-

---

21. Siehe dazu auch: Origenes, Contra Celsum II,17.41; VII,56.
22. Übersetzung von G. Rauschen: Martyrium des hl. Apollonius, in: Frühchristliche Apologeten und Märtyrerakten, II. Band, München 1913 (BKV 14).

sten einfach als den »Narren aus Attika«. Ein positives Sokrates-Bild hat Minucius Felix nur in der Rede des Heiden gezeichnet[23].

Im Zentrum der apologetischen Argumentation steht nicht das Wort vom Kreuz, sondern der monotheistische Gottesglaube. Diese Haltung erklärt sich nicht nur aus dem Bemühen, das erste Gebot zu halten, sondern auch und gerade aus dem Bemühen, sich an die heidnische Kultur anzupassen. Wie der Vergleich mit dem Judentum zeigt, führt der Monotheismus allein nicht unbedingt zum Konflikt mit dem römischen Staat. Ansätze zum Monotheismus gab es ja auch auf der Seite des Heidentums[24]. Von entscheidender Bedeutung war vielmehr der Widerspruch zwischen Kaiserkult und Christusbekenntnis[25]. Minucius Felix kommt dem gebildeten heidnischen Publikum am weitesten entgegen, wenn er die Christusgestalt überhaupt in den Hintergrund treten läßt. Tertullian hat demgegenüber klar am Bekenntnis zur Gottheit Christi festgehalten. In diesem Punkt hat er die Auseinandersetzung nicht gescheut. Er hat allerdings versucht, die »Torheit des Kreuzes« soweit wie möglich aufzulösen – eben deshalb kommt die kulturkritische Dimension des Kreuzsymbols nicht zur Entfaltung.

Am Schluß dieser historischen Betrachtung stellt sich wiederum die Frage, ob die Inkulturation – besonders die Anpassung an die Kultur der Oberschicht – die Identität des Christentums verändert. Es wäre jedenfalls zu einfach, die christliche Identität schon dann für gegeben zu halten, wenn das Kreuzsymbol im Mittelpunkt steht. Entscheidend ist, welche Bedeutung diesem Symbol zugeschrieben wird. Verschiedene Auslegungen des Kreuzsymbols gibt es bereits im frühen Christentum. In den Johannesakten, einer der apokryphen Apostelgeschichten, wird das wahre Kreuzesgeheimnis offenbart, und es wird von einem Lichtkreuz gesprochen, das mit dem Kreuz auf Golgatha nicht identisch ist. Im Hinblick auf derartige Texte hat H.W. Kuhn mit Recht festgestellt, »daß mit der Rede vom Kreuz die Fronten noch keineswegs abgesteckt sind« (Kuhn 1975, S. 44)[26].

Einen anderen Neuansatz bietet Eusebs Bericht über die Kreuzesvision Konstantins vor der Schlacht an der Milvischen Brücke (Vita Constantini I,28). Die Deutung des Kreuzes als Siegeszeichen hat sich dann in der frühchristlichen Kunst durchgesetzt[27]. Diese Auslegung des Kreuzsymbols bringt die Gefahr mit

---

23. Siehe dazu: Tertullian, Apologeticum, 22,1; 39,12; 46,10. Minucius Felix, Octavius, 5,12; 26,9; 38,5. Vgl. dazu auch: K. Döring (1979), S. 154-161; J. Opelt (1983), S. 194-197.
24. Vgl. dazu: J. Kenney (1986), S. 280-289.
25. Vgl. dazu: L. Koep (1961), S. 71-74; F. Vittinghoff (1984), S. 355-357.
26. Vgl. dazu auch: U. Luz (1974), S. 116f.
27. Vgl. dazu: F. Gerke (1940), S. 73f., E. Dinkler (1965), S. 18f., G. Ristow (1983), S. 362.

sich, daß ein Teil seiner Bedeutung verlorengeht – eben jene kulturkritische Perspektive, die in ihrer grundsätzlichen Intention auch und gerade auf eine christliche Kultur angewandt werden könnte.

4. Ansatzpunkte eines interkulturellen Dialoges in der christlichen Theologie

Aus der historischen Reflexion ergibt sich als erstes die Frage, ob die kulturkritische Bedeutung des Kreuzsymbols erhalten bleibt, wenn es im Interesse der Inkulturation – sei es auf ikonographischer oder dogmatischer Ebene – durch ein anderes Symbol ersetzt wird. Diese kritische Frage an die indische Inkulturations-Theologie kann hier nicht mehr erörtert werden. Es soll aber wenigstens auf die Dalit-Theologie hingewiesen werden, eine spezifisch indische Befreiungs-Theologie, die als eine Gegenbewegung zur Inkulturations-Theologie betrachtet werden kann. Der Begriff »Counter-Culture«, der in der Dalit-Theologie eine große Rolle spielt, nimmt unverkennbar die kulturkritische Intention des Kreuzsymbols auf[28].

Die europäische Theologie muß sich aber auch einer kritischen Frage von seiten der indischen Inkulturations-Theologie stellen. Diese Frage betrifft den Exklusivanspruch, der mit dem Kreuz als »Grund und Kritik christlicher Theologie« untrennbar verbunden zu sein scheint. Eine exklusive Kreuzestheologie ist mit einem pluralistischen Ansatz, wie er sich im kulturellen Kontext Indiens nahelegt, nicht vereinbar. Der indische Theologe J. Puthiadam gibt deshalb eine eigene Auslegung des Kreuzsymbols, die in seiner Erfahrung des religiösen Pluralismus begründet ist:

»The scandal of the cross means that we Christians are ready to question even the most sacred of our positions when experiences force us« (Puthiadam 1981, S. 437)[29].

In einer ersten Antwort auf den Entwurf J. Moltmanns hatte H. Küng bereits auf das Problem des religiösen Pluralismus hingewiesen und eine »offene Theologie des Kreuzes« gefordert (Küng 1973, S. 420). Im Hinblick auf die gegenwärtige indische Theologie erscheint diese Forderung als besonders aktuell. Die historische Betrachtung hat gezeigt, daß eine offene Theologie des Kreuzes möglich ist. Der Vergleich Christus – Sokrates, wie er sich bei Justin findet, öffnet den Blick für die Werte in fremden Kulturen, ohne die kulturkritische Perspektive preiszugeben. Justin hat die Vergleichbarkeit auch und gerade in dem Atheismusvor-

---

28. Vgl. dazu: A. Ayrookuzhiel (1988), S. 92-95; S. Rayan (1987), S. 113-115.
29. Vgl. dazu auch: J. Puthiadam (1983), S. 211-213.

wurf gesehen, der gegen Sokrates wie gegen die Christen erhoben wurde (Apologia I,5f.). Eine solche Betrachtungsweise, die auch die Spannungen und religiösen Konflikte innerhalb einer Kultur wahrnimmt, verhindert eine einseitige Religionskritik wie auch eine Aufgabe der christlichen Identität. Das Kreuz als »Grund und Kritik christlicher Theologie« ist vielleicht der beste Ansatzpunkt einer Theologie der Religionen.

Literatur

Aland, B. (1983): »Christentum, Bildung und römische Oberschicht. Zum ›Octavius‹ des Minucius Felix«, in: H.-D. Blume / F. Mann (Hg.): Platonismus und Christentum, FS H. Dörrie, Münster, S. 11-30 (JAC.E 10).

Amalorpavadass, D.S. (1982): NBCLC Campus. Milieu of God-Experience. An Artistic Synthesis of Spirituality, Bangalore.

Ders. (1985): Gospel and Culture. Evangelization and Inculturation, 2. Aufl., Bangalore (^{1}1978), (Mission Theology. For our Times Series no. 11).

Ayrookuzhiel, A.M.A. (1988): »Dalit Theology: A Movement of Counter-Culture«, in: M.E. Prabhakar (Hg.): Towards a Dalit Theology, Delhi, S. 83-103.

Benko, S. (1980): »Pagan Criticism of Christianity During the First Two Centuries A.D.«, in: W. Haase (Hg.): ANRW II, 23,2, Berlin/New York, 1055-1118.

Berner, U. (1982a): »Der Symbolbegriff in der Religionswissenschaft«, in: M. Lurker (Hg.): Beiträge zu Symbol, Symbolbegriff und Symbolforschung, BSLM.E 1, S. 17-27.

Ders. (1982b): »Erforschung und Anwendung religiöser Symbole im Doppelwerk Mircea Eliades«, Symb. N.F. 6, 27-35.

Ders. (1986): Inkulturationsprogramme in indischer und afrikanischer Theologie, Saec 37, 83-95.

Ders. (1988): »Religionswissenschaft und Theologie. Das Programm der Religionsgeschichtlichen Schule«, in: H. Zinser (Hg.): Religionswissenschaft. Eine Einführung, Berlin, S. 216-238.

Ders. (1990): »Religiöser Pluralismus als Problem christlicher Theologie«, in: C. Elsas / H. Kippenberg (Hg.): Loyalitäts- und Orientierungskonflikte in der Religionsgeschichte, FS C. Colpe, Würzburg, S. 176-185.

Dinkler, E. (1965): »Das Kreuz als Siegeszeichen«, ZThK 62, 1-20.

Döring, K. (1979): Exemplum Socratis. Studien zur Sokratesnachwirkung in der kynisch-stoischen Popularphilosophie der frühen Kaiserzeit und im frühen Christentum, Wiesbaden (Hermes E. 42).

Eliade, M. (1954): Die Religionen und das Heilige. Elemente der Religionsgeschichte, Salzburg.

Ders. (1959): »Methodologische Anmerkungen zur Erforschung der Symbole in den Religionen«, in: M. Eliade / J.M. Kitagawa (Hg.): Grundfragen der Religionswissenschaft, Salzburg, S. 106-135.

Evers, G. (1989): »Christliche Botschaft und indisches Erbe«, HerKorr 43, 426-431.

Geertz, C. (1973): The Interpretation of Cultures. Selected Essays, New York.
Gerke, F. (1940): Die Zeitbestimmung der Passionssarkophage, Berlin.
Gräf, H.J. (1988): »Die Menschheit Jesu in der Sicht asiatischer Theologen. Dargestellt am Beispiel Indien«, Theologisches Jahrbuch 21, 207-233.
Hengel, M. (1976): »Mors turpissima crucis. Die Kreuzigung in der antiken Welt und die ›Torheit‹ des ›Wortes vom Kreuz‹«, in: J. Friedrich / W. Pöhlmann / P. Stuhlmacher (Hg.): Rechtfertigung, FS E. Käsemann, Tübingen/Göttingen, S. 125-184.
Kähler, M. (1971): »Das Kreuz. Grund und Maß der Christologie« (1911), in: Martin Kähler. Schriften zu Christologie und Mission, Gesamtausgabe der Schriften zu Mission, hg. von H. Frohnes, München, S. 292-350 (TB 42).
Kenney, J.P. (1986): »Monotheistic and Polytheistic Elements in Classical Mediterranean Spirituality«, in: A.H. Armstrong (Hg.): Classical Mediterranean Spirituality. Egyptian, Greek, Roman, New York, S. 269-292 (World Spirituality 15).
Koep, L. (1961) JA »Antikes Kaisertum und Christusbekenntnis im Widerspruch«, AC 4, 58-76.
Küng, H. (1973): »Die Religionen als Frage an die Theologie des Kreuzes«, EvTh 33, 401-423.
Kuhn, H.W. (1975): »Jesus als Gekreuzigter in der frühchristlichen Verkündigung bis zur Mitte des 2. Jahrhunderts«, ZThK 72, 1-46.
Luz, U. (1974): »Theologia crucis als Mitte der Theologie im Neuen Testament«, EvTh 34, 116-141.
Moltmann, J. (1973): »Gesichtspunkte der Kreuzestheologie heute«, EvTh 33, 346-365.
Ders. (1987): Der gekreuzigte Gott. Das Kreuz Christi als Grund und Kritik christlicher Theologie, 5. Aufl., München (^{1}1972) (KT NF 16).
Nestle, W. (1968): »Die Haupteinwände des antiken Denkens gegen das Christentum«, in: ders.: Griechische Studien. Untersuchungen zur Religion, Dichtung und Philosophie der Griechen, Stuttgart, S. 597-660 (Neudruck der Ausgabe Stuttgart 1948).
Opelt, J. (1983): »Das Bild des Sokrates in der christlichen lateinischen Literatur«, in: H.-D. Blume / F. Mann (Hg.): Platonismus und Christentum, FS H. Dörrie, Münster, S. 192-207 (JAC.E 10).
Panikkar, R. (1978): The Intrareligious Dialogue, New York, N.Y. / Ramsey, N.J.
Puthiadam, J. (1981): »Diversity of Religions in the Context of Pluralism and Indian Christian Life and Reflection«, in: M. Amaladoss / T.K. John / G. Gispert-Sauch (Hg.): Theologizing in India, Bangalore, S. 383-438.
Ders. (1983): »Überlegungen zu einer indischen Theologie«, ZMR 67, 206-219.
Rayan, S. (1987): »Early Christianity as Counter-Culture«, in: Ph. Mathew / A. Muricken (Hg.): Religion, Ideology and Counter-Culture. Essays in Honour of S. Kappen, Bangalore, S. 113-143.
Ristow, G. (1983): »Passion und Ostern im Bild der Spätantike«, in: H. Beck (Hg.): Spätantike und frühes Christentum. Ausstellung im Liebieghaus. Museum alter Plastik, Frankfurt a.M., S. 360-379.
Robinson, G. (1989): »Jesus Christ, the Open Way and the Fellow-Struggler. A Look into the Christologies in India«, Asia Journal of Theology 3, 403-415.
Samartha, S.J. (1987): »The Cross and the Rainbow: Christ in a Multi-Religious Culture«, in: S. Das (Hg.): Christian Faith and Multiform Culture in India, Bangalore, S. 15-47.

Seiwert, H. (1986): »What Constitutes the Identity of a Religion?«, in V.C. Hayes (Hg.): Identity Issues and World Religions. Selected Proceedings of the Fifteenth Congress of the International Association for the History of Religions, Sturt Campus, Bedford Park, South Australia, S. 1-7.

Speyer, W. (1963): »Zu den Vorwürfen der Heiden gegen die Christen«, JAC 6, 129-135.

Sundermeier, Th. (1985): Das Kreuz als Befreiung. Kreuzesinterpretationen in Asien und Afrika, München (KT 89).

Vittinghoff, F. (1984): »›Christianus sum‹ – Das ›Verbrechen‹ von Außenseitern der römischen Gesellschaft«, Hist. 33, 331-357.

Norbert Klaes
Sind religiöse Symbole interkulturell?

1. Die interkulturelle Problematik der christlichen Glaubensvermittlung

Noch vor wenigen Jahrzehnten wurde die christliche Mission ganz selbstverständlich als »Einbahnstraße« verstanden, in der von Europa aus Völkern verschiedener Kulturen und Religionen das Evangelium gebracht wurde mit dem Ziel, westliches Christentum mit seinen Glaubensüberzeugungen, moralischen Anforderungen und Riten dort einzupflanzen.

Erst in jüngster Zeit, bedingt durch Entkolonialisierung und wachsendes Selbstbewußtsein einheimischer Kulturen und Religionen, wurde diese einseitige christliche Bewegung in Frage gestellt. Im Zweiten Vatikanischen Konzil hob die katholische Kirche zum ersten Mal die Bedeutung »nicht-christlicher Religionen« hervor und betonte die Wichtigkeit lokaler Kirchen in allen Kontinenten. Inkulturation des Christentums und Kontextualisierung der Theologie zählen zu den großen Aufgaben der Zukunft des Christentums.

Bereits vor vielen Jahren haben Theologen wie Nida auf Schwierigkeiten der Kommunikation, die bei der Vermittlung des christlichen Glaubens entstehen, hingewiesen. Ein sogenanntes Drei-Kulturen-Modell der Kommunikation[1] wurde in der Folgezeit entwickelt, das J. Stott folgendermaßen problematisierte: »Wie kann ich, der ich in einer Kultur geboren und aufgewachsen bin, Wahrheit von der Bibel nehmen, die an Menschen einer zweiten Kultur gerichtet war, und diese mitteilen an Menschen einer dritten Kultur, ohne die Botschaft zu verfälschen oder sie unverständlich zu machen.«[2]

Inzwischen wird aber auch diese Fragestellung als einseitig bewertet. In der interkulturellen Begegnung läuft ja der Kommunikationsvorgang nicht einfach so ab, als träfe der christliche Missionar (Kommunikator, Sender) mit seiner immer gleichen christlichen Botschaft (der zu vermittelnden »Sache«) auf Empfänger (Rezipienten) einer anderen Kultur, die zu beeinflussen wären. In der Kommunikationswissenschaft ist »interkulturelle Kommunikation« von vornherein als ein Prozeß des *Austausches* von Gedanken und Sinngehalten *zwischen* Menschen verschiedener Kulturen verstanden. Und in einem solchen gegenseiti-

---

1. A. Nida, Message and Mission, ⁴1979; A. Nida, W.D. Reyburn, Meaning across Cultures, Maryknoll 1981; H. Balz, Kommunikation, in: K. Müller, T. Sundermeier (Hg.), Lexikon missionstheologischer Grundbegriffe, 1987, 219-224.
2. J. Stott, R.T. Coote (Hg.), Gospel and Culture, 1979, p. X.

gen Austausch verändern sich die jeweiligen »Sender«, die Empfänger und die Sache selber, um die es geht. Die Bedeutung des Anderen und des Fremden für den, der die Botschaft bringt, und für diese selber wird immer häufiger hervorgehoben[3]. Welche Wichtigkeit diese hermeneutische Einsicht für die Vermittlung des Christentums in Länder mit anderen Religionen und Kulturen für das Zusammenleben von Menschen verschiedener Religionen und für den interreligiösen Dialog hat, ist noch nicht abzusehen[4].

Im Kontext dieser theologischen Problematik stellt sich die Frage, welche Rolle in einem solchen Prozeß *religiöse Symbole* spielen. Sind religiöse Symbole in der aktuellen Begegnung oder bei länger dauerndem Zusammenleben von Menschen verschiedener Religionen Mittel der jeweiligen Vermittlung, sind sie übertragbar von einer Religion auf eine andere, ändern sie sich in diesem Prozeß? Religionswissenschaftlich gesehen ist es umstritten, ob man aufweisen kann, daß es Symbole und ewige Bilder gibt, die universal sind, die niemals aus der Aktualität der menschlichen Psyche verschwinden, deren sichtbare Erscheinung sich ändern kann, deren Funktion jedoch die gleiche bleibt (Becker 1987)[5].

Gibt es solche Symbole, die über Kulturen hinaus Geltung haben und in allen Kulturen verstanden würden, wenn sie dort nur unter bestimmten geschichtlichen Bedingungen belebt würden, die also in diesem Sinne *grundsätzlich* »interkulturell« sind?

Religionswissenschaftlich ist es weiterhin wichtig zu zeigen, wo in der Geschichte *de facto* bestimmte religiöse Symbole einzelner Religionen und Kulturen durch gegenseitige Einflüsse von anderen übernommen wurden oder wo eine Religion wie das Christentum bestimmte christliche Symbole in anderen Kulturen heimisch gemacht hat, wo also die Religionsgeschichte veranschaulicht, daß in besonderen geschichtlichen Situationen religiöse Symbole einer Religion

---

3. R. Friedli, Fremdheit als Heimat, 1974; E. Lévinas, Dialog, in: F. Böckle u.a. (Hg.), Christlicher Glaube in moderner Gesellschaft I, 1981, 61-85; K. Huizing, Das Sein und das Andere, 1988.
4. F.J. Eilers, Zur interkulturellen Kommunikation in kirchlicher Sicht, ComSoc 15, 1982, 101-105; G. Collet, Das Missionsverständnis der Kirche in der gegenwärtigen Diskussion, 1984, 13-17, 41-56; D.J. Krieger, Das interreligiöse Gespräch, 1986; R. Panikkar, Der neue religiöse Weg, 1990. Vgl. auch R. Friedli, Zwischen Himmel und Erde. Die Reinkarnation, 1986.
5. So M. Eliade, Ewige Bilder und Sinnbilder, 1986, 18f. Er nennt als Beispiel Bilder der Paradiessehnsucht, des verlorenen Paradieses oder die Symbolik des Zentrum (a.a.O., 29-62). – Zur Kontroverse um Eliades Symbolverständnis vgl. D. Allen, Structure and Creativity in Religion, 1978; J.P. Culianu, Mircea Eliade at the crossroad of Anthropology, in: H. Hubbeling, H. Kippenberg (Hg.), Zur symbolischen Repräsentation von Religion, 1986, 48-56; U. Berner, Erforschung und Anwendung religiöser Symbole im Doppelwerk Mircea Eliades, Symb 6, 1982, 27-35.

übertragbar auf eine andere sind, deren Bedeutung sich allerdings unter den neuen Bedingungen wandelt. Sind aus der Religionsgeschichte bestimmte Typen, Entwicklungslinien und Regeln der Umwandlung von religiösen Erscheinungsformen, insbesondere von religiösen Symbolen, ablesbar (Lanczkowski 1971, S. 38)[6], die helfen, die theologische Problematik interreligiöser Begegnung zu erhellen?

2. Was ist ein religiöses Symbol?

Was sind nun religiöse Symbole? Um nicht mit einer langwierigen religionswissenschaftlichen Diskussion über die Bestimmung von »religiösen Symbolen« zu beginnen, und da die Frage nach der interreligiösen Begegnung in diesem Zusammenhang einem christlichen religionstheologischen Interesse entspringt, soll zunächst in aller Kürze ein abendländisch-christlich-theologisches Verständnis von religiösem Symbol skizziert werden. Heinz Robert Schlette (Schlette 1974, S. 169-177)[7] bestimmt das Symbol formal als ein Seiendes, »das zu einem anderen Seiendem hinüberweist aufgrund einer ihm eigenen Ähnlichkeit«. Im Mittelalter wurde dies als signum rei – das Zeichen für eine Sache – bezeichnet. Dieses formal-leere Verständnis von Symbol als ein Hinweiszeichen ist in sich selber nicht eindeutig und ist in allen Religionen inhaltlich kategorial gefüllt. So sind im Alten Testament religiöse Symbole wie heilige Orte (Zionsberg, Tempel) oder Kultgegenstände (Bundeslade) verschiedenartiger Ausdruck der »Manifestation ... der realpräsenten Heilswirklichkeit« Jahwes (Schlette 1974, S. 170), der Herrlichkeit Gottes (Kabod). Diese inhaltliche Bestimmung der Symbole ergibt sich aufgrund einer tiefen geschichtlichen Glaubenserfahrung Israels, mit deren Hilfe die Hinweiszeichen interpretiert werden. Aufgrund dieser bestimmten jüdischen Glaubenserfahrung konnten auch religiöse Symbole und Riten benachbarter Völker aufgenommen und deren Bedeutung gewandelt werden[8].

Im Neuen Testament werden alte Hinweiszeichen wie Wasser, Wein, Brot, Öl, Handauflegung übernommen und erhalten eine neue Bedeutung. Erst der Glaube an Jesus Christus in der bestimmten heilsgeschichtlich-eschatologischen Situation macht sie mit Hilfe sprachlicher Interpretation zum neuen christlichen Symbol. Sie sind christliches Symbol, insofern sie »eine dem Heilshandeln Gottes in Jesus Christus zugeordnete Ausdrucksfunktion« (Schlette 1974, S. 170) haben.

---

6. Vgl. H. Biezais, Typology of Religion and the Phenomenological Method, in: L. Honko (Hg.), Science of Religion. Studies in Methodology, 1979, 143-161, 173-220.
7. Vgl. W. Beinert (Hg.), Symbole als Glaubenshilfe, 1987.
8. S. Mowinckel, Religion und Kultus, 1953, 71ff., 102.

Schlettes theologische Auffassung von religiösem Symbol findet ihre Entsprechung in manchen europäisch christlich inspirierten religionsphilosophischen und religionswissenschaftlichen Versuchen, religiöses Symbol zu bestimmen. Für P. Tillich vermitteln religiöse Symbole »durch ihre *Teilhabe am Heiligen* die Erfahrung des Heiligen an Dingen, Personen und Ereignissen. In der Begegnung mit heiligen Orten, heiligen Zeichen, heiligen Personen und heiligen Bildern erfährt der Mensch etwas von dem Heiligen selbst – eine Erfahrung, die durch keine Erkenntnis vermittels philosophischer oder theologischer Begriffe ersetzt werden kann.«[9] Dieses Verständnis von Symbol ist vom griechischen neuplatonischen Abbild-Urbild-Denken und dem Teilhabe-Gedanken beeinflußt. – M. Eliade (Eliade 1963; S. 119; 1957) bestimmt das religiöse Symbol als Hierophanie, als Erscheinungsform des Heiligen. Da, wo das Heilige sich zeigt, wird ein Symbol zum religiösen Symbol. Grundgelegt ist diese Auffassung in der *Universalität* der Heiligkeitserfahrung als Wesensmoment der Anthropologie. Der Mensch ist ›homo symbolicus‹. – Heiler[10] (Heiler 1961, S. 1-21, 561-565) sieht in Gott und in der Gottheit den Grund der Religion und den Gegenstand der Religionswissenschaft. Das, was dann ein Symbol zum religiösen macht, ist auf irgendeine Weise die Beziehung Gott – Mensch. Die im folgenden beschriebene religionswissenschaftliche Problematik solcher Begriffsbestimmungen wird vermieden, wenn mit J. Waardenburg und anderen religiöse Symbole ganz allgemein »empirische Tatbestände sind, die sich auf eine andere, nicht-empirische bzw. eine andere Seite der Wirklichkeit beziehen, die als religiös wichtig aufgefaßt wird und nur in symbolischer Weise faßbar ist« (Waardenburg 1986, S. 212). Sie realisieren sich auf verschiedenen Ebenen, der Handlungsebene, der Ebene des Visuellen und der Ebene der Sprache (Stolz 1988, S. 101-114)[11].

3. Die Rolle religiöser Symbole in der Begegnung des Christentums mit anderen Religionen

Die gerade angedeutete Auffassung von Heiler und Eliade ist von heutigen Religionswissenschaftlern als verkappte Theologie kritisiert worden[12]. Die

---

9. P. Tillich, Symbol und Wirklichkeit, o.J.
10. F. Heiler, Das Gebet, 1923.
11. Vgl. auch die Übersicht in J.W. Heisig, Symbolism, in: M. Eliade (Hg.), EncRel 14, 1987, 198-208; F.Geyer, Symbol, in: V. Drehsen u.a. (Hg.), Wörterbuch des Christentums, 1988, 1211f.
12. B. Gladigow, Gegenstände und wissenschaftlicher Kontext von Religionswissenschaft, in: H. Cancik, B. Gladigow, M. Laubscher, Handbuch religionswissenschaftlicher Grundbegriffe I, 1988, 24-40. Heiler selber sagt, daß »alle Religionswissen-

christliche *Theologie* gründet ihr Symbolverständnis auf den Glauben an die Offenbarung Gottes, nach der sich Gott auf einmalige Weise in einem bestimmten historischen Kontext inkarnatorisch-symbolisch vermittelt hat. Zum Glauben gehört, daß diese geschichtlich symbolisch vermittelte Offenbarung des persönlichen Gottes *universal,* d.h. für alle Menschen und Kulturen aller Zeiten, von ewiger end-gültiger Relevanz ist und deshalb geschichtlich-symbolisch weitervermittelt wird. Das setzt voraus, daß der Mensch von seinem Wesen her für diese symbolische Vermittlung des sich offenbarenden Gottes offen sein muß. – Viele Religionswissenschaftler kritisieren, daß eine solche Annahme von *religionswissenschaftlichen* Untersuchungen her nicht aufgezeigt werden kann. Natürlich leugnet keiner die Existenz von religiösen Symbolen. Daß aber »religiös« immer bedeute, daß *Gott* sich vermittle oder daß allgemein gesagt das *Heilige* sich offenbare, könne historisch nicht ausgewiesen werden. Religionswissenschaftlich gesehen steht bei dieser Kritik das Problem des Gegenstandes der Religionswissenschaft auf dem Spiel, nämlich die Frage, was denn eigentlich die »Religion« der Religionswissenschaft ist, auf unsere Frage bezogen, was denn das »Religiöse« im religiösen Symbol ist. – Wenn es Kulturen gibt, in denen das religiöse Symbol letztlich nicht Gott oder das Heilige meint, entsteht daraus aber auch ein christlich *missionstheologisches* Problem: Wie kann der Gott der Offenbarung im »religiösen« Symbol vermittelt werden, wenn das entsprechende »religiöse« Symbol in dieser Kultur schon anders besetzt ist? Ein Beispiel (Stolz 1988, S. 15-18): In West- und Zentralviktoria in Australien gibt es Volksstämme, die ein höheres Wesen Bundjil verehren. Dieses Wort ist manchmal ein Name, manchmal der Gattungsbegriff Mensch. Nach dem Mythos erwärmte Bundjil die Erde, worauf Menschen entstanden und zu tanzen begannen. Bundjil stieg mit seinen Söhnen zum Himmel. Sichtbar bleibt er als Stern Bundjil. Er wird häufig genannt »unser Vater« oder auch »mein Vater«. – Aus *religionswissenschaftlicher* Sicht geht es hier um das Problem, ob es sich bei diesem Fall um wirkliche »Religion« handelt, da dieses höhere Wesen doch wohl nicht Gott ist, zu dem der Mensch eine fundamentale Beziehung hat. Es gibt zum Beispiel kein Gebet zu diesem höheren Wesen. Anders gesagt, das religionswissenschaftliche Problem beginnt, wenn »Gott« als Universalbegriff der Religionsgeschichte angenommen wird und als solcher den Gegenstand der Religionswissenschaft darstellt. Der Begriff Religion muß somit erweitert werden.

Theologisch gesehen geht es hier um die Frage der Vermittelbarkeit des Wesens der christlichen Botschaft in eine andere Kultur, wenn das christliche »Vater unser« Ausdruck des Glaubens an Gottes universale Erlösung der Welt in Jesus Christus ist. Sollte bei der Übersetzung ein neues Wortsymbol für »unser

schaft ... letztlich Theologie (ist), ... insofern sie mit dem Erlebnis jenseitiger Realitäten zu tun hat« (Heiler, 1961, 17).

Vater« erfunden werden mit der Gefahr, ohne Bezug zur einheimischen Kultur und deren Menschen Christentum einführen zu sollen? Kann man »Vater unser« in der christlichen Vermittlung einfach auslassen, ohne den christlichen Glauben zu verfälschen? Wird bei Einführung des »Vater unser« ein Australier dieses Stammes automatisch das Verständnis von Bundjil in das Verständnis Gottes des Vaters Jesu Christi mitaufnehmen? Könnte aus der Begegnung mit den Stämmen in Australien und aus der Übernahme ihrer Symbole die christliche Botschaft selber vertieft werden? Würde sich die Bedeutung des australischen Vatersymbols im Gesamthorizont christlicher Glaubenserfahrung in eine christliche verwandeln oder in eine neue andersartig christliche?

Für dieses Problem der Vermittelbarkeit des Wesens der christlichen Religion in eine andere Kultur mit einer anderen historisch gewachsenen Religion gibt es viele Beispiele. Bei der Verkündigung des Christentums unter den Volksstämmen der Dani und Yali in Irian Jaya (Indonesien)[13] spielt eine große Rolle, wie »Gott« genannt und übersetzt werden soll. Nimmt man das einheimische Wort, dann bedeutet es Schöpfer im Sinne von »Former, Ausmesser«. Das wäre eine theologische Engführung. Um das völlig fremde Wort Gott zu vermeiden, hat man aus der indonesischen Bibel das Wort Allah übernommen, das ja zunächst einmal eine nicht gerade sehr biblische Tradition hat.

Auch in anderen Kulturen gibt es Schwierigkeiten bei der Darstellung des Christentums in den Symbolen der religiösen Sprache der betreffenden Religion. Soll Trinität in indischen hinduistisch gefärbten Sprachen mit Trimurti übersetzt und das dreigesichtige hinduistische Symbol übernommen werden; ist Inkarnation wirklich das, was Avatar meint, für den es z.B. keine Einmaligkeit geben kann; wird »Gott« nicht völlig falsch übersetzt mit Deva, wie es in vielen indischen Kirchenliedern geschieht? Devas[14] sind vorläufige Gottheiten, die letztlich auch dem Gesetz der Wiedergeburt unterworfen sind. Wird die indische Auffassung, daß das Christentum dem sog. »niederen Hinduismus« zuzuordnen ist, nicht gerade durch diese falsche sprachliche Darstellung gefördert?

Ähnliches kann aber auch auf der Handlungsebene durch die symbolische Darstellungsweise des *Tanzes* geschehen. Seit geraumer Zeit versuchen christliche Tanzgruppen, wie die international bekannte »Kalai Kaviri« aus Tiruchirapalli in Südindien, Momente der Eucharistiefeier und biblische Erzählungen mit Mitteln des klassischen indischen Tanzes darzustellen. Tanzdarbietungen der christlichen Heilsgeschichte durch die Tanzgruppe, die P. Proksch SVD in Bombay ins Leben rief, sind in Nordindien sehr beliebt. Viele Tausende – unter ihnen nur

---

13. S. Zöllner, Niemand füllt frisches Quellwasser in brüchige Bambusgefäße, EvMis, Jb. 1985, 47.
14. Bereits Zarathustra hat ein ähnliches Problem gehabt, er hat die devas zu Dämonen gemacht (Lanczkowski, 1971, 91f.).

wenige Christen – kommen zu ihren Veranstaltungen. Dargestellt werden Schöpfung, Sündenfall und Erlösung – wichtigstes Moment ist der Kampf zwischen Christus und Satan, dem Guten und dem Bösen. Jeder Hindu versteht das aus der eigenen Mythologie, wo Indra den Drachen bezwungen hat. Aber jeder Hindu versteht es eben hinduistisch: böse *und* gut sind relativ, sie gehören zu Karma, dem Bereich der Wiedergeburt. Christentum wird für sie zur moralistisch verstandenen Möglichkeit, sich den Himmel zu erwerben; für Moksha, Erlösung, ist das alles nur Vorbereitung.

Wie kann man solche Vorgänge interreligiöser Begegnung deuten? Christliche Hinweiszeichen auf der Ebene von Handlungen, Bildern und Sprachen, die eine Grundgegebenheit des Christentums symbolisieren, sollen gemeinsam mit dem christlichen Glauben in eine andere Kultur vermittelt werden. Dort finden sich gleiche oder ähnliche Symbole dieser Kultur und Religion, die eine ähnliche Bedeutung haben, bereits vor. Diese werden vom Christentum übernommen. Der Gesamthorizont, in dem diese Symbole ihre Bedeutung haben, wird aber nicht mitübertragen, da dieser als solcher von denen, die aus der anderen, christlichen Gesamtbotschaft, wie sie sich historisch verwirklicht hat, leben, gar nicht oder nur undeutlich wahrgenommen wird. So kommt es in Indien immer wieder dazu, daß das christliche Heilsgeschehen, wie es sich in den indischen hinduistisch beeinflußten Sprachen und kulturellen Ausdrucksmöglichkeiten darstellt, von Christen als selbstverständlich unterscheidend christlich, von Hindus als eine eben »christliche« Variante der als universal geltenden hinduistischen Glaubensvorstellungen verstanden wird. Das Christentum ist Dharma, Christus der Avatar hilft, das gute Dharma zu verwirklichen zur Stabilisierung der ewigen »Schöpfung« und als Möglichkeit für den einzelnen, in den Himmel (Svarga) der Götter (Trimurti-Trinität) zu kommen. Das indische inklusive Denken hat keine Probleme, das in indische Sprache und Kultur über(ge)setzte Christentum zu vereinnahmen[15].

Nun sollte die Darstellung dieser Probleme nicht Aufforderung sein, gänzlich auf die Übernahme von Symbolen aus dem hinduistischen Kulturraum zu verzichten. Denn auch dann gibt es Schwierigkeiten. Wie kann man beispielsweise die symbolische Bedeutung von Brot und Wein im Abendmahl oder in der Eucharistie vermitteln, wenn in den meisten Teilen Indiens Brot nicht bekannt und Alkohol verpönt ist?

Den erwähnten Schwierigkeiten in der Glaubensvermittlung und im interreligiösen Dialog kann man nur begegnen, wenn sich dabei die religiösen Gemeinschaften und die einzelnen Dialogpartner von den *Tiefendimensionen* der jeweils anderen Religionsgemeinschaft treffen lassen und sich in der Vermittlung des eigenen Glaubens auf die religiösen Ansprüche der anderen Religionen einlas-

---

15. Vgl. S. Oberhammer (Hg.), Inklusivismus. Eine indische Denkform, 1983.

sen. Auf der individuellen Ebene wird nur im »Verstehen« des Anspruchs des Anderen der eigene religiöse Anspruch diesem Anderen vermittelbar, nur so ist die zu vermittelnde Botschaft in der neuen Situation aussagbar, und so wird der Vermittler selber ein Anderer, der eben den eigenen Glauben im Horizont der Religiosität des Anderen erfährt. Dieser Prozeß ist ein gegenseitiger, wenn religiös Überzeugte aufeinandertreffen.

In der konkreten Geschichte der christlichen Glaubensvermittlung und der Akkulturation hingegen sind vielfach Symbole auf allen Ebenen zu *äußerlich* und zu statisch aus dem neuen Kulturraum übernommen worden, ohne sich in den besagten Gesamthorizont der jeweils anderen Religion zu vertiefen. – Es wurde auch nicht genügend Zeit gelassen, in einem langen Prozeß des Miteinanderlebens und der kulturellen Angleichung sich gegenseitig religiös ernst zunehmen, aufeinander einzugehen und sich vom Anderen in Frage stellen zu lassen. In einem solchen Prozeß könnte gerade die Vieldeutigkeit der religiösen Symbole beider Religionen helfen, Unterschiede und Einheit von Glaubensüberzeugungen darzustellen und stehen zu lassen, ohne daß die unterschiedliche Bedeutung desselben Symbols – je nach dem bestimmten Religionsverständnis – Grund wäre, die Menschen der jeweils anderen Religion auszugrenzen und auszuschließen. Anstelle der negativen Abgrenzung, in der – vor allem durch die Sprache – das von anderen Unterscheidende und Scheidende betont wird, sollte eine positive symbolische Darstellung des jeweils Gemeinten angestrebt werden.

Wenn beispielsweise der »Mensch« als religiöses Symbol, als Ebenbild und Spiegel der Gottheit (Becker 1987, S. 238-313) gesehen wird, der die Gottheit offenbart, dann kann in einem indischen Kontext die *»Menschwerdung Gottes«* verschiedenartige Tiefendimensionen des jeweiligen Glaubens zum Ausdruck bringen, die in Ehrfurcht und Betroffenheit zunächst stehen gelassen werden sollten.

»Während die Inkarnation die Berufung des Menschen betont und seine Gegenwart und die Geschichte sinnvoll macht, indem sie seinen Ursprung und sein Ziel erhellt, hebt die Avatarmetapher das Ungenügen und die Begrenztheit der menschlichen Gegenwart hervor, indem sie auf die kosmische Gegenwart, das allmächtige und selbstlose Wirken Gottes, hinweist.«[16] Dabei stände die eher apologetisch ausgerichtete Betonung der Einmaligkeit der Menschwerdung Gottes und damit das vom Hinduismus Trennende nicht im Vordergrund.

In diesem Zusammenhang müßte auch der soeben kritisierte *Tanz* als Darstellung des christlichen Mysteriums in einem anderen Licht gesehen werden. Die Kritik richtete sich zu sehr auf das, was sich von einer bestimmten volkstüm-

---

16. F.X. D'Sa, Gott der Dreieine und der All-Ganze, 1987, 76; vgl. G.M. Soares-Prabhu (Hg.), Wir werden bei ihm wohnen. Das Johannesevangelium in indischer Deutung, 1984.

lichen Weise der Verwirklichung des Hinduismus nicht genügend absetzte, d.h. auf das, wodurch das unterscheidend Christliche nicht zum Ausdruck kam und wodurch eine hinduistische Vereinnahmung des Christentums ermöglicht wurde. – Wird hingegen betont, daß in der interreligiösen Begegnung das christliche Mysterium einfach positiv auf der symbolischen Ebene des indischen Tanzes dargestellt werden soll, fallen die Bedenken im Wissen um die Vieldeutigkeit des im Tanz Darstellbaren und im Vertrauen darauf, aus dem Glauben das christliche Gemeinte zur Darstellung bringen zu können, weithin weg. – Die Religionsgeschichte (Heiler 1961, S. 225ff.; 239-243)[17] zeigt, daß der Tanz als Mittel der Darstellung von Mysteriendramen in vielen Kulturen verbreitet war. Dabei ging es um »eine Darstellung des segenvollen Wirkens übernatürlicher Wesen, Dämonen, Geister und Götter, ... wobei Menschen die Rolle dieser höheren Wesen spielen« (Heiler 1961, S. 225). Die höchste Wirklichkeit wird in diesem Geschehen gegenwärtig und wird geschaut, so bleibt die göttliche Segensmacht erhalten und vermehrt sich. In einigen Kulturen überwiegt die zauberhaft magische Bedeutung dieses Tanzgeschehens. Was angezielt wird (Jagdbeute, Ernte, Sieg, Regen) wird tänzerisch dargestellt. In vielen Religionen ist der Tanz vorwiegend religiöser Ausdruck des Lobes, der Dankbarkeit und der Zuneigung zur Gottheit und des Wunsches nach Einheit mit ihr durch beispielsweise Anteilnahme am göttlichen Schöpfungswirken. Im Vishnu-Puraṇa wird geschildert, wie die Hirtinnen sich um Gott Krishna scharen und seine schöpferischen Taten tanzend nachahmen. Schließlich kann der Tanz zum Bild für die immerwährende mystische Einigung zwischen Gott und Mensch werden. Gott Krishna tanzt mit den geliebten Hirtinnen den nicht endenden Tanz der ewigen Liebeseinheit. Auch andere hinduistische Gottheiten wie Vishnu tanzen. Den schöpferischen Rhythmus der sich unaufhörlich vollziehenden Erschaffung, Erhaltung und Zerstörung der Welt bestimmt Gott Shiva als Herr des Tanzes. In voller Harmonie und Freiheit mit entrücktem Antlitz, umgeben von einem Kranz sich entzündender und vergehender Flammen tanzt er auf dem Rücken der Dämonen des Chaos, der Materie, der drei Welten. Letztlich symbolisiert dieser Tanz die Befreiung von Unwissenheit über die wahre Natur dieser Welt und von Illusion (Maya).

Alle diese verschiedenartigen Dimensionen des religiösen Tanzes klingen in den christlich-indischen, von hinduistischer Religiosität beeinflußten Tanzdarbietungen mit, in denen Christus und die christlichen Heilsgeheimnisse dargestellt werden. Dabei wird – ohne Furcht vor Vieldeutigkeit und ohne Abgrenzung – veranschaulicht, was nach dem Glauben indischer Christen Sinn der Welt und Erlösung ist; es schwingt das Moment der Freiheit Gottes mit, das nicht Festlegbare, Unauslotbare und das Ungeschuldete des in Christus Geoffenbarten, die

---

17. A.K. Coomaraswamy, The Dance of Shiva, 1957; B. Bäumer, Schöpfung als Spiel, 1969; J.C. Cooper, Illustriertes Lexikon der traditionellen Symbole, 1986, 191f.

Relativierung aller religiösen Vermittlungen, Institutionen und verkrusteten Strukturen. Zugleich wird göttlicher Anspruch offenbar, sich auf dieses Heilsgeschehen einzulassen und persönlich zu antworten. – Das Unverständliche und Mißverstandene des im vieldeutigen symbolischen Ausdruck christlich Gemeinten wird ohne Angst in Kauf genommen. Es wird allmählich im interreligiösen Zusammenleben durch das Lebensbeispiel und durch sprachliche Interpretation zur Klärung kommen.

4. Hinweise auf Ergebnisse der religionswissenschaftlichen Erforschung religiöser Symbole

Alle diese religionstheologischen Erwägungen über Glaubensvermittlung und interreligiöse Begegnung mit Hilfe von religiösen Symbolen können vertieft werden durch generelle, die gesamte Religionsgeschichte betreffende Erkenntnisse über Vorkommen, Umwandlung und Funktion von religiösen Symbolen. Einige dieser religionswissenschaftlichen Beobachtungen seien hier abschließend angedeutet[18].

M. Eliade hebt hervor (Eliade 1976, S. 508-517), daß sich die verschiedenartigen Symbole in der Religionsgeschichte aus ihrer Natur heraus bestimmten strukturierten Systemen, »*Symbolismen*«, zuordnen lassen. So gibt es beispielsweise Symbolismen des Himmels, der Erde, der Vegetation, der Sonne, des Raums, der Zeit. Dabei sind die verschiedenen Bedeutungen dieser Symbole innerlich miteinander verbunden und bilden ein Ganzes. Dieses Ganze schwingt in allen einzelnen Erscheinungen des Heiligen, den »Hierophanien«, mit. So kann beispielsweise die Heiligkeit des Wassers »als Ganzes nur durch den Wassersymbolismus dargestellt werden, der das einzige ›System‹ ist, das alle die besonderen Offenbarungen der zahllosen Hierophanien zusammenfassen kann ... Es genügt, sich an die Zusammenhänge des Symbolismus des Eintauchens zu erinnern (Taufe, Sintflut ...), an das Reinigen durch Wasser (Taufe, Totenlibationen), an die Präkosmogonie (Wasser, Lotus, Insel usw.), und man wird sich klar, daß man einem gut gegliederten ›System‹ gegenübersteht; ein System, das offenbar jeder aquatischen Hierophanie zugrunde liegt, ... das sich aber in einem Symbol klarer ausdrücken kann (so in der ›Sintflut‹ oder in der ›Taufe‹) und sich nur im Symbolismus *ganz* ausdrückt, der sich also von allen Hierophanien unterscheidet« (Eliade 1976, S. 509). Für die christliche Glaubensvermittlung bedeu-

---

18. Vgl. zum folgenden Eliade, 1963, 106-135; Eliade, 1976, 494-517; Goldammer, 1979, 498-518; Waardenburg, 1986, 206-211, 214-216, 231ff.; Stolz, 1988, 114-147, 183ff.

tet diese Einsicht, daß der jeweilige Gesamtbedeutungszusammenhang eines Symbols, wie der des Wassers bei der Vermittlung der Taufe, zum Ausdruck gebracht werden soll, auf dessen Basis das spezifisch christlich Geoffenbarte aussagbar wird. Allgemein gesagt: christliche Symbole müßten sich als Symbole aus ihrem natürlichen religionsgeschichtlich ausweisbaren Symbolismus erhellen lassen, um ein möglichst umfassendes Hinweiszeichen für das zu vermittelnde Moment christlicher Offenbarung zu sein. Zugleich ist hier ein religionswissenschaftlicher Hinweis zur theologischen Erkenntnis gegeben, daß in der symbolischen Vermittlung bei aller Entsprechung eine bleibende Differenz zwischen der Hinweiskraft der »natürlichen« Symbole und ihrer umfassenden Symbolismen und der geschichtlichen Offenbarung Gottes, die sich in diesen darstellt, besteht.

Unter einer anderen Hinsicht wird deutlich, daß die religiösen Symbole aufgrund ihrer ganzheitlichen Struktur mehrere Bedeutungen gleichzeitig zum Ausdruck bringen können, daß sie *multivalent* sind. So bedeuten beispielsweise »Licht und Finsternis«, gleichzeitig und innerlich zusammenhängend »Tag und Nacht«, Erscheinen und Verschwinden von bestimmten Wesen, Tod und Auferstehung, Schöpfung und Vergehen des Kosmos, das Mögliche und die Erscheinung (das Manifeste). Das Symbol des Mondes zeigt die Gemeinsamkeiten zwischen dem Werden in der Zeit, Tod und Auferstehung, dem menschlichen Schicksal usw. (Eliade 1976, S. 511; 1963, S. 123-126). Letztlich wird hier »eine mystische Übereinstimmung zwischen verschiedenen Ebenen der kosmischen Wirklichkeit und bestimmten Weisen der menschlichen Existenz« enthüllt (Eliade 1963, S. 124). Es wird dabei nicht nur die Welt als *Einheit* erfahren, sondern auch die menschliche Existenz als eingebunden in diese Welt. Im Zeitalter eines neuen ökologischen Bewußtseins könnte die Wiederbelebung solcher und ähnlicher Symbole der grundlegenden Zusammengehörigkeit aller Menschen im Kosmos die interreligiöse Begegnung fördern und Perspektiven für den gemeinsamen Einsatz zum Überleben dieser Welt eröffnen.

Hiermit ist auch schon ausgesagt, daß religiöse Symbole im Unterschied zu Begriffen nicht nur »eine Struktur der Wirklichkeit oder eine Dimension der Existenz« aufdecken, sondern »gleichzeitig der menschlichen Existenz einen *Sinn*« verleihen.

Letztlich sei noch hervorgehoben, daß selbstverständlich die bestimmte Bedeutung religiöser Symbole ohne den *historischen Kontext* nicht erfaßbar ist. Die Religionsgeschichte zeigt (Goldammer 1979, S. 508ff.; Eliade 1963, S. 130ff.), daß der symbolische Wert der religiösen Symbole in verschiedenen Religionen und selbst in derselben Religion geändert, umgekehrt werden und widersprüchlich sein kann. Es wird deshalb nicht nur der Sinn eines bestimmten Symbols in seinen gesamten Bedeutungen und Bedeutungszusammenhängen und von daher in der speziellen Bedeutung einer bestimmten Religion wie der des Hinduismus und des Christentums untersucht, sondern es werden auch die Kultur, in der das

Symbol auftritt, die Umwelt, die Situation des einzelnen, die Gemeinschaft, »säkulare« Momente usw. erforscht, inwieweit sie bestimmend sind für die Entstehung und die Bedeutung eines Symbols.

Für die theologische Fragestellung der Glaubensvermittlung und des interreligiösen Dialogs mit Hilfe von Symbolen bedeutet das, daß ein Modell der gegenseitigen Begegnung, in dem sich Gemeinschaften oder einzelne Partner ohne Bezug zu ihrem historischen Kontext begegnen, zu einer religiösen Selbstbespiegelung und Isolation führt. Der Ort des Dialogs ist die jeweilige Situation einer bestimmten Kultur, in der die religiösen Partner eingebunden sind, und ganz allgemein die Situation der modernen Welt mit Problemen wie Technologie und atomarer Gefährdung, Strukturen sozialer Ungerechtigkeit und grenzenloser Armut. So ist es fraglich, ob die oben angesprochenen symbolischen Weisen der Vermittlung des Christentums und der interreligiösen Begegnung beispielsweise in Indien den christlichen Glauben an die vorläufige, aber end-gültige Erlösung dieser Welt wirklich zum Ausdruck bringen, wenn nicht dabei das gegenseitige Sich-Einlassen auf die Tiefendimensionen der jeweiligen anderen Religion im umfassenden Horizont heutiger Weltwirklichkeit geschieht.

Literatur

Becker, G. (1987): Die Ursymbole in den Religionen, Graz.
Eliade, M. (1957): Das Heilige und das Profane, Hamburg.
Ders. (1963): Methodologische Anmerkungen zur Erforschung der Symbole in den Religionen, in: M. Eliade, J. Kitagawa (Hg.): Grundfragen der Religionswissenschaft, Salzburg, S. 106-135.
Ders. (1976): Die Religionen und das Heilige, Darmstadt.
Goldammer, K. (1979): Is there a Method of Symbol Research which offers Hermeneutic Access to Depth-Dimensions of Religious Experience?, in: L. Honko (Hg.): Science of religion, studies in Methodology, The Hague 1979, S. 143-161; 173-220.
Heiler, F. (1961): Wesen und Erscheinungsformen der Religion, Stuttgart.
Lanczkowski, G. (1971): Begegnung und Wandel der Religionen, Köln.
Schlette, H.R. (1974): Symbol, in: H. Fries (Hg.): HthG 4, München, 2. Aufl.
Stolz, F. (1988): Grundzüge der Religionswissenschaft, Göttingen.
Waardenburg, J. (1986): Religionen und Religion, Berlin.

III. Zweite Konkretion: Kunst und Heilung

Horst Schwebel

Das Bild als Quelle

Was leistet das Bild zum Verstehen fremder Religiosität?

1. Die Fragestellung

Ist das Bild ein geeignetes Medium, um etwas über fremde Religiosität zu erfahren? – Die Frage scheint banal, wenn man sich in die Lage eines Touristen versetzt, der in Indien vor einem figuren- und szenenreichen Tempel steht, etwa dem Minakshi-Tempel von Madurai. Selbstverständlich wird der Tourist über die Ikonographie des Dargestellten einiges über den Hinduismus erfahren. Gleichwohl fragt es sich, ob der hier gewählte Zugang über das Auge auch in der Lage ist, in die Tiefe der jeweiligen Religion einzudringen. Vielleicht, so könnte ein Bildskeptiker sagen, führt die Annäherung über Ikonographisch-Ikonologisches zu einer äußerlich-narrativen Erfassung der handelnden göttlichen und halbgöttlichen Wesen, ohne allerdings jemals in das Herz der jeweiligen Religion einzudringen, denn – und darin besteht oft Einverständnis – das Wesen einer Religion erschließt sich primär über Texte.

Man mag dem entgegenhalten, daß es zwar Religionen mit Schriftquellen gibt, daneben aber auch eine nicht unbeachtliche Zahl von Religionen, bei denen Bilder und Gegenstände zu Primärquellen werden. Ist diese Art der Annäherung deshalb von geringerer Bedeutung? Erreicht man bei einer schriftlosen Religion aufgrund der Angewiesenheit auf primär bildhaft-gegenstandsbezogenes Material nur ein oberflächliches Verstehen, da das tiefere Verstehen auf Schriftquellen angewiesen wäre?

Ebenfalls könnte man sagen: Beim Hinduismus mag der Zugang über den Bildgegenstand womöglich angemessen sein, weil in dieser Religion Bild und Bilderverehrung (Pūjā) eine große Rolle spielen, bei Judentum und Islam (sowie einigen Formen des Christentums) wäre ein solcher Zugang aufgrund der grundsätzlichen Ablehnung der Bilddarstellung allerdings unangemessen. Wer – wie es hier geschieht – das Bild als Quelle zum Verstehen einer Religion heranzieht, sieht sich dem Druck ausgesetzt, seine Handlungsweise eigens begründen zu müssen. Stimmt es also wirklich, daß man über das Bild nur die äußere Schicht, die Oberfläche, erreicht – wodurch dann aber Forschungen, die sich auf Nonverbales beziehen, desavouiert wären – und wir zugestehen müßten, daß viele Religionen von uns gar nicht in ihrer Tiefe erfaßt werden könnten? Einer solchen Bildskepsis stünde wiederum die Erfahrung von Theo Sundermeier gegenüber –

»Die Daseinserhellung durch die Kunst übersteigt immer die des Wortes« –, der im Umgang mit Schwarzer Theologie feststellte, daß die Inhalte dieser Theologie, bevor sie verbalisiert wurden, in den Bildern längst existent und wirksam waren (Sundermeier 1990, 35). Die Gegenthese gegen die Geringschätzung der Bilder für das Verstehen einer Religion wäre also: Das Bild geht dem Wort voraus (Herbert Read)[1]. Ebenfalls läßt sich Susanne Langer als Kronzeugin heranziehen (Langer 1965).

2. Bild vor Wort – praesentatio vor Diskurs

Der Mensch als homo symbolicus (Susanne Langer)

Nach Susanne Langer gewinnt der Mensch sein Menschsein durch die Fähigkeit zu symbolisieren. »Dieses Grundbedürfnis, das ohne Zweifel nur beim Menschen in Erscheinung tritt, ist das Bedürfnis des Symbolisierens. Die Bildung von Symbolen ist eine ebenso ursprüngliche Tätigkeit des Menschen wie Essen, Schauen oder Sichbewegen. Sie ist der fundamentale, niemals stillstehende Prozeß des Geistes. Zuweilen sind wir seiner gewahr, zuweilen sehen wir nur die Resultate und merken dann, daß Erfahrungen unser Gehirn durchlaufen haben und dort bearbeitet worden sind ... Symbolisierung ist die wesentliche Tätigkeit des Geistes; und der Geist beinhaltet mehr, als was gemeinhin Denken heißt« (Langer 1965, 49). Ursprung wäre demnach die Symbolisierungsleistung, aus Sinneserfahrungen Vorstellungen herauszubilden. Eine solche »präsentative Symbolik« ist nach Susanne Langer der Sprache vorgängig. Sprache setzt voraus, daß sich Vorstellungen herausgebildet haben. »Denn es gibt eine noch unerforschte Möglichkeit echter Semantik jenseits der Grenzen der diskursiven Sprache« (93). Weiter sagt sie: »... wohl aber glaube ich, daß es in dieser physischen, raumzeitlichen Welt unserer Erfahrung Dinge gibt, die in das grammatische Ausdrucksschema nicht hineinpassen. Dabei handelt es sich jedoch nicht notwendigerweise

---

1. Das ist die These des Buches von Herbert Read, Bild und Idee (Du Mont Dokumente), Köln 1961. Originaltitel: Icon and Idea. The Function of Art in the Development of Human Consciousness, Harvard University Press, Cambridge (Mass.) 1955. – »Denn wenn in der Entwicklung des menschlichen Bewußtseins das Bild immer der Idee vorangeht, wie es das meiner Meinung nach tut, dann wäre nicht nur die Geschichte der Kultur neu zu schreiben, sondern wir müßten auch die Postulate unserer gesamten Philosophie einer Nachprüfung unterziehen« (S. 8). »Vor dem Wort war das Bild, und die ersten überlieferten Versuche des Menschen, die Wirklichkeit zu definieren, waren zeichnerische Versuche, auf die Wände von Felsen oder Höhlen gekratzte, gepickte oder gemalte Bilder« (S. 15) u.ö.

um etwas Blindes, Unbegreifliches, Mystisches; es handelt sich einfach um Dinge, die durch ein anderes symbolisches Schema als die diskursive Sprache begriffen werden müssen. Und um die Möglichkeit einer solchen nicht-diskursiven Struktur zu demonstrieren, braucht man nur die logischen Erfordernisse, die für jede symbolische Struktur überhaupt gelten, zu untersuchen. Die Sprache ist keinesfalls unsere einzige artikulierte Hervorbringung« (95).

Als diskursives Medium erreicht die Sprache zwar einen Differenzierungsgrad, der ihr ungemein viel zu vermitteln ermöglicht; gleichwohl steht bei Susanne Langer die präsentative Symbolisierungsleistung am Anfang. Symbolisierung ist primär die Präsentation einer Bildvorstellung im Erkenntnisakt, die sich in der Folge in Ritus und Mythos, in Musik und besonders in der Sprache ausdrücken läßt. Die Bedeutung der Sprache in ihrer Diskursivität wird anerkannt, aber sie ist nicht der einzige Ausdrucksmodus. »Die Sprache ist ein besonderer Ausdrucksmodus, und nicht jede Art von Semantik läßt sich in dieser Rubrik unterbringen; verallgemeinert man den sprachlichen Symbolismus zum Symbolismus überhaupt, so läuft man Gefahr, alle anderen Typen mißzuverstehen und ihre interessantesten Wesenszüge zu übersehen« (100)[2].

Angesichts der Position, erst die Sprache mache den Menschen zum Menschen, bedeutet die Position von Susanne Langer, daß der zu Recht hoch eingeschätzten Diskursivität der Sprache allemal ein Vorstellungsbild vorausgeht. Erst gibt es die praesentatio, danach erst den Diskurs. Rationalität ist demnach nicht ans Wort gebunden. »Die Anerkennung des präsentativen Symbolismus als eines normalen Bedeutungsvehikels von allgemeiner Gültigkeit erweitert unsere Vorstellung von Rationalität weit über die traditionellen Grenzen hinaus und wird doch der Logik im strengsten Sinne niemals untreu» (103). Herbert Read, als Kunsthistoriker an der gleichen Universität wie Susanne Langer lehrend, griff diesen Gedanken in seinem bereits erwähnten Buch »Bild und Idee« auf, um den – für einen Kunstwissenschaftler nicht ungewöhnlichen – Vorrang des Bildes vor dem Begriff in einer Bildphilosophie zu explizieren. Andere auf Ritus und Mythos ausgerichtete Forscher nahmen Susanne Langers Symboltheorie zum Anlaß, um auch in diesen Bereichen den Sinn (Logos) diesseits neuzeitlicher

---

2. Würde man beispielsweise an einer Grenzkontrolle die bildhafte »Präsentation« über das Paßbild mit dem sprachlichen »Diskurs« einer Personenbeschreibung ersetzen, würde man unschwer feststellen, daß das Bild für die Überprüfung der Identität sich eher eignet, wohingegen der in einem Roman oder in einer Biographie ausgebreitete Diskurs eine Person in ihrer Gegenwart, Vergangenheit und Zukunft, mit ihrem Innenleben, ihren sozialen Bezügen und ihren Träumen zu vergegenwärtigen vermag. – Besser noch: Man vergleiche die Beschreibung des Adrian Leverkühn am Anfang von Thomas Manns »Doctor Faustus« mit der »L'Arlésienne« von Vincent van Gogh und frage danach, worin sich Diskurs und praesentatio unterscheiden.

Sprachsuprematie zu entfalten. Wo Ritus und Mythos ist, ist Sinn (Logos) auch dann, wenn er noch nicht ins Wort als Medium des Diskurses gekommen ist.

Nehmen wir die Positionen von Langer/Read zum Ausgangspunkt unserer Überlegungen, so geht die Bildvorstellung der diskursiven Symbolisierung durch das Wort voraus. Die griechischen Worte für Denkvorgänge sind am Sehen orientiert, was wiederum der These von Langer/Read entspräche, daß nur dort etwas Wort werden kann, wo zuvor ein Bild (im Sinne von Vorstellungsbild) war. Insofern ist der Diskurs eine höchst differenzierte Aneinanderreihung und Zuordnung von Vorstellungsbildern.

Eine solche Beobachtung mag dem Philosophen vertraut sein, insofern er sich auf seine griechischen Ursprünge und auf seine im Jetzt verwendeten Termini bezieht. Auch der Philologe sollte sich in der ihm anvertrauten Sprache der zu Grunde liegenden Visualisierung der für Denkvorgänge verwendeten Begriffe bewußt sein.

Könnte man – zumal auch unsere Alltagssprache am visuellen Voraus vor den Denkvorgängen festhält – beim Erkenntnisakt von einem »Primat des Bildes vor dem Wort« sprechen, so steht seitens der Religionen Judentum, Islam, Texten des Christentums und anderen Religionen dem eine Einstellung gegenüber, bei der das Bild aufgrund seiner sinnlich zugänglichen Präsenz abgelehnt wird, weil die Bildlosigkeit hier zur Wesensbestimmung gehört. Ein solches In-Frage-Stellen von Bildern, weil man der Wahrheit primär anderweitig ansichtig zu werden meint, weist dem vom Bilde abgeleiteten Denken eine zweite, sekundäre Funktion zu. Sehen wir in der präsentativen Symbolik den Beginn von Vorstellung und Denken, so muß die mit Selbstverständlichkeit auftretende Abweisung des Bildes in einigen Religionen nachdenklich stimmen. Der Widerspruch, daß das philosophische und das Alltagsdenken bildbezogen ist, wichtige Religionen indes den Bildbezug als unangemessen, verfehlt, als dem wahren Wesen ihrer Glaubensvorstellung zuwider interpretieren, gibt zu denken. Darum ist Mühe erforderlich, um herauszufinden, ob das Bild zum Verstehen führt oder ob es – wie von einigen Religionen behauptet – das »wahre« Verstehen gerade verhindert.

3. Das Bild als Verstehensquelle

Stichproben

Im folgenden wollen wir an Beispielen überprüfen, was man gewinnt, wenn man sich – Susanne Langers Anregung folgend – darauf einläßt, dem Bildhaften (der praesentatio) zu folgen. Kann das Bild als konkret-materieller Bildgegenstand Quelle von Erkenntnis sein?

Der Konde

In der Marburger Religionskundlichen Sammlung steht ein sogenannter »Konde« aus dem Zentral-Kongo. Bei einem Konde handelt es sich um einen Nagelfetisch, eine männliche, etwa 80 cm große Holzfigur mit einem Messer in der Hand[3]. Die Figur ist gespickt mit Metallteilen, die dem Konde ein unheimliches Aussehen geben. Die Funktion der Figur weist ins Rechtswesen[4]. Waren bei einem Verbrechen mehrere Personen verdächtigt, so mußte jeder Verdächtige ein Metallstück in den Konde einschlagen. War er unschuldig, brauchte er nicht mit einem Eingreifen des Konde zu rechnen. War er jedoch schuldig, glaubte man, daß der Konde ihn bestrafen würde. Es gab Personen, die angesichts der Strafe das Metallstück nicht einschlugen, sondern stattdessen vorzogen, ihre Schuld zu bekennen. Andere schlugen den Nagel ein, zogen ihn aber alsbald wieder heraus, nachdem sie zugegeben hatten, schuldig geworden zu sein, anstatt der Strafe des Konde ausgeliefert zu sein. Es wird aber auch davon berichtet, daß ein Schuldiger das Metallstück einschlug und im Laufe der Zeit krank wurde, dahinsiechte und verstarb. Der Konde kann töten; europäisch übersetzt (mit oder ohne Freud): Schuld kann töten.

Wie läßt sich in diesem Fall das Verhältnis von Bildgegenstand und Interpretation bestimmen?

a) Für den Museumsbesucher ist der Bildgegenstand – in diesem Fall der Konde – der Einstieg in einen bisher unbekannten Ritus. Ohne den Bildgegenstand wäre nicht der Reiz ausgelöst worden, sich mit einer solchen Frage (mit dem religiösen Eid, der Schuld und den Folgen) zu beschäftigen.

b) Die Frage, ob die Information über die Bedeutung des Konde und des Ritus auch ohne die Erklärung – allein vom Bildgegenstand – ausgegangen wäre, muß mit Nein beantwortet werden. Das Objekt hat zwar eine große Ausstrahlung; die narratio, die eben erzählte Geschichte, wäre vom visuellen Phänomen allein jedoch nicht ableitbar gewesen. Da es sich hier um eine schriftlose Kultur handelt, ist man für die Aufhellung des geistigen Hintergrund, nach Martin Kraatz einzig auf Feldforschung angewiesen.

c) Die soeben gegebene Deutung ist selbstverständlich an die physische Existenz des Konde als Bildgegenstand gebunden. Ohne diesen Gegenstand handelte es sich um einen zwar beachtenswerten Mythos; aber die Geschichte lebt von dem wirklichen, hier real vorhandenen Konde, dem durch real vorhandene Menschen Metallstücke zum Beweis ihrer Unschuld eingeschlagen werden.

3. Beim Konde in der Marburger Religionskundlichen Sammlung ist allerdings das Messer verloren gegangen.
4. Das Wissen um die Bedeutung des Konde verdanke ich Martin Kraatz, dem Leiter der Religionskundlichen Sammlung in Marburg.

d) Für den Museumsbesucher gilt, daß er zwar auf Information, auf Worte angewiesen ist, um überhaupt zu verstehen, was es mit dem Konde auf sich hat. Über die Worte hinaus ist er aber schließlich mit der wirklichen Existenz eines Konde konfrontiert, in den im Kongo Menschen Metallstücke eingeschlagen haben (bzw. es auch heute noch tun). Der Museumsbesucher hat natürlich nicht die Angst, die der schwarze Verdächtige im Zentralkongo einst (oder jetzt noch) hatte oder hat. Aber nicht nur die Aura des Kunstwerkes im Benjaminschen Sinn, sondern die Präsenz eines Bildgegenstandes, mit dem andere Menschen eine Geschichte hatten, läßt sich erfahrbar machen. Ohne den Bildgegenstand wäre der religiöse Rechtskult vielleicht gar nicht existent.

Wir können schließen: Der religiöse Gegenstand ist wegen seiner Fremdheit erklärungsbedürftig und bedarf des Wortes. Gleichwohl ist er in seiner visuellmateriellen Präsenz unverzichtbar.

Eine unbekannte Plastik

Nehmen wir als weiteres Beispiel die auf der folgenden Seite abgebildete Plastik (Bild). Man stelle sich vor, eine globale Katastrophe hätte die uns bekannte Zivilisation zerstört. In einigen hundert Jahren fände man die hier abgebildete Holzplastik. Die Überlebenden, die trotz allem einen bestimmten Bildungsstand hinübergerettet haben, versuchten diese Plastik zu lokalisieren und zu datieren. Aufgrund anderer Überlieferungsreste lokalisierte man die Plastik nach Afrika und spräche von Archaismus und Expressionismus, was an den Reduktionen und Auffälligkeiten des Menschenbildes festzumachen wäre. Aufgrund des Erscheinungsbildes hätte man sich bemüht, die Kulturstufe zu beschreiben, aus der die Plastik zu stammen scheint.

Bei der vorliegenden Plastik handelt es sich aber nicht um eine Negerplastik, sondern um das Werk »Panischer Schrecken« von Karl Schmidt-Rottluff, entstanden 1917 in Berlin. Der Kontext des Werkes ist also durch und durch großstädtisch. Gewiß spielten im Umkreis der Künstler der Brücke-Maler – auch bei Heckel und Kirchner – afrikanische Plastiken eine wichtige Rolle, ähnlich wie bei Picasso und Braque bei der Entstehung des Kubismus in Paris. Mit der sogenannten »Negerplastik« verband sich bei den Genannten eine Suche nach dem »Ursprung«; und diese Ursprungssuche war offensichtlich typisch für die Künstleravantgarde zu Beginn dieses Jahrhunderts, eine Avantgarde, die in den damals kulturell am weitesten entwickelten Zentren großstädtischen Lebens lebte.

Vom optischen Erscheinungsbild her hätten sich unsere Nachfahren also getäuscht, wenn sie die Plastik in Afrika angesiedelt hätten. Da sie keine schriftlichen Zeugnisse mehr hatten, konnten sie nicht wissen, daß der Herkunftsort

durch und durch großstädtisch ist und in die europäischen Zentren verweist, weil einige Mitglieder der Künstleravantgarde jener Großstadtkultur gerade dabei waren, die afrikanische Kunst wegen ihrer »Ursprungsqualität« zu entdecken. Die phänomenologische Analyse unserer Nachfahren wäre nicht falsch gewesen, insofern sie den Archaismus und Expressionismus einer solchen Plastik tatsächlich erkannt hätten. Aber dieser Archaismus war in der historischen Stunde Anliegen von Großstädtern im ersten Viertel des 20. Jahrhunderts[5]. Dies alles wäre aber ohne sprachliche Quellen nicht rekonstruierbar.

Das Bild des Gekreuzigten und der meditierende Buddha

Die phänomenologische Betrachtung eines Bildwerks kann dazu führen, daß der Betrachter intuitiv das Werk »richtig« versteht. Die Ausstrahlung eines Werkes mag bei phänomenologischem Vorgehen innerhalb eines ähnlichen Wahrnehmungskreises erfolgen. Den Gekreuzigten auf dem Isenheimer Altar beispielsweise als erregend, einen Gandhara-Buddha als ruhig/sammelnd wahrzunehmen, dürfte angesichts einer phänomenologischen Betrachtungsweise innerhalb unseres Kulturkreises konsensfähig sein. Um nun aber Wissende zu werden, was das Erwachen des Buddha unter dem Bodhibaum und was die Kreuzigung Christi bedeutet, dazu bedarf es der Texte. Beschäftigen wir uns mit den Texten und dringen dabei zur Bedeutung des buddhistischen Erwachens und der Kreuzigung Christi vor, so wird auf diskursivem Wege etwas mitgeteilt, und wir werden über die Sprache in etwas verwoben, was über die praesentatio der Werke allein nicht vermittelbar gewesen wäre. Dies ist der Königsweg aller Theologie.

Die Bildwerke führten ins Nachfragen und Nachdenken. Die Interpretation durch Sprache gibt Auskunft auf die Fragen: Was bedeutet das Erwachen des

---

5. Während die Kunstavantgarde die »Negerplastik« entdeckte, sah es im afrikanischen Missionsfeld zur gleichen Zeit ganz anders aus: »Sich der Kirche anzuschließen, hieß auch, sich fortschrittlich geben. Das traditionale Afrika dagegen und seine Kunst galt als ›primitiv‹. Es bedurfte offenbar erst des Aufbruchs der europäischen modernen Malerei, zumal des Fauvismus, um den Grund und die Eigenständigkeit afrikanischer Kunst neu zu würdigen. Aber wer von den Missionaren hat Picasso und die Vorliebe der Fauves überhaupt zur Kenntnis genommen, geschweige deren Schaffen so rezipiert, daß dadurch sein Verhältnis zur ›primitiven‹ Kunst Afrikas korrigiert wurde? Die Missionare waren in dieser Haltung nur Spiegelbild ihrer Heimatkirchen, die ebensowenig die Moderne als legitimen künstlerischen Ausdruck rezipieren konnten. Die afrikanischen Christen aber nahmen ausschließlich das Tun der Missionare zum Vorbild. Das negative Urteil über die eigene traditionale Kunst hatten sie, von Ausnahmen abgesehen, internalisiert« (Theo Sundermeier, Die Daseinserhellung durch Kunst übersteigt immer die des Wortes, a.a.O., S. 31f.).

Buddhas? Was bedeutet die Kreuzigung Christi? Dieser Weg ist diskursivworthaft. Man muß in die Texte eindringen und wird mit Fragen der Buddhologie, der Christologie, der jeweiligen »Glaubenslehre« konfrontiert. Über die jeweiligen Texte dringt man dann zum »Herzen« des Buddhismus und zum »Herzen« des Christentums. Würde man an dieser Stelle auf die Texte verzichten, wären weder »Erwachen« noch der »Glaube an den Gekreuzigten« einsichtig zu machen.

Fragen wir aber nun, ob, nachdem wir über Texte im Diskurs vernetzt worden sind, die visuelle Präsenz dieser Werke noch wichtig ist. Sind wir nicht längst dort angekommen, wo wir hinwollten?

Nicht weil das Visuelle ein Denkbedürfnis weckte, nicht weil es etwa einen zentralen Gedanken der jeweiligen Religion illustrierte, ist es wichtig; die Präsenz des Gandhara-Buddha und die Präsenz des Gekreuzigten auf dem Isenheimer Altarretabel erreichen eine Tiefenschicht der Erfahrung, die nicht allein nach künstlerisch-ästhetischen Maßstäben beschreibbar ist. Für den Christus des Isenheimer Altars mag dies einsichtig zu machen sein. Die Eigenständigkeit der Aussage *dieses* Gekreuzigten gegenüber anderen ähnlichen Kreuzigungsdarstellungen ist evident, vor allem aber gegenüber einer sprachlich vermittelten, womöglich sogar dogmatisch-lehrhaften Aussage über die Kreuzigung Jesu. Gerade wenn man die Isenheim-Erfahrung mit einer dogmatisch-lehrhaften Aussage vergleicht, wird die Andersartigkeit der über das Bild geschehenen Vermittlung begreiflich. Gegenüber den Texten geht es um eine spezifisch visuelle, durch die Kraft speziell dieses Künstlers vermittelte Erfahrung. Die über den Gekreuzigten des Isenheimer Altars vermittelte Erfahrung ist meines Erachtens durch kein Wort zu ersetzen und nur im Vollzug des Sehens selbst zu begreifen[6].

Daß vom Bildwerk als solchem auf den Betrachter eine spezifische Wirkung ausgeht, läßt sich auch vom Gandhara-Buddha sagen, selbst wenn die Erfahrung anderer Art ist. Nehmen wir an, es habe sich angesichts der Lektüre über das Erwachen des Buddhas einiges beim Leser ausgelöst, so daß er nun jenen Punkt gefunden zu haben meint oder sich zumindest auf dem Weg dazu unterwegs

---

6. Die Reihe der Zeugen für eine *Erfahrung* angesichts des Gekreuzigten des Isenheimer Altars von Luther bis zur Gegenwart kann hier nicht aufgeführt werden. In allen Fällen war man ergriffen und gepackt, wobei es aber auch Personen gab, die diese Ergriffenheit für gefährlich hielten. – Im Christlichen Kunstblatt für Schule, Kirche und Haus (1911, S. 184) schreibt W. Pastor: »In der Freude am Gräßlichen (und niemand fällt es ein, die ›Schmerzenswollust‹ bei Grünewald zu leugnen) fühlt sie es wie Erinnerung und Ahnung gewisser verruchter Kulturzustände, die der Renaissance vorausgingen, und die ihr folgten. Wer will es uns wehren, diesen Nihilismus der Empfindung auch bei Grünewald in die Waagschale zu werfen gegen die so laut gepriesenen malerischen Qualitäten?!« Trotz der Ablehnung bezieht sich Pastor auf die gleiche Erfahrung angesichts des Werkes.

wähnt, so wäre dies über Worte erfolgt. Um sich dies aneignen zu können, wird er an sich zu arbeiten haben, ähnlich wie derjenige, der den Gekreuzigten und das, was er pro me tat, zu verstehen meint. Und trotzdem ist die Begegnung mit dem Gandhara-Buddha gegenüber der Begegnung mit dem Text nochmals anderer Art. Man kann das Gelesene sogar mit dem, was man sieht, insofern verbinden, als die Buddha-Statue jenen inneren Punkt anzusprechen scheint, der von den Texten als Meditationsweg anvisiert wird. Es wird der dem Buddha Begegnende aufgefordert, an der Meditation zu partizipieren, mit verschränkten Beinen zu seinen Füßen sitzend, dann auch mit ausgestreckten Armen, die Hände nach oben geöffnet, um die »Wirkungen des Buddha« zu empfangen, um wie Buddha zu werden. Eine solche Begegnung mit der Buddha-Statue geht über eine diskursiv zu vermittelnde Lehre hinaus und strebt an, Anteil zu bekommen am Buddha und dem Buddhafeld. Auch hier gilt, daß das Werk im Prozeß seiner Wahrnehmung aufgrund seiner Präsenz etwas bewirkt, was sprachlich noch nicht abgedeckt ist. Ob dies nun gegenüber dem sprachlich Artikulierten als höher oder geringer eingestuft werden sollte, ist unbedeutend. Es genügt wahrzunehmen, daß die über die beiden Bildwerke vermittelte Wahrnehmung aufgrund der praesentatio anders strukturiert ist als ein über Texte im Diskurs vermittelter Zugang.

4. Bilderstreit und Gottes Unverfügbarkeit

Nehmen wir an, unsere Ausführungen hinsichtlich der Relevanz des Bildes seien plausibel, so fragt sich, weshalb es innerhalb (einiger) Religionen zur massiven Ablehnung von Bildern gekommen ist. Nicht der Weg, wieso es dazu kam, soll hier nachgezeichnet werden, sondern der Grund soll benannt werden, der zu einer solchen Ablehnung führt.

Wenn Karlstadt, der Initiator des Wittenberger Bilderstreits[7], sagt, die Bilder seien ein Raub an Gottes Ehre[8], so leitet ihn der Gedanke, aufgrund der Existenz

---

7. Luther weilte zu dieser Zeit auf der Wartburg im Schutz von Friedrich dem Weisen. Der Bilderstreit war der Anlaß, daß Luther auf Bitten von Friedrich die Wartburg verließ und nach Wittenberg zurückging. Sein erstes Auftreten waren die Invocavit-Predigten 1522 (WA 10 / 3, S. 1-64).
8. Andreas Karlstadt, Von Abtuhung der Bylder und das keyn Betdler unther den Christen seyn sollen, 1522, Hg. H. Lietzmann (Kleine Texte für theologische und philologische Vorlesungen und Übungen, Bd. 74, Bonn 1911), S. 5: »Wie bistu ßo durstigk/ dastu bilder und Olgotzen in mein hauß lassest stehn? Wie darffestu ßo kun und keck gesein/ dastu dich in meynem hauß kegen bildnis neygest und buckest? welche mensche hende geschaffen haben? diese ehere steht mir tzu« ... »Sih gottis hauß ist der wegen gemacht/ das ehr allein/ in dem selben soll herschen/ un seyne ougen als ein helffer/ uff uns notdurfftig auffthun sall. Item das got allein soll angebett werden« (ebd.).

der Bilder könne Gott etwas weggenommen werden. Bilder, so meint er, nähmen bei den sie verehrenden Menschen einen Platz ein, der einzig Gott vorbehalten sein sollte. Wer sich den Bildern zuwendet, wendet sich an etwas Irdisch-Geschöpfliches anstatt an den Schöpfer selbst. Auch das Bild des Gekreuzigten kann lediglich zeigen, »wie Christus gehange hat. dan warumb er gehenckt ist« (Karlstadt, 10). Die Bedeutsamkeit der Kreuzigung Christi kann nicht über die Darstellung des Kruzifixus vermittelt werden, denn diese würde wieder zurück zur Geschöpflichkeit führen und würde erneut zur Verwechslung von Schöpfer und Geschöpf beitragen. Karlstadts und der anderen Bildergegner Ablehnung ist an der Unverfügbarkeit und Undarstellbarkeit Gottes gelegen. Der Kampf richtet sich nicht allein gegen die konkreten Bilddarstellungen in der Kirche, sondern auch gegen die Bildvorstellungen im Herzen. Zwingli zitiert den johanneischen Christus mit den Worten: »Ware Gottes eer ist, da man imm geist und der warheit (cf. Joh 4,24) allein uff gott sicht.«[9] Das bedeutet für ihn, daß das Bild sowohl in seiner irdisch-materiellen Beschaffenheit, als auch in seinem visuellen Vorstellungsgehalt der geistigen Gottesverehrung entgegengesetzt ist. Im Verbot des dargestellten Bildes verbietet Gott, daß wir als sündige Menschen immer bestrebt sind, uns von ihm ein Bild zu machen[10]. Das Bilder-Fabrizieren[11] ist eine Angelegenheit des sündigen Menschen, der die Unsichtbarkeit und Unverfügbarkeit Gottes nicht anerkennen will und stattdessen im Zugriff über das Bild den unsichtbaren Gott in einen geschöpflichen Rahmen preßt.

Bei den Bilderfeinden kommt dem Bilderverbot deshalb die gleiche Bedeutung zu wie den Geboten »Du sollst nicht stehlen«, »Du sollst nicht ehebrechen« etc.: So wie Ehebruch und Mord das wahre Gottesverhältnis zerstören, ist auch die Errichtung eines äußeren oder eines inneren Gottesbildes Zeichen eines gestörten Gottesverhältnisses seitens des Menschen[12]. Das Sichtbar-Materielle hat nach Meinung der Bildergegner die Tendenz, den Menschen vom Geistigen weg- und herunterzuziehen. Fast so, als wäre er ein Medienkritiker unserer Tage, spricht Zwingli von einer Sogwirkung, die vom Visuellen ausgeht, den Menschen gefangennimmt und ihn unfähig macht, dem Geistigen (hier: Gott) zu begegnen[13].

9. Zwingli: Eine Antwort, Valentin Compar gegeben (1522), in: Huldreich Zwingli, Sämtliche Werke, Band IV, Leipzig 1927, S. 36-159; hier S. 97.
10. »Also verbüt gott durch das nachvolgend das ursprünglich darumb, das gewiß ist, das, welche den götzen eer anstund, vor und ee die imm hertzen für gött, das ist: vätter oder helffer habind, dero die götzen sind« (IV, S. 106).
11. »Hominis ingenium perpetuam, ut ita dicam, esse idolorum fabricam« (Calvin, Institutio I, 11,8).
12. Für die Götzendiener ist nach Zwingli typisch, daß sie, statt vom Schöpfer Hilfe zu erwarten, »ire hoffnungen in die creaturen« setzen (IV, S. 89).
13. »So aber die bilder und sichtbaren ding by uns für und für zunemend und ye grösser und grösser werdend, biß man zuletst sy für heilig hatt und by inen anhebt suchen,

Die Bilderfeinde lehnen also nicht deshalb die Bilder ab, weil sie eine zu geringe Meinung vom Bild hinsichtlich seiner Wirkungsweise hätten. Besser vielleicht als ein unkritischer Bilderverehrer haben sie um die Mächtigkeit der Bilder – der äußeren wie der inneren – gewußt. Ihre Ablehnung beruht darauf, daß sie an der Unsichtbarkeit und Unverfügbarkeit Gottes festhalten, insofern Materialisierung und Visualisierung eine Verkennung und Verzeichnung seines wahren Wesens wären. Daß der Mensch Bildvorstellungen – auch von Gott – entwirft, daß er also im Sinne von Susanne Langer »homo symbolicus« ist, wird von den Bilderfeinden durch ihre Argumentation indirekt bestätigt. Doch diese »Grundeinsicht« wird von ihnen auf die Seite der sündigen Natur gesetzt, die sich der Verehrung »im Geist und in der Wahrheit« widersetzt.

Für Luther dagegen waren die Bilder Adiaphora, weder gut noch böse[14]. Sie können sowohl dem Glauben als auch dem Unglauben dienen. Das Christusbild im Herzen bejaht er ausdrücklich, weshalb er auch das äußere Christusbild bejahen konnte. Luther schreibt: »Denn ich wolle, odder wolle nicht, wenn ich Christum hore, so entwirfft sich ynn meym hertzen eyn mans bilde das am creutze henget. Ists nu nicht sunde, sondern gut, das ich Christus bilde ym hertzen habe, Warumb sollts sunde seyn, wenn ichs ynn augen habe? syntemal das hertze mehr gillt, denn die augen und weniger soll mit sunden befleckt seyn, denn die augen, als das da ist der rechte sitz und wonunge Gottes?« (WA 18, 83, 9-15). Der Schluß, daß, wenn man ein Christusbild im Herzen hat, es auch vor die Augen gestellt werden könne, macht deutlich, daß für Luther das Sichtbare an sich theologisch unbelastet ist.

Das Faktum von Bilderfeindschaft, das sich bis zu Bildersturm und Bildervernichtung steigern kann, widerlegt keineswegs die Grundintention unserer Ausführungen, sondern bestätigt aufgrund der Gegnerschaft die grundsätzliche Bedeutung der Bildvorstellung wie des Bildgegenstands für den Erkenntnisprozeß. Wo man das Bild ausdrücklich verneint, womöglich gegen es revoltiert oder es gar vernichtet, hat man einen Wert ins Spiel gebracht, der größer und umfassender ist als unser Vorstellungsvermögen. Vom schaffenden und erkennenden Subjekt aus betrachtet hat das Nein zum Bild seine Ursache im Mehr Gottes gegenüber dem Bild in seiner Visualität und Materialität. Das Nein ist ein theologisches Nein, weil das Interesse auf die Undarstellbarkeit und Unverfüg-

    das man allein by dem waren gott suchen sol, so hat er die bildnussen gottes verbotten« (IV, S. 92).
14. Als Einstieg in Luthers Bilderdenken scheint mir jenes Zitat aus den Invocavit-Predigten von 1522 charakteristisch: »(Wir müssen) dabey bleiben lassen, das die Bilder weder sonst noch so, weder gut noch böse sind sondern man lasse es frey sein, sie zu haben oder nicht zu haben, allein das der glaub oder wahn davon sey, das wir mit unserem Bildestifften Gotte keinen dienst noch wolgefallen thun« (WA 10 / 3, S. 35, Z. 22-26).

barkeit Gottes gerichtet ist. Für das Christentum gilt, daß dort, wo der Aspekt der Inkarnation ins Zentrum tritt, ganz selbstverständlich dem Bild erneut eine theologisch wichtige Rolle zufällt. So wird beispielsweise die Ikone ausdrücklich mit der Inkarnation begründet[15]. Das Bild wird zum Garanten dafür, daß der unumschreibbare und unbegreifliche Gott tatsächlich Mensch geworden ist. Auch außerhalb der Ostkirche ist die Bildbejahung ein Zeichen dafür, daß man sich von der Vorstellung der Nähe Gottes leiten läßt. Möglicherweise läßt sich diese Beobachtung auf die Welt der Religionen generell übertragen, daß nämlich dort, wo Religion bildhaft wird, Gott oder das Göttliche als nahe und dort, wo sie bildlos ist, Gott oder das Göttliche als unbegreifbar und bis zu einem gewissen Grad unfaßbar vorgestellt wird. Damit würde nicht etwa die eine Religion als die höhere und die andere als die niedere zu bezeichnen sein. Bild und Bildlosigkeit als Indiz der Vorstellung von Nähe und Vertrautheit auf der einen, Ferne und Distanz auf der anderen Seite markieren lediglich einen anderen Aspekt, mit Gott Umgang zu haben und sich von ihm bestimmt zu wissen.

5. Bildverweigerung im Bild

Stichproben

Spricht man von Bilderstreit und Bildfeindschaft, hat man vor allem die Theologie vor Augen, die gegenüber bestimmten Erscheinungsformen des religiösen Bildes oder gegen das Bild überhaupt protestiert. Die Künstler stehen hierbei auf der Seite der Bildbejahung, sind also Objekt und Zielscheibe des bilderfeindlichen Protests. Nun läßt sich im 20. Jahrhundert aufzeigen, daß es auch innerhalb der Kunst selbst eine Tendenz gegen die Verbildlichung gibt, wobei – und das ist naheliegend – der Protest gegen eine bestimmte Art der Verbildlichung im Medium Bild selbst realisiert wird. Dieses Phänomen, daß mit Hilfe eines Bildes eine bestimmte Bildhaftigkeit eliminiert und negiert wird, scheint mir parallel zu dem Phänomen, das man in der religiösen Sprache Mystik nennt. In der Weise der via negationis werden konkrete religiöse Inhalte (religiöse Bildvorstellungen) einer Einstellung geopfert, die auf ein Jenseits solcher Vorstellungsgehalte angelegt ist.
Franz Marc – Auf dem Weg in die größere Reinheit. Bei Franz Marc zum Beispiel läßt sich in seinem Werk eine Entwicklung feststellen, die mit dem Weg des

---

15. Hierzu meine Zusammenfassung in: Das Christusbild in der bildenden Kunst der Gegenwart (Bild und Raum, Bd. 1), Gießen 1980: »Ich sah die menschliche Gestalt Christi und meine Seele ward gerettet«. – Das Christusbild bei Johannes Damascenus (S. 91-100).

Mystikers vergleichbar ist: »Der unfromme Mensch, der mich umgab (vor allem der männliche), erregte meine wahren Gefühle nicht, während das unberührte Lebensgefühl des Tieres alles Gute in mir erklingen ließ. Und vom Tier weg leitete mich ein Instinkt zum Abstrakten, das mich noch mehr erregte; zum zweiten Gesicht, das ganz indisch-unzeitlich ist und in dem das Lebensgefühl ganz rein klingt. Ich empfand schon früh den Menschen als ›häßlich‹; das Tier schien mir schöner, reiner; aber auch an ihm entdeckte ich so viel gefühlswidriges und häßliches, so daß meine Darstellungen instinktiv, aus einem inneren Zwang, immer schematischer, abstrakter wurden. Bäume, Blumen, Erde, alles zeigte mit jedem Jahr mehr häßliche, gefühlswidrige Seiten, bis mir erst jetzt plötzlich die Häßlichkeit der Natur, ihre *Unreinheit* voll zum Bewußtsein kam.«[16]
Bei Franz Marc läßt sich eine Bewegung vom Menschen weg zum Tier aufzeigen, die in einer Art kosmischer Harmonie im Sinne des Einklangs von Natur und Tier zur Darstellung kommt. Aber auch diese Phase bleibt Zwischenstation angesichts des Weges zu einer Abstraktion, bei der auch die Naturform des Tiers überwunden wird. Der Weg zur »Reinheit« führt dazu, einen Bereich ausfindig zu machen, der neben und jenseits der Wirklichkeit liegt, der visuelle Kosmos als gegenstandsfreier Bereich, als optisches Paradies.

Da Marc bereits 1917 bei Verdun fiel, war es nicht ihm, sondern vor allem Wassily Kandinsky vorbehalten, die neue trans-naturale Ästhetik zu vertreten.

Das »Geistige« in der Kunst.
Kandinsky – Mondrian – Malewitsch. Kandinski vertritt in Theorie und Praxis eine Kunstanschauung, deren Ziel als Transnaturalisierung beschrieben werden könnte: Das geistige Prinzip wird vom Natürlichen abgetrennt und ihm entgegengestellt[17]. Paul Klee, ebenfalls ein Künstler des Blauen Reiters, ist in seiner Theorie und seinem Kunstschaffen eher an einer Integration von Kunst und Natur interessiert. »Nach der Natur« zu arbeiten, lehnt auch er ab, aber der Künstler sollte das in ihm Schöpferische zur Geltung bringen und »wie die Natur« arbeiten[18]. Der Künstler wird mit einem Baum verglichen, dessen Wurzeln in die Tiefen des Erdreiches reichen. Die Geisteshaltung, die Klee vertritt, ließe sich Panentheismus nennen.

Für Piet Mondrian wiederum gilt: »Um dem Geistigen in der Kunst näher zu kommen, wird man so wenig wie möglich von der Realität Gebrauch machen« (Fischer 1925, 103). Betrachtet man seine auf Vertikalen und Horizontalen und reine Farben reduzierten Bilder, so mag in Vergessenheit geraten, daß Mondrian

---

16. Franz Marc, Brief an Maria 12.04.1915, zit. nach Klaus Lankheit, Franz Marc, Berlin 1950, S. 137/138.
17. Wassily Kandinsky, Über das Geistige in der Kunst, München 1912.
18. Paul Klee, Das bildnerische Denken, Basel-Stuttgart 1956.

in der Vertikalen das Männliche und in der Horizontalen das Weibliche sah und die Bildharmonie mit dem Gegensatz und Zusammenspiel der Geschlechter in Verbindung brachte. Diese an ein »Natürliches« erinnernde Rückbindung des Werkes darf jedoch nicht überinterpretiert werden. Obgleich sich Mondrian der natürlichen Polaritäten bewußt ist, strebt er letztlich danach, einen Bereich aufzuzeigen, in welchem die Gegensätze irdischer Wirklichkeit in einer anderen Harmonie aufgehoben und damit zum Verschwinden gebracht werden. Bei einem solchen Weg spricht man in der Mystik von der via purgativa, einem Weg stufenweiser Entweltlichung, dem die contemplatio folgt: das reine Schauen ohne Worte. Mondrian jedenfalls will zu einem solchen Punkt des Ausgleiches kommen, der jenseits der Gegensätze wäre.

Stehen wir bei Mondrian gleichsam »vor dem Tor« zum Absoluten, so ist Kasimir Malewitsch durch dieses Tor bereits hindurchgeschritten. Ist eine noch weitergehende Reduktion vorstellbar als Malewitschs schwarzes Quadrat auf weißem Grund (1913/15) oder der schwarze Kreis auf weißem Grund oder das weiße Quadrat auf schwarzem Grund (1918)? Nicht mehr Harmonie, der Ausgleich von einem Etwas – wie bei Mondrian – ist das Ziel, sondern die Annihilation, die Annäherung an das Nichts. Gott, Geist, das Nichts und die Gegenstandslosigkeit werden in den Selbstäußerungen Malewitschs zu nahezu austauschbaren Begriffen: »Gott der Geistige und Gott der Gegenständliche werden aufgehen in der Einheit der Gegenstandslosigkeit« (Fischer 1925, 104). Zu Recht fragt der Mainzer Kunsthistoriker Friedhelm Fischer, ein Kenner dieser Epoche: »Jene forcierte Beschäftigung mit dem Geistigen, die Konzentration auf Askese und Katharsis, die Verdächtigung und schließlich Elimination jeder Nicht-Identität, dient dies alles wirklich einem künstlerischen Begriff? Oder haben hier Philosophie und Mystik einen Sieg auf fremdem Felde davongetragen?« (Fischer 1925, 104).

Ganz gleich, wie man die Frage von Fischer beantwortet, man wird nicht bestreiten können, daß bei diesen keineswegs unbedeutenden Künstlern Kunst in die Nähe zur Religion tritt und zu einer ernst zu nehmenden Konkurrentin wird. Die Konkurrenz kommt nicht etwa dadurch zustande, daß die Kunst konkrete religiöse Vorstellungsgehalte aufgriffe. Vielmehr beschreitet in unseren Beispielen die Kunst den umgekehrten Weg. Sie ergreift die Position des Bilderfeinds, sie wird puristisch. Die Vorstellung des »Reinwerdens« und der Reinigung, die mit dem lateinischen Adjektiv »purus« verbundenen Wortgebilde, gehörten der religiösen Sprache an, bevor sie in der Sprache der Kunst wirksam wurden.

Newman – Rothko – Graubner. Stehen wir mit Mondrian – und vor allem mit Malewitschs »schwarzem Quadrat« – am Ende eines Reduktionsweges, über den hinaus keine Weiterentwicklung mehr vorstellbar wäre?

Ohne die Spur im einzelnen zu verfolgen, muß man generell daran festhalten, daß diese Form von Radikalität Nachfolger fand, die die Prinzipien ihrer Vorläufer aufgriffen und gleichwohl neue Bilder schufen. Bei Barnett Newmans Bild »Wer hat Angst vor Rot – Gelb – Blau?« werden die Farben Mondrians aufgegriffen. Indem allerdings in Newmans Streifenbild diese drei Farben als überdimensionierte Streifen vorkommen, wird die Begegnung mit dem Bild mit der Kategorie des Erhabenen verbunden. In »The Sublime Is Now« (1948) schreibt Newman: »Statt ›Kathedralen‹ aus Christus, aus dem Menschen oder dem ›Leben‹ zu bauen, erschaffen wir sie aus uns selbst, aus unseren eigenen Gefühlen. Das Bild, das wir hervorbringen, ist das in sich selbst gültige der Offenbarung, wirklich und konkret, und jeder, der es ohne die nostalgische Brille der Geschichte betrachtet, wird es verstehen können« (Schmied 1980, 274).

Die Nähe zum Religiösen ist bei Barnett Newman keineswegs interpretatorische Willkür. Sehr bedeutend wurde sein Zyklus von 14 Stationen des Kreuzes (1958-1966), bei denen lediglich schwarze und weiße Streifen auf einer ungrundierten Leinwand zu sehen sind (Schmied 1980, 274).

Eine religiöse Interpretation erfuhr ebenfalls das Werk von Mark Rothko. Rothkos Bilder sind wie große Tore, vor denen man steht und in die man eindringen könnte. Farblich erfolgt eine Reduktion auf meist zwei Grundfarben, die nahe beieinander sind (etwa Braun und Grau oder zwei verschiedene Wertigkeiten von Rot). Läßt man sich auf diese Bilder ein, gelangt man in einen Bereich des Vagen, wo die umgebende Wirklichkeit ausgeblendet ist und auch das betrachtende Ich in einen Zustand von Entpersonalisierung hineingezogen wird, den es nicht mehr fassen und definieren kann. Man könnte von einem Bereich des Nahe-dem-Nichts, des Unbestimmbaren, oft von einem Bereich des Dunklen sprechen. Am 27. Februar 1971 wurde in Houston in Texas eigens für Bilder von Rothko eine Kapelle gebaut, deren einziges Ziel es ist, Menschen verschiedener Religionen und Konfessionen zu einer gemeinsamen Meditation hinzuführen; eine Meditation ohne ein immanent zu fassendes Etwas.

Vom Zen geprägt ist ebenfalls der Düsseldorfer Maler Gotthard Graubner, dessen monochrome ›Kissenbilder‹ eine einzige Farbe in verschiedener Dichte und Tiefe und verschiedenen Übergängen enthalten, so daß der Betrachter – losgelöst von der Alltagswelt – in einen Bereich eindringt, wo man scheinbar dem Nichts begegnet, das aber nicht das Nichts des Todes ist, sondern ein mit Dynamik und Potentialität aufgeladenes Nichts.

6. Die Leere finden (Alexandre Hollan)

Einen solchen Weg in die Bildlosigkeit möchte ich anhand des in Paris lebenden ungarnstämmigen Malers und Graphikers Alexandre Hollan verdeutlichen.

In Hollans Bäumen und Landschaften gibt es keine feste Kontur. Auf den ersten Blick gewahrt man einen Schleier unterschiedlicher Nuancen von Grau.

Bei näherer Betrachtung spürt man das Auf und Ab von Bewegungen, wobei unklar ist, ob diese Bewegungen von einem Draußen herrühren oder ob es sich um einen Teil der »Seele« handelt. Vom Maler her gefragt: Erfaßt Hollan in seinem Bild einen Punkt jenseits der sichtbaren Erscheinungsformen (»die Tiefe der Natur«), oder ist es der eigene Seelengrund, der über die Natur seinen Ausdruck findet? Bezeichnen diese Bilder ein Draußen, oder bezeichnen sie ein Drinnen? Oder sind gar Draußen und Drinnen dem Wesen nach gleich? Hierzu eine Geschichte aus den Upanishaden: Helmut von Glasenapp zitiert in seinem Lexikon »Die nicht-christlichen Religionen« (Das Fischer-Lexikon, Frankfurt 1957) das Gespräch von Uddalaka Aruni mit seinem Sohn Shvetaketu:

»›Hole mir eine Frucht von dem Feigenbaume dort.‹
›Hier ist sie, Ehrwürdiger.‹
›Spalte sie.‹
›Sie ist gespalten, Ehrwürdiger.‹
›Was erblickst du darin?‹
›Ganz winzige Kerne, Ehrwürdiger.‹
›Spalte einen von diesen.‹
›Er ist gespalten, Ehrwürdiger.‹
›Was erblickst du darin?‹
›Nichts, Ehrwürdiger.‹
  Da sprach er zu ihm weiter: ›Die ganze feine Substanz, die du nicht mehr siehst, mein Lieber, aus dieser ist dieser große Feigenbaum entstanden: Glaube mir, mein Lieber, dieses Feine ist es, woraus diese ganze Welt besteht. Das ist das Wahre, das ist der *Ātman* (Geist), das bist du (tat tvam asi)‹« (154).

Was ist hier geschehen? – Uddalaka Aruni belehrt seinen Sohn über das Prinzip, das den Kosmos durchwaltet. Die Belehrung gipfelt darin, daß das kosmische Prinzip (Brahma) identisch sei mit dem eigenen Selbst (Ātman). Draußen und Drinnen, das kosmische Prinzip und das Selbst sind von gleicher seelischer Substanz. Erlösung ist das Wissen um die Identität von Innen und Außen. H. v. Glasenapp schreibt weiter: »Wer erkannt hat, daß sein Selbst (ātman) mit dem Selbst des Weltalls, mit dem Brahma eins ist, der kann von sich das ›große Wort‹ sagen: ›Aham brahma asmi‹ (Ich bin das Brahma)« (154). Gemessen an dieser Erkenntnis verliert die Erscheinungswelt ihr Letztgültiges. Die Vielheit der Erscheinungsformen zählt nicht mehr.
  Die Geschichte vom Aufspalten der Frucht bis zur »feinsten Substanz« läßt sich anhand einer Bildfolge von Alexandre Hollan veranschaulichen.
  Beim ersten Bild handelt es sich um eine Fotografie eines Stillebens. Krug, Vase, Quitte, Apfel und Stein sind als Einzeldinge in der jeweiligen Lokalfarbe erkennbar.
  Im nächsten Bild ist das Arrangement ins Fließen geraten. Zwar könnte der

Wissende noch immer den Ort für Krug, Vase, Früchte und Stein bezeichnen. Das Besondere ist freilich, daß die Gegenstände als Ströme gezeigt werden. Die Grenzen zwischen den Gegenständen und dem sie umgebenden Raum beginnen sich zu durchdringen. Es ist eine neue Einheit im Entstehen, für die die Gegenstände keinen Eigenwert mehr haben. Das, was alle diese Dinge durchdringt, ein Ganzes, setzt sich gegen das Vereinzelte, Partikulare durch. Dieses Ineinanderströmen bleibt nicht allein auf die Formen beschränkt. Auch die Farben beginnen sich anzunähern. Auch hier überwiegt der Gesamtklang auf blau-violettem Ton, wobei beispielsweise das Blau der Vase als Lokalfarbe seine Dominanz verliert, gleichwohl aber im Ganzen des Bildes erhalten bleibt und an unterschiedlichen Stellen begegnet.

Um alle weiteren Schritte aufzuzeigen, fehlt es an Raum. Aber das Prinzip ist klar. Die Formen gehen mehr und mehr ineinander über, so daß man schließlich in einen unbestimmten Raum blickt, in dem sich die Dinge nur noch schemenhaft abzeichnen, bis sie schließlich vollends verschwinden. So gelangt man von der Vielgestaltigkeit und Vielfarbigkeit zu einem »Grund«, einem Zusammenfließen von allem Draußen, das im Sinne des Vedanta zugleich das eigene Selbst ist.

Mit diesen Ausführungen ist nicht beabsichtigt, den Künstler mit einer bestimmten Religion in Verbindung zu bringen. Alexandre Hollan beschäftigt sich freilich mit östlicher, aber auch mit mittelalterlicher Mystik und ist im übrigen praktizierender Christ. Die Nähe des Weges von Hollan zum Upanishaden-Text macht deutlich, daß die mystische Erfahrung letztlich unabhängig vom Kulturkreis ist.

Ich könnte mir vorstellen, daß bei den Mystikern in Indien, China, im Christentum und sogar im Islam die Gemeinsamkeit untereinander größer ist als die Gemeinsamkeit jedes Einzelnen mit seiner eigenen Religion. Mögen die Namen des Endziels verschieden sein, so ist der Weg des myein als via negativa womöglich gleich. Sind sich Meister Eckehart und der Zenmönch vielleicht näher, als es Meister Eckehart mit seinen Zeitgenossen von der Institution Kirche und der Zenmönch mit dem Buddhismus ist? Zu dieser religiösen communio gehören Maler wie Newman, Rothko, Graubner und selbstverständlich auch Hollan mit dazu. Was sie von den Mystikern unterscheidet, ist vielleicht nur dies, daß sie sich auf ihrem Weg einzig bildnerischer Darstellungsformen bedienen. Aber abgesehen vom Medium ist die Intention letztlich: Es geht um ein Mehr, das das Sichtbare transzendiert.

7. Bild – Kunst – Religion

Zusammenfassung

1. Es war das Ziel des vorliegenden Beitrages, die Bedeutung des religiösen Bildes für ein religiöses Verstehen zu verteidigen. Dabei ging es bei den Anfangsüberlegungen um die Frage, ob das Bild gegenüber dem Wort eigenständig sei. Mit Hilfe von Susanne Langer kamen wir zur Unterscheidung zwischen dem präsentativen und diskursiven Symbolismus. Gleichwohl sollte der Vorrang der visuellen Vorstellung (praesentatio) vor dem Diskurs nicht zu einer Mißachtung der Leistung der Sprache führen. – Wie das Schmidt-Rottluff-Beispiel zeigte, wären wir – sofern wir uns einzig auf das Visuelle verlassen hätten – in der Datierung, Lokalisierung, letztlich auch der Deutung der Plastik in die Irre gegangen. Wir erkannten die Erschließungsfunktion des Bildes (bzw. hier der Plastik) an, hielten aber an dem Angewiesensein auf das Wort fest.

2. Da Theologie primär schriftorientiert ist und über Schriften betrieben wird, sollte man die Forderung erheben, den Bildstrang des Christentums und anderer Religionen als Quelle zur theologischen Erkenntnis eigens einzubeziehen. Dabei genügt es nicht, sich mit Schriftquellen zu beschäftigen, um sich später dem Bild zuzuwenden, als ginge es beim Bild lediglich um Illustrierung des im Wort bereits Gesagten. Sprechen wir vom Bild als Quelle, so ist damit gemeint, daß über das Bild etwas erfahren werden kann, was sich im Wort nicht hätte vermitteln können.

3. Bei der Beschäftigung mit der ikonoklastischen Tradition ließ sich feststellen, daß auch die Bilderfeindschaft des Theologen anerkennt, daß vom Bild Wirkungen ausgehen, allerdings wehrt man sich dagegen, weil sich Gottes Transzendenz darin nicht fassen läßt. Dieses Mehr läßt sich immer nur negativ formulieren, indem man solche Vorstellungen benennt, die von Gott jeweils überschritten werden[19]. Das Sichtbare würde jedenfalls als Eingrenzung von Gottes Unverfügbarkeit verstanden – wird Gott als in seiner Schöpfung nahe vorgestellt, verliert das Sichtbare seine ihm anhaftende Negativität, und es gibt keine Bilderfeindschaft. In der orthodoxen Inkarnationstheologie wird die Ikone sichtbarer Garant der vollzogenen Inkarnation.

4. Auch innerhalb der Kunst des 20. Jahrhunderts konnten wir eine Tendenz der »Bildverweigerung im Bild« feststellen. Wir sprachen, nachdem wir einige Beispiele benannt hatten, von einer Art »visueller Mystik«, die das Bild selbst zu einem religiösen Gegenstand macht. Wie man mit einer solchen »Kunstreligion«,

---

19. In der apophatischen Theologie ist Gott der »Anfanglose«, »Ungeschaffene«, »Unvergängliche«, »Unsterbliche«, »Immerwährende«, »Ewige«, »Unbegreifliche«, »Unsichtbare«, »Unumschriebene«, »Gestaltlose«.

d.h. einer religiösen Erfahrung, vermittelt über ein Kunstwerk als einem »religiösen Gegenstand«, umgehen soll, wurde an dieser Stelle noch nicht behandelt[20]. Bei der hier aufgezeigten Bildmystik verhält es sich so, daß der Bildgegenstand in seiner Materialität erhalten bleibt, konkrete Bildvorstellungen jedoch um eines Anderen – »höheren«, »tieferen«, »geistigen« – willen ausgelöscht und eliminiert werden sollen. An diesem Punkt nähert sich die Erfahrung mit dem Bild im Schaffens- wie im Rezeptionsprozeß jenem, was Meister Eckehart unter der »weiselosen Weise« verstand.

20. In einem anderen Zusammenhang werde ich mich ausschließlich mit dem Phänomen »Kunstreligion« beschäftigen.

Literatur

Fischer, F. (1925): Zur Symbolik des Geistigen in der modernen Kunst, in: Kunst und Kirche, Darmstadt-Linz 1985/2.

Langer, S. (1965): Philosophie auf neuen Wegen. Das Symbol im Denken, im Ritus und in der Kunst, Frankfurt.

Schmied, W., Hg. (1980): Zeichen des Glaubens – Geist der Avantgarde. Religiöse Tendenzen in der Kunst des 20. Jahrhunderts, Stuttgart.

Sundermeier, T. (1990): Die Daseinserhellung durch Kunst übersteigt immer die des Wortes. Christentum, Kirchen und bildende Kunst in Afrika, Jahrbuch Mission, Hamburg, S. 29-41.

Bilder des im Text besprochenen Künstlers Alexandre Hollan stellt die Galerie Maghescu, Kirchräder Straße 40, 3000 Hannover aus.

Gerhard Heinrich Ott

Bildende Kunst in der Medizin: Wortlose Hermeneutik zwischen Arzt und Patient

Wir wissen vieles von der sprachlosen Kommunikation der Kunstwerke in Kirchen, Kapellen und Andachtsräumen ohne Priester, wir wissen von Künstlern, die in unserer Zeit solches gestaltet haben, wie beispielsweise M. Rothko in Houston/Texas. Diese »Kapellen« dienen der Vermittlung von Gotteserfahrung, sind eine Hilfe zur Glaubensfähigkeit. Kunst und Kirche ist ein gewichtiges Anliegen seit Jahrzehnten. Es sind »angewandte Kunstwerke«, die heute wieder die Effektivität religiöser Symbole, Rituale und Rhythmen zur Diskussion stellen mit der Sehnsucht, aus unserer Welt der Objekte in das vielschichtige Reich der Parallelwelten von Geist und Seele einzutreten.

Solche wortlosen Kommunikationen gibt es auch im Arzt-Patienten-Verhältnis: Kunst und Medizin. Verständnis dafür erschließen uns derzeit vor allem Künstler, auch wenn diese Kommunikationsebene aus der Medizingeschichte, der Ethnomedizin und Archäologie vieler Kulturen altbekannt ist. Auch in der Medizin zeigt sich unübersehbar, daß künstlerisches Gestalten, daß Hermeneutik ohne Worte einen wichtigen Stellenwert bei der Behandlung des Leidens in Krankheit, Schmerz und Not sein kann.

Ärzte, Künstler und Priester haben gemeinsame Vorfahren. In manchen Ethnien trifft man noch solche umfassenden Personifizierungen der heilsamen Wirkung der Kunst auf Körper, Geist und Seele, die nicht nur Kranken hilft, sondern auch dienlich ist, das Gemeinwesen zu regulieren. Solches gilt beispielsweise für den *»man of high degree«* bei den Aborigines in Australien, zu dessen medizinischem Rüstzeug neben Arzneimitteln auch Ritual, Tanz, Musik, Speise und Bildkunst gehören.

Fast zu allen Zeiten läßt sich in östlichen wie in westlichen Kulturen diese wortlose Heilungswirkung der Kunst als Medikament zur Beeinflussung der Befindlichkeit von Leidenden nachweisen. Votiv-Plastiken, Votiv-Bilder und Heiligenbilder zählen ebenso wie Ikonen der Ostkirche zu dieser künstlerischen bildhaften »Apotheke der Seele«. Erinnert sei auch an Kunst als Medizin in der Ayurveda-Medizin Indiens seit über 2000 Jahren.

All dies müssen wir »heute«, nach zwei Jahrhunderten naturwissenschaftlich geprägter Medizin, neu entdecken. Wir bedürfen dazu ganz besonders der Künstler, welche uns Ärzten helfen können, ein anderes Menschenbild und eine andere Krankheitslehre, als sie heute Evolution und Informatik anbieten, zu entwickeln. Stellvertretend für viele Künstler darf man Joseph Beuys nennen, der sein ganzes

Kunstschaffen als ärztliches Wirken, als Medizin verstanden hat, als Wirken für eine »soziale Plastik«.

Kunst, Musik, Symbol und Ritual helfen im Glauben und können hilfreich zur Heilung im Leiden sein.

Selbst die bildfeindlichen Ausprägungen in unserer protestantischen Glaubenslehre können auf diese »wortlose Hermeneutik« nicht ganz verzichten. Die Bilderstürmer haben zwar Bild, Plastik und Farbe aus den Kirchen und Krankenstuben verbannt, sind aber um so intensiver in meditatives Beten und oftmals fast orgastisches Singen und Musizieren ausgewichen. Theologie und Medizin sollten nicht auf diese bewährten Hilfen zum Erleben von Religiösem, sollten nicht auf diese Kräfte spendenden heilsamen Quellen der Kunst verzichten.

Glaube gründet im Seelischen, sicher nicht nur im Wort, nicht nur im Verstand, in der Vernunft, im Bewußtsein allein. Tief in uns erfahren wir, daß Glaube aus Sehnsüchten der Seele, aus Seelennot als Gnadengeschenk uns ergreift. Glaube wächst auch aus Ängsten, aus Nöten und Leiden der Seele.

Heilung ist mehr als die Reparatur des Körperlichen und die Wiederherstellung seiner somatischen Regulationen. Bei jeder Heilung ist außer der körperlichen auch die geistige, die seelische, die soziale und die religiöse Dimension zu betrachten. Mit dem Bekenntnis zur Seele – keiner konnte bislang Seelisches widerlegen – finden wir einen Weg aus dem heutigen immer noch von brutalem Materialismus geprägten Menschenbild und seiner zugehörigen Krankheitslehre.

Wenn sich die Medizin wieder zu Seelischem bekennen kann, dann wandelt sich mit der Anerkennung von dessen Triebkräften im Lebendigen, die wir als Hoffnung, Barmherzigkeit, Ehrfurcht vor dem Leben, aber auch als negative Triebkräfte des Bösen umschreiben, unsere Krankheitslehre weit über eine »psychosomatische Medizin« hinaus. Dann erhalten Fürbittegebet, Meditation, Liebe, Würde, Mitleiden, Trauer (nur beispielhaft aufgezählt) wieder einen Stellenwert in der Medizin.

Wir haben am Evangelischen Krankenhaus Bad Godesberg in der chirurgischen Abteilung seit 17 Jahren versucht, dieses vergessene Wissen ärztlichen Handelns neu zu erschließen. Wir können heute erste, gültige Gesetzmäßigkeiten vorlegen, die es dabei zu beachten gilt. Dabei haben wir uns ausschließlich auf moderne Kunst und auf noch lebende Künstler verlassen. Wir haben die Sehweise der Künstler unserer Tage, unsere Zeitprobleme und nicht die unserer Großväter und ihrer Vorfahren aufgegriffen.

In den verschiedenen Phasen einer Krankheitsbehandlung muß der Arzt unterschiedliche Regeln für den Einsatz von Kunstwerken beachten. Sonst kann der Schaden größer sein als der Nutzen. Man darf solche Therapiehilfen nicht dem Selbstbestimmungsrecht der Patienten überlassen, das verlangt einfühlsame ärztliche Kunst und ärztliches Wissen.

1. *Im Krankenzimmer* ist der Patient Tag und Nacht den Kunstwerken ausgesetzt. Er hat dabei eine verminderte Reizschwelle, eine generelle Überempfindlichkeit nicht nur gegen Licht und Ton, sondern auch gegen Farben, Bewegungen, Handlungen etc. Entweder man verbannt grundsätzlich alle nicht ärztlich erprobten Kunstwerke auf die Flure, wo der Patient sich ihnen jederzeit entziehen kann, wie das heute schon viele Krankenhäuser tun, oder man muß im Krankenzimmer folgendes beachten:

a) Der Leidende wehrt sich gegen grelle Farben. Er mag eher Monochromes, eher *Pastellfarben* als »schreiende Farben«.

b) Kranke stören *bewegte Szenen,* sie wollen Ruhe. Das ist der Grund, warum sich in vielen Krankenzimmern nur Bibelsprüche und allenfalls Stilleben finden. Abstraktes und Geometrisches hat hier vor Erzählendem und Kritischem eindeutig Vorrang.

c) Zerrissene, von *Unruhe geprägte Maltechniken* lehnen Kranke ab; die Kräfte des Körpers, des Geistes und der Seele verlangen nach Ruhe, um Krankheiten zu überwinden, um nicht, abgelenkt von dieser zentralen Aufgabe, verschlissen zu werden.

d) *Ursymbole* erweisen hier oft eine tröstende, heilsame Wirkung. Nicht nur das Kreuz hat hier seinen Stellenwert; auch das Runde, wie z.B. die goldene »Sonne der Hoffnung« von Michael Buthe mit ihren weißen Engelsfedern, Hoffnung auf Heilung ebenso wie auf ein Leben nach dem Tode verheißend.

e) *Abstraktes* und Vieldeutiges stimuliert die Phantasie, weckt Interesse und Anteilnahme an der Umwelt; z.B. das so oft als Vogelhäuschen gedeutete Werk von Bernhard Leitner: »Zwei Köpfe«. Großartig bewährt sich ein über fünf Meter langes Werk von Mally: seine abstrakte Komposition ist vieldeutig lesbar, eine kupferne Energieschiene durchzieht das Bild, von links unter dem Stein nach rechts oben zur erhofften Heilung ziehend. Diese Schiene läßt erahnen, daß Werden und Vergehen, Leben und Tod sich im Unendlichen wieder vereinen.

f) Nicht Schönes hat ärztlich gesehen positive Wirkungen. Es sind eher *Leidenssymbole,* die Trost vermitteln, mit denen ein Kranker sich identifizieren kann, z.B. die Dornenkrone Christi, der Nagelfetisch in afrikanischen Kulturen. Günter Uecker hat dies in einer alle Kulturen verbindenden Sprache der Kunst mit seiner Plastik »Barmherzigkeit« ausgedrückt.

Peter Gilles bietet mit seinen Lebensangst widerspiegelnden Zeichnungen in seinem Stromboli-Bilderzyklus den bedrohten Kranken Hilfe zur Selbstfindung durch Identifikation an: Kranke verstehen diese Zeichen aus Angst und Not geboren.

2. In *Operationsräumen* sind natürlich Bilder und Plastiken fehl am Platze. Hier bewährte sich z.B. die Tonliege von Bernhard Leitner, in der Documenta in Kassel als Kunstwerk vorgestellt. Bei unseren verängstigten Patienten unmittelbar vor der Operation angeboten, hat sie Hilfe gebracht: 16- bis 18mal pro Minute

durchdringen von zwei Tonträgern an Kopf und Ferse tiefe Glocken-, Gong- oder Cellotöne den Verängstigten. Die unteren Gliedmaßen erwärmen sich nach wenigen Minuten, dokumentierbar mit der Thermokamera. Das EEG stellt die Beruhigung fest, es zeigen sich Vorphasen des Schlafes (Linke 1988). Kreislauf und Blutdruck stabilisieren sich. Die Atmung paßt sich dem Rhythmus des Tones an. Nach 20-30 Minuten können wir den mittels solcher Tonwirkungen entkrampften Patienten problemlos auf den Operationstisch umlagern.

3. Ganz andere *Gesetzmäßigkeiten* gelten in den *Fluren und Warteräumen*, an den Stätten der Begegnung, wo Patienten bereits dem Alltagsleben wieder zugewandt sind. Wie in einer Galerie können hier kritische und Zeitprobleme analysierende Bildserien, selbst Tod und Skelette, Angst und Wut wiedergebende, politische und sozialkritische Bilder zur Diskussion gestellt werden. Das haben inzwischen viele Krankenhaus-Verwaltungen und auch Kommunalverwaltungen eingesehen. Einige Städte zahlen oft beachtliche Summen für ein solches bildnerisches Gestalten (die Stadt Bonn leider nicht) und versuchen damit, die tristen Krankenhauswände zu humanisieren.

4. Die *Trauer*, die wir als Krankheit zu sehen haben, stellt einen vergessenen Aufgabenbereich für Ärzte und Theologen dar. Unsere Trauerkapellen sind heute betriebswirtschaftlich wegrationalisiert worden, selbst in den konfessionellen Krankenhäusern. Unsere Brutalität im Umgang mit Leichen, die Kuriositäten bei den inszenierten Leichendekorationen nach der würdelosen Konservierung des Leichnams im Eisschrank, das »Timing« beim Ablauf der Bestattungen in Massengräbern und vieles mehr zeigen, wie blind wir hier geworden sind und wie wir damit viele lebenslängliche, »unbewältigt Trauernde« verursachen. Wir haben das uralte Wissen um die Heilung durch Trauer, die in allen Kulturen wie auch in unserem Christentum Trauerkulturen prägten, vergessen.

Wir haben versucht, den Einsatz der Ikonotherapie, von Kunst im Krankenhaus (KIK) statistisch mit Hilfe von standardisierten Erhebungsbögen abzutasten. Dabei kommt man zu bemerkenswerten Resultaten:

a) Kinder ausgenommen, hat der ältere Mensch eher einen Zugang und Verständnis für die heilsame Wirkung von Kunstwerken als der jüngere Kranke.

b) Der nicht akademisch Vorgebildete, der »Unverbildete« hat eher Zugang zur Kunstwirkung in Krankheit und Not als der »Verbildete«. Geist scheint auch hier eher als Widersacher der Seele zu wirken.

c) Auch ein vorangegangener vieljähriger Umgang mit Kunstwerken der Gegenwart hat auf das Begreifen der »Heilungswirkung der Kunst heute« kaum Einfluß.

Ein Versuch der Synopsis dieser wortlosen Kommunikation durch Kunst in der Medizin sei mir erlaubt.

Unser evolutionäres Menschenbild ist scheinbar perfekt. Es erklärt uns umfassend fast alles vom Urknall, über die Entfaltung der Energie, die Bildung von

Atomen und Molekülen, bis zu den Stammbäumen von Pflanzen und Tieren, die Menschwerdung mit ihrer Vielfalt physiologischer Reglerkreise und Verhaltensmuster, bis hin zu dem Phänomen des Denkens und der Entfaltung von Religionen und Kulturen. Dennoch fehlt ihm Bedeutsames. Heute kündigt sich wieder zaghaft die Sehnsucht nach erweitertem Wissen an, geboren aus Erfahrung und Selbstbetrachtung.

Neue Paradigmen künden sich an. Erneut stellt sich seit fast hundert Jahren neben das Somatische auch das Soziale, stellen sich heute Geist und Seele in Theologie und Medizin als vergessene Dimensionen des Menschseins und des Krankseins zur Diskussion. Der Umgang mit anderen Menschen und die Geschichte der Kulturen fordern heute eine Stellungnahme zum Seelischen. Langsam ordnet sich die Vielfalt der wechselnden Lehren von Medizinern und Heilkünsten, aber auch die Interpretationen und Sehweisen der Glaubenswelten zu einem Ganzen. Die Vielfalt ergibt sich aus unterschiedlichen Gewichtungen einer grundsätzlich mehrdimensionalen Denk- und Sehweise alles Lebendigen. Es sind zumindest vier, wenn nicht fünf Dimensionen. Auch Krankheit und Heilung unterliegen dieser vier- bis fünffachen Sehweise:

1. *Die somatische Dimension* mit ihren körperlichen und physiologischen Reglerkreisen und deren Durchflechtungen. Leider erschöpft sich damit heute oft schon unser medizinisches Denken, obwohl immer auch die soziale, die geistige und die seelische Dimension zu bedenken sind.

2. *Die soziale Dimension* mit ihren Auswirkungen auf die Gesundheit des einzelnen. Dazu haben wir, Virchow war für diese Sichtweise bahnbrechend, ein reiches Wissen und viele Erkenntnisse. Wir wissen von so vielen krankmachenden sozialen Faktoren, wie z.B. Frust und Isolation als den häufigsten »Sozio-Bazillen« unserer Tage.

3. *Die geistige Dimension* hat einen reichhaltigen Schatz an Medikamenten aus Verstand und Vernunft in Form von Gespräch und Sinngebung gefunden und entwickelt. Mit ihr wird heute besonders auch unsere psychosomatische Medizin, die Psychotherapie und Psychoanalyse begründet.

4. *Die seelische Dimension* darf nicht vergessen werden. Sie sollte bei jedem Heilauftrag eingebunden sein. Es genügt eben nicht, den Körper zu flicken und den Geist zu befrieden, es braucht zur Heilung auch der Erquickung der Seele.

5. Ob hinter der vierdimensionalen Sichtweise von Gesundheit und Heilung in einer Krankheitslehre der Zukunft noch eine *fünfte Dimension* zu suchen ist, nämlich *die religiöse*, bleibt offen. Für jeden Glaubensfähigen gründen diese vier Dimensionen aber alle in Gott.

Jede Simplifizierung dieser mehrdimensionalen Sichtweise von Krankheit und Heilung übersieht etwas, führt in die Irre. Wir sind im Aufbruch zur Bewußtwerdung eines erweiterten, umfassenden Denkens in Biologie und Medizin.

Hoffnung darf aufkommen, daß diese erweiterte Sichtweise, weit über das Fachgebiet Medizin hinaus, Wirkungen entfalten wird.

Kunst in der Medizin, diese wortlose Sprache im Arzt-Patienten-Verhältnis, gibt dafür bedeutsame Anregungen.

Literatur

Blümel, W.E. (1989): Kunst hilft heilen, »Start« 8, 3, 58 und 59.
Ders. (1990): Einblick, Zeitschr. des Dtsch. Krebsforschungszentrums 2/1990.
Lange, Chr. (1989): Drüben an der Wand, Spectramed 7, 18-22.
Linke, D.B. / Kurthen, M. (1988): Parallelität von Gehirn und Seele. Neurowissenschaft und Leib-Seele-Problem, Stuttgart.
Ott, G.H. (1979): Kunst im Krankenhaus = Humanität im Krankenhaus, (Eigenverlag) Evangelisches Krankenhaus Bad Godesberg.
Ders. (1985): Grenzen ärztlichen Handelns, Münchner Med. Wochenschrift.
Ders. (1986): Heilungskraft der Seele, in: Weiss, E. / Smerling, W., 1987.
Ders. (1986): Zwischen Hippokratischem Eid und moderner Biotechnik, Rheinisches Ärzteblatt, Heft 17, 711-721.
Ders., Hg. (1987a): Menschenbild und Krankheitslehre, Berlin, New York, London, Paris, Tokio.
Ders. (1987b): Ikonographie, Arzt und Krankenhaus, S. 108 und 109.
Ders. (1987c): Kunst – Heilmittel und Medizin, in: G.H. Ott, 1987a.
Ders. (1988): Gilles, P., Stromboli, (Eigenverlag) Evangelisches Krankenhaus Bad Godesberg.
Ders. (1988): Die verwunschene Seele deiner Träume, Michael Buthe und seine Klasse, (Eigenverlag) Evangelisches Krankenhaus Bad Godesberg.
Ders. (1989): Ayurveda Therapeutikon 2, 105-110.
Rabe, R. (1989): Professor Ott's »Kunst im Krankenhaus«. Mediziner, Mentor und Mäzen, Vasomed aktuell 12/89, 62-63.
Weiss, E. (1987): Heilungswirkung der Kunst – Zwischen Tradition und Fortschritt, in: G.H. Ott, 1987a.
Weiss, E. / Smerling, W., Hg. (1987): Der andere Blick, Köln.

Die im Beitrag besprochenen Kunstwerke sind in Weiss/Smerling (1987) und Ott (1979) abgedruckt.

Dorothea Sich

Gedanken zu einer Hermeneutik des interkulturellen Verstehens in der Medizin

Geschichtliche Quellen belegen: Religion und Medizin haben gemeinsame Wurzeln. In den alten Kulturen, Ägypten, Mesopotamien, Babylon, bis hin zu Griechenland, aber auch in Indien und China haben Priesterärzte für die Gläubigen ihrer Kulturen die Fähigkeit besessen zu heilen. Sie taten dies durch Vermittlung zwischen den zwei Erfahrungswelten im Menschen:
– der Welt der Schöpfung oder des Ursprungs der Gesetze aller Existenz, wie immer er sich diese vorstellte, die sein Ursprung ist, und
– der objektiven physischen Welt, wie immer er sie sinnlich erfuhr und gestaltete.

Erkrankung war offenbar eine Störung in einem Individuum oder in der Gemeinschaft, die als Ausdruck von Störung des Verhältnisses dieser beiden Erfahrungswelten verstanden wurde. Die Heiltätigkeit des Priesterstandes war dann Wiederherstellung des Gleichgewichts oder der Harmonie zwischen den Kräften dieser Erfahrungswelten im gestörten Menschen oder in der gestörten Gemeinschaft.

Wir beobachten noch heute in den verschiedenen Kulturen, daß Schamanen, Priester und Medizinmänner nach diesem Prinzip (das man sich in Analogie zum physikalischen Prinzip der kommunizierenden Röhren verständlich machen kann) ›heilen‹. Ich möchte es mit dem Begriff »Brückenprinzip« bezeichnen.

Gesellschaftliche Differenzierung und berufliche Professionalisierung haben im Verlauf der Entwicklung Religion und Medizin unterschiedliche gesellschaftliche Funktionsbereiche zugewiesen. Diese haben in unserer modernen westlichen Gesellschaft aufgrund spezifischer historischer Konstellationen sehr wesensfremde Wissenschaften mit unterschiedlichen Paradigmen hervorgebracht. Auf dem Hintergrund des Descartschen Dualismus von res cogitans und res extensa entwickelten sich die Naturwissenschaften frühzeitig, während die Geisteswissenschaften zunächst im Bereich der Hegemonie der Kirche blieben und zu ›Spätentwicklern‹ wurden – dies war mit ein Grund für die Tiefe der Spaltung unserer Wissenschaften in den naturwissenschaftlichen und geisteswissenschaftlichen Bereich.

Sowohl unsere Religion wie unsere Medizin breiteten sich über alle Kulturen aus. Sie finden auch in solche Eingang (und vermutlich sind das nahezu alle), in deren Tradition eine nicht so radikale Trennung der Bereiche des Materiellen und des Geistigen stattgefunden hat. Diese müssen die Trennung nun mit der Absorption modernen Kulturgutes (Geld, Transport, Technik usw.) nachvollziehen. Das ist wahrscheinlich das zentrale Drama unserer Zeit, das auch in der Medizin seinen Ausdruck findet. Es wird sich zeigen, ob diese Kulturen auf Dauer die Kraft aufbringen, sich dabei mit ihrem eigenen kulturellen Erbe auseinanderzusetzen. Das könnte der Wissenschaft nach dem Jahre 2000 sehr dienlich werden.

Theo Sundermeier weist in seiner Einführung auf den religiösen Pluralismus in den verschiedenen Kulturen hin und auf einen Paradigmenwechsel in den modernen Wissenschaften. Er stellt im modernen Menschen eine Art »Schwellenbewußtsein« fest für eine neue Art zu denken, das auch in diesen Ländern fruchtbar werden wird. In diesem Symposium bemühen sich Theologen um eine »Hermeneutik der interkulturellen Begegnung« mit dem Wunsch, es möge eine Sprache geben, die verbindet, die sich systematischer Zugänge, Symbole und Definitionen zur Religion und zum Christentum in verschiedenen Kulturen bedient, die über hegemoniale, rassistische und egozentrische Eierschalen einer bestimmten Kultur hinausfindet und die über interkulturelle Unterschiede hinaus Solidarität möglich macht.

Diese Gedanken rufen bei einem Arzt mit Entwicklungsländerfahrung und Interesse an Kulturanthropologie ein Echo zu den Überlegungen hervor, die auf dem Hintergrund ethnomedizinischer Arbeit an vielen Orten zur modernen Medizin angestellt werden. Diese sind im Moment noch sehr diffus. Auch ist die Situation der Medizin problematischer als die der Theologie aufgrund der fast ausschließlich somatischen, d.h. kulturblinden Orientierung der ›modernen‹ Medizin. Für diese sind die bereits möglichen Gegengewichte, die wir im tiefenpsychologischen und psychosomatischen Ansatz bei der Beurteilung des kulturellen Faktors in der Medizin finden können, noch keineswegs wirksam; insbesondere nicht im modern-medizinischen Sektor der Kulturen der Dritten Welt, in die ja in erster Linie der naturwissenschaftliche Denkansatz und die materielle Komponente der modernen Medizin transferiert wurde.

Hier führt der schnelle Einbruch modern-medizinischer Elemente oft zu verwirrenden Erfahrungen der Kulturteilnehmer. Sie finden sich im Krankheitsfall im pluralistischen Medizinsystem mit seinen unterschiedlichen Traditionen und den damit zusammenhängenden Bedeutungssystemen nicht mehr zurecht. Diese Situation des Kulturwandels bestimmt jetzt auf nicht einsehbare Weise Gesundheits- und Krankheitserfahrung der Laien und ihre Benutzung verfügbarer Ressourcen bei der Bemühung um Genesung. Dieser Situation gilt mein besonderes Interesse, da sie fast jedes Individuum betrifft, das in einer Situation des medizinischen Kulturwandels erkrankt.

Es gibt kaum kulturelle Systeme, deren Lebenswelten von modern-medizinischen Einflüssen freigeblieben sind. Sie wurden alle in unterschiedlichem Grade von der modernen Medizin beeinflußt und unterliegen in großer kultureller

Unterschiedlichkeit einem für sie charakteristischen medizinischen Modernisierungsprozeß. Sehr unterschiedliche medizinische Traditionen und Lebenswelten absorbieren demzufolge in unterschiedlichem Grade und auf vielfältige Weise modernmedizinische Elemente und entwickeln sich zu etwas Neuem. Der ›modernmedizinische‹ Sektor wird dabei durch politische Entscheidungen mit Dominanzstrukturen ausgestattet, die den unseren ähneln. Sie reichen oft vom Gesundheitsministerium bis ins letzte Dorf. Die Zugängigkeit kurativer Einrichtungen ist, gemessen an dem bei uns vorhandenen Versorgungsniveau, zwar gering bemessen. Und natürlich gibt es Bedarf, mehr von diesen Segnungen zu erhalten. Doch diese Segnungen sind durchaus nicht so eindeutig, wie wir es gerne hätten. Ihr janusköpfiger Charakter zeigt sich überall dort, wo wir Patientenschicksale mit medizinischen und ethnographischen Methoden analysieren und dokumentieren.

Hier ein Beispiel zur Dokumentation. Es soll als erste Grundlage für eine Reflexion des Gedankens einer interkulturellen Hermeneutik in der Medizin dienen:

»Es war erstaunlich, wie die ganze Atmosphäre im Krankenhaus sich nachts änderte! Das war wie zwei verschiedene Welten: Am Tage beherrschte die hochorganisierte Welt des europäischen Arztes und der Schwestern die Szene und verbreitete Vertrauen. Und nachts die mystische, angstbeladene Welt des afrikanischen Busches, die die Menschen ergriff. Wenn der europäische Stab das Haus verließ, erfüllten gefährliche Geister und magische Mächte die Dunkelheit. Die Menschen hockten nahe zusammen und besprachen die Ereignisse des Tages. Sie dachten an die Anästhesie, die ›eine Person fast tot macht‹ und an den Chirurgen, der am Patienten operieren kann und ihn wieder lebendig macht – ein großer Zauberer mit erstaunlichen Kräften ausgestattet. Die Leute liebten und fürchteten ihn gleichermaßen. Wenn ein Patient sich nicht so schnell erholte, wie sie das erwarteten, flammten Angst und Verdacht auf. Die Verwandten gingen noch einmal alles durch, was der Doktor gesagt oder getan hatte. Hatte er den Patienten angelächelt? Oder hatte er die Stirne gerunzelt? War irgendwie mißmutig? Warum wurde der Zustand des Patienten nicht besser? Irgendjemand mußte dafür Verantwortung haben. Boten wurden zurück ins Dorf gesandt, die dem Medizinmann über den Zustand des Patienten berichteten und um Rat fragten.

Besorgte Leute ... flüsterten über Vergiftung und Hexerei. Vielleicht benutzte der Nachbar, der nie zu Besuch kam, schwarze Magie gegen den Patienten. Oder vielleicht kam der böse Einfluß von dem Patienten im nächsten Bett, der einem anderen Stamm angehört? Manchmal sagte der Medizinmann der Familie, daß der Patient nur gesunden könne, wenn er nach Hause gebracht werden würde. Dann wurden die Leute äußerst unruhig und nach stundenlangen Diskussionen packten sie dann manchmal zusammen und schlichen sich nachts mit dem Patienten aus dem Krankenhaus. Das gleiche konnte passieren, wenn der Patient fühlte, daß er sterben würde. Sie wollten zu Hause sein, wo das angemessene Sterbe- und Begräbnisritual durchgeführt werden konnte.

Zum Ärger und Erschrecken des Arztes passierte es, daß schwerkranke Patienten mit Intensivpflege bei der Visite am Morgen verschwunden waren. Schweigen begegnete dann seinem Ärger; niemand wagte es ihm zu sagen, daß die Familie ihn nach Hause auf's Dorf genommen hatte, weil sie überzeugt war, er würde sterben« (Jilek-Aall, 1978)[1.].

Diesem Beispiel ließen sich ungezählte auch aus anderen Kulturen zur Seite stellen. – Auch auf verschiedenen Ebenen: der des Individuums, der Familie wie auch der Gesellschaft. Es läßt sich um die Situation traditioneller Migranten in medizinischen Einrichtungen moderner Industrienationen ergänzen. Ihnen ist gemeinsam, daß sich bei ethnographischer Dokumentation und Analyse der Eindruck großer Verwirrung aufdrängt.

Wir können annehmen, daß in intakten traditionellen Medizinsystemen, die vom westlichen Medizintransfer nicht betroffen sind (wenn es sie noch gäbe), kulturelle medizinische Bedürfnisse und kulturelle medizinische Antworten in mehr oder weniger effizienter Form einander entsprechen. Jede Kultur ist mit der Störung ›Krankheit‹ (die kulturell unterschiedlich konstruiert wird) konfrontiert und mußte Mechanismen entwickeln, sie in den Ablauf des Alltags zu integrieren und zu ›heilen‹.

Der Transfer modern-medizinischer Elemente ist in all diesen Systemen eine Herausforderung, das Welt- und Menschenbild moderner Industrienationen zu übernehmen, um auch ihre medizinischen Segnungen zu übernehmen. Nur so können diese voll wirksam werden, und Transfer allein tut es nicht. Dieser bewirkt zunächst im traditionellen Laiensystem eine Konfrontation mit dem ›modernen‹ Gesundheits-, Krankheits- und Medizinverständnis und oft einen weitgehend unbewußten medizinisch-kulturellen Konflikt, für den die beschriebene Situation im afrikanischen Krankenhaus der Veranschaulichung diente. Sie ist in ihrer spezifischen Art für die Situation dieser Kultur typisch und auf andere nicht übertragbar. Sie hat aber allgemeine Charakteristika, die wir im Kulturwandel medizinischer Systeme überall wiederfinden: Eine Störung der Orientierung, was im Krankheitsfall zu geschehen hat, durch eine Infragestellung bzw. Entwertung des traditionellen Bedeutungssystems um Gesundheit und Krankheit. Da es praktisch keine intakten, von der modernen Medizin unbeeinflußten Medizinkulturen mehr gibt, spielt sich überall Ähnliches ab. Dies läßt sich mit ethnographischen Methoden in fast jedem einzelnen Patientenschicksal nachweisen und dürfte im Laiensektor große Probleme verursachen. Beispiele und Dokumentationen gibt es die Fülle, allerdings nirgendwo in systematischer Form auf den Einfluß moderner Medizin hin untersucht. Erstaunlicherweise entgehen die kulturellen Hintergründe und Problemkonstellationen nahezu überall der Reflexion.

1. Dieser Text wurde dem Buch »Call Mama Doctor« von Alice Jilek-Aall (S. 20f.) entnommen und von der Autorin ins Deutsche übersetzt.

Der erwähnte Text wurde mehrfach Ärzten aus Entwicklungsländern (westlich oder ›national‹) oder Ärzten mit Entwicklungslanderfahrung vorgetragen. Sie finden daran nichts Besonderes. Solche Situationen sind ihnen im modernen Sektor der Entwicklungsländer Alltagserfahrung. Ebenso geht es den Patienten. Konfrontation mit der Absurdität solcher Situationen erweckt höchstens punktuell Ärger, Frustration und Hilflosigkeit. Die Betrachtung des kulturellen Kontextes und die Konsequenzen, die daraus zu ziehen nützlich wären, bleiben deshalb unter dem Wahrnehmungshorizont. Anders bei Studenten, die solche abstumpfenden Erfahrungen noch nicht gemacht haben. Sie äußern gegenüber der geschilderten Situation Hilflosigkeit, Frustration und Wut. Dabei beunruhigt besonders der Verlust dessen, was oben am Beispiel der Priesterärzte mit ›Brückenfunktion‹ angedeutet wurde.

Es ist ein durchaus undankbares Geschäft, diese Problematik in systematischer Weise zur Diskussion zu stellen. Zunächst, da es ja noch keine Lösung beinhaltet, provoziert ein Hinweis auf die Notwendigkeit zur systematischen Untersuchung kultureller Konfliktsituationen in der Medizin Reaktionen von Ärger, Frustration und Hilflosigkeit oder Unterdrückung der Wahrnehmung. Es gibt noch kaum Überlegungen und Ressourcen, diese Situationen zu erforschen und nach Handlungsanleitungen zu ihrer Überwindung zu streben. Und doch wäre es unendlich lohnenswert, zumal das Handwerkszeug dafür bereit steht.

Man muß dazu Medizin als kulturelles System untersuchen, wie dies mit der Sprache, der Religion und anderen kulturellen Funktionsbereichen schon lange geschieht und ganze Wissenschaftszweige beschäftigt.

Leider gibt es kaum Dokumentationen über traditionelle Medizinsysteme, und diese zerfallen sehr schnell. Doch ist dies kein Hindernis, ein solches Arbeitskonzept auf den jetzigen Zustand medizinischer Systeme anzuwenden und die Erfahrungen zu betrachten, die Erkrankte und relevante andere Kulturteilnehmer mit ihren sich wandelnden Medizinsystemen, auch dem unseren, machen.

Die beschriebenen Probleme sind eine Herausforderung, den tatsächlichen Stellenwert der modernen Medizin und ihre Handlungsvoraussetzungen im Kulturkontext zu bestimmen. Ein einziger ethnographisch dokumentierter Erkrankungsverlauf, mit Inventur aller erreichbaren Vorstellungen und Verhaltensweisen aller Beteiligten und interpretiert im Kontext der kulturellen Lebenswelt, kann Einsichten in den Alltag kultureller Medizinsysteme und die Qualität der Funktion des modernen Sektors erschließen, die gewöhnlich nicht vorliegen. Beispielsweise dürften im geschilderten Krankenhausablauf ein bis drei im Kulturkontext interpretierte ethnographische Fallstudien den zu Lasten der Patienten entstandenen Eindruck von Absurdität relativieren, dabei das ganze kulturelle Medizinsystem ins Gesichtsfeld bringen, die logische und sinnvolle kulturelle Erfahrung, die dem Handeln zugrundeliegt im Rahmen dieses Systems einsehbar machen und die Lage im Krankenhaus in diesen Kontext stellen. Deshalb werden solche Krankenhausabläufe selbst nicht sinnvoller. Aber der Anteil, den auch die ›moderne‹ Medizin daran hat, wird einsehbar.

Ein Beispiel für eine solche im Kulturkontext hermeneutisch interpretierte Fallstudie über ein medizinisches Problem sei im folgenden gegeben:

In Korea war bis in die jüngste Vergangenheit Neugeborenentetanus eine häufige Todesursache von Säuglingen. Trotz recht guter moderner Versorgungsangebote, die ökonomisch wie geographisch gut zugänglich waren, wurden erkrankte Säuglinge selten in die Klinik gebracht, und eine ›kulturelle Barriere‹ war zu vermuten. Der zu besprechende Fall wurde im Rahmen einer ethnographischen Studie an 30 Schwangeren in 20 Dörfern eines Einzuggebietes mit 14.000 Einwohnern untersucht, mit der genannten ethnographischen Inventur von Vorstellungen, Erfahrungen und Begleitumständen bei allen relevanten Beteiligten.

Frau K., eine junge Bäuerin, hat ihr erstes Kind geboren. Es ist zunächst gesund. Die folgenden Informationen über ihre Erfahrungen werden aus der großen Fülle von Material zur Inventur des Mutterschaftsverhaltens im Zielgebiet rekonstruiert. Am vierten Tag trinkt und schläft das Kind nicht mehr, schreit und wimmert und hat Zuckungen. Alles deutet für die Angehörigen darauf hin, daß es die ›Schreckkrankheit‹ hat. Dies ist eine seit altersher bekannte, außerordentlich gefährliche Kinderkrankheit, von der sie wissen, daß sie die Kinder von Geburt an bis etwa zum zehnten Lebensjahr befallen kann und daß sie beim Neugeborenen zwei charakteristische Ursachen hat: erstens, das Kind erschrickt. Dabei wird bereits der Moro-Reflex des Neugeborenen als Vorstadium der Krankheit interpretiert.

Bei Lärm und plötzlichen Bewegungen zuckt ein normales Neugeborene und macht Greifbewegungen. Das ist physiologisch gesehen ein Residium des Klammerreflexes, durch den z.B. ein neugeborenes Äffchen sich bei Erschütterungen im Fell der Mutter festkrallt, wenn sie plötzlich springt oder fliehen muß. Das weiß die Bäuerin natürlich nicht. Sie sieht, daß die Klammerbewegungen bei plötzlichem Lärm oder Erschütterung der Unterlage auftreten, und deutet dies als ›Erschrecken‹, und sie weiß, daß man ein Neugeborenes deshalb sehr vorsichtig aufnehmen muß, um damit dem Vorstadium der Schreckkrankheit vorzubeugen. Sie wird dazu von der Umwelt – Schwiegermütter, erfahrene Frauen aus dem Dorf – angehalten und bestärkt.

Die zweite Art von Ursache ist übernatürlich. Zur Zeit der Geburt zieht ins Haus die mächtige Fruchtbarkeitsgottheit ›Samshin‹ ein und installiert ihre Herrschaft. Sie segnet die Familie mit diesem Kind und beurteilt gleichzeitig, ob diese des Segens würdig ist. Dementsprechend gestaltet sie das Schicksal des Kindes, und sie kann es einer unwürdigen Familie wieder durch den Tod entreißen oder sie durch ein behindertes Kind bestrafen.

Seit altersher gehört es deshalb zu den Pflichten der ganzen Familie, nach der Geburt Mutter und Kind ungeteilte Aufmerksamkeit zukommen zu lassen, Haus und Hof rein und ruhig zu halten, bestimmte Rituale zu erfüllen und jeden fremden Einfluß fern zu halten. Insbesondere wird jedem Außenstehenden das Betreten des Gehöftes verwehrt, übrigens auch dem Arzt und der Hebamme, die sich um die Geburtsgottheit ja nicht kümmern. Als am gefährlichsten gelten Leute mit einem Todesfall in der Familie. Sie bedeuten auch Todesgefahr für das Kind. Es ist leicht vorstellbar, wie bei Geburt und Tod die Pforten zum geheimnisvollen Jenseits offen sind und wie leicht ein Neugeborenes dann in seine bessere Heimat schlüpfen möchte.

Das Material zu diesem Fall wurde in einem Gebiet gesammelt, in dem es auch ein Primary Health Care (PHC) Projekt gab. Dabei wurde folgende Beobachtung gemacht: In der Mutter-Kind-Fürsorge arbeitete eine Schwester, die ein kleines weißes Schleifchen im Haar trug. Man wunderte sich über den Widerstand, mit dem die Bevölkerung ihrer doch so nutzvollen Arbeit begegnete. Das Schleifchen aber ist in Korea Zeichen für den Verlust eines nahen Angehörigen, und die Mutter dieser Schwester war kürzlich verstorben. In dem Projekt hatte niemand eine Ahnung von diesen Vorstellungen und Ängsten, die in den Zielfamilien durch dies Schleifchen provoziert wurden.

Dies Beispiel illustriert eine häufige Beobachtung: Moderne Gesundheitsarbeiter sind, obwohl derselben Kultur angehörig, traditionellen Vorstellungen meist entfremdet, so daß sie solche Zusammenhänge, die für sie zum reinen Aberglauben geworden sind, nicht mehr durchschauen. Das traf in diesem Fall auch auf Mitarbeiter und Vorgesetzte der Schwester zu. Sie haben sich selbst dem Fortschritt gewidmet, sie übernehmen damit die naturwissenschaftliche Einseitigkeit der Beurteilung der modern-medizinischen Leistung. Für sie ist es lästig, überflüssig und eine Zumutung, sich mit Vorstellungen einer für sie obsoleten Vergangenheit zu beschäftigen. Sie müssen sich an den Einstellungen moderner Medizin und Kultur orientieren und brauchen dazu ihre Kraft. Die Leistungsanforderungen des ›modernen‹ Systems, d.h. entsprechendes Wissen zu pflegen, Daten zu sammeln und Dienste zu leisten, sind mit alten Vorstellungen auch für sie unvereinbar. Sie sind sich nicht bewußt, daß das moderne System die kulturelle Dimension und damit die spezifische Situation ihrer Bevölkerung ignoriert. Deren Reaktionen zu beachten, das heißt, ›kulturelle Barrieren‹ ernst zu nehmen und sie im Kulturkontext, im Bezug zur Lebenswelt der Zielgruppe und nicht nur im Bezug zur modern-medizinischen Arbeit zu interpretieren, bedeutet für sie, sich selbst in Frage zu stellen.

Frau K., ihr Mann und ihre Schwiegermutter leben in diesem Projektgebiet. Sie erleben mit Sorge die bedrohliche Krankheit ihres kleinen Sohnes. Es waren tatsächlich nach der Geburt Gäste im Haus gewesen, und man weiß nicht mit Sicherheit, ob in deren fernerer Verwandtschaft jemand gestorben ist.

Dem Kind geht es zunehmend schlechter. Der Gesichtsausdruck ist schrecklich anzusehen. Sie hatten schon vor der Geburt, prophylaktisch, aus Sorge vor dieser Krankheit eine chinesische Medizin bereitgestellt. Die aber hilft nicht. Sie erwägen, mit dem Kind ins Krankenhaus zu gehen, aber sie verwerfen den Gedanken nach reiflicher Überlegung. Und zwar aus folgenden Gründen:

1. Die Großeltern im Haus sind dagegen. In ihrer konfuzianischen Kultur ist oberstes Gebot des zwischenmenschlichen Verhaltens die Kindespflicht. Sie schließt ein, daß man sich dem Wunsch und Rat der erfahrenen älteren Generation auch entgegen eigener Ansichten und Maßstäbe zu beugen hat.

2. In Haus und Dorf herrscht die traditionelle Ansicht: es sei gefährlich und provoziere die Gottheit, ein so junges Wesen aus dem Haus zu tragen. Es heißt, das bedeutet mit Sicherheit den Tod des Kindes. Sollte nun das schwerkranke Kind trotz Krankenhausbehandlung sterben, dann zieht das ungehorsame Paar nicht nur den Zorn der Alten auf sich, die dann Recht behalten haben. Sie setzen sich darüber hinaus der öffentlichen Nachrede aus, das Gebot der Kindspflicht verletzt zu haben und zu Recht mit dem Tode des ersten Sohnes bestraft worden zu sein. Stirbt das Kind dagegen im Hause, dann ist das ein Schicksal, für das sie Mitgefühl und Trost erwarten dürfen.

3. Die moderne Medizin steht in dem Ruf, von der Schreckkrankheit nichts zu verstehen und sie nicht behandeln zu können.

Die Schreckkrankheit ist ein sogenanntes ›kulturgebundenes Syndrom‹. D.h., es gibt in der modernen Medizin kein vergleichbares Krankheitsbild, und es scheint dem modernen Establishment überflüssig, solche ›eingebildeten‹ Phänomene in der Bevölkerung zu beachten. In der Bevölkerung werden sie jedoch immer wieder erfahren. Man kennt ihre Symptome, ihren Verlauf, ihre Prognose, Verhütungsmaßnahmen und Therapie. Sie sind Teil kultureller Krankheitserfahrung im Alltag. Sie sind innig mit dem kulturellen Wert- und Selbstverständnis verwoben. Zweifel an ihrer Realität wäre absurd. Im Hinblick auf diese Krankheiten zweifelt man, nicht nur bei der Schreckkrankheit, an der Hilfe der modernen Medizin.

Moderne medizinische Einrichtungen hingegen bestehen erst seit Beginn des 20. Jahrhunderts. Die Ärzte hier sind naturwissenschaftlich-universalistisch orientiert. Und sie registrieren mit Kopfschütteln die in ihren Augen irreale Angst der Angehörigen, die Kinder mit der eigenen Diagnose ›Schreckkrankheit‹ zur Klinik zu bringen. Die Kinder jedoch, die sie zu sehen bekommen, sind ausschließlich jenseits des Neugeborenenalters, aus den geschilderten Gründen, die aber die Ärzte nicht kennen. Gewöhnlich handelt es sich um Kleinkinder im Trotzalter, die sich in einen Zornesausbruch hineingesteigert haben, mit unkontrollierbarem Schreien, Auf-den-Boden-Werfen usw. Die Ursache ist für die Angehörigen ein ›Schreckereignis‹, für die Ärzte ein ›temper tantrum‹. Die Kinder sind klinisch meist völlig unauffällig. Die Ärzte sehen sich nun nur vor der Aufgabe, die vor Sorge halb wahnsinnigen Verwandten zu beruhigen. In großen Ausnahmefällen kann ein Fieberkrampf und noch seltener ein Krampfanfall als Begleiterscheinung einer Enzephalitis oder anderen neuropathologischen Ursache dahinterstecken. Für die Erfahrung der Ärzte ist jedoch die Regel: Schreckerkrankte Kinder sind unauffällig. Und es ist auch die Regel, daß sie den Familien mitteilen: das Kind ist gesund, es gibt keinen Grund zur Sorge, man kann beruhigt heimgehen.

Die Bevölkerung aber zittert nach wie vor vor dieser Erkrankung, und sie hat guten Grund dazu. Ihre Kinder sterben in der Tat an der Schreckkrankheit. In der genannten Zielgruppe von 30 Frauen der ethnographischen Studie zur Mutterschaft verloren zwei ein neugeborenes Kind an der Schreckkrankheit. Eine davon ist Frau K., deren Erfahrungen wir nun weiterverfolgen: Ihre letzte Chance, von der modernen Medizin Gebrauch zu machen, sieht sie in der Apotheke. Ihr Mann läuft denn auch im weitesten Umkreis zwei Tage lang alle Apotheken ab. Überall bekommt er die Information: Für ein so kleines Kind gibt es keine moderne Medizin – alles sei auf jeden Fall zu stark. Ein mitleidiger oder geschäftstüchtiger Verkäufer gibt ihm schließlich eine dicke grünliche Flüssigkeit mit dem Hinweis, das Kind dürfe höchstens einen Teelöffel voll erhalten.

Sie geben dem Kind nur einen halben Teelöffel voll, und endlich wird es ruhig und schläft ein. Als sie eine halbe Stunde später nach ihm sehen, ist es tot.

Die Grausamkeit der Schreckkrankheit hat sich für sie erwiesen, die Unfähigkeit der modernen Medizin, sie zu heilen, bestätigt. Für das PCH Projekt ist wieder ein Kind durch völlig unverständliches Verhalten der Angehörigen an Neugeborenentetanus gestorben. Gründe und Hintergründe dafür hat erst die KMA Untersuchung gebracht. Sie hat das durch ihre vergleichende Analyse von beiden – Verhalten der Bevölkerung und der modern-medizinischen Betreuung – aufdecken können.

Es ist dies zwar ein Einzelfall aus einer Kultur zu einer bestimmten Zeit. Er veranschaulicht aber ein allgemeines Prinzip, nämlich daß kulturell bedingte Effizienzprobleme moderner medizinischer Versorgung überraschend viele Ursachen haben, deren Charakter kulturspezifisch ist und die deshalb nur in der Kultur als Ursache wirken, in der sie festgestellt wurden. Es sind Ursachen, die für die Schulmedizin allgemein völlig irrelevant sind, aber für die Schulmedizin in einer bestimmten Kultur von großer Tragweite werden. In diesem Fall sind die Ursachen:

1. Der kulturgebundene Charakter der Schreckkrankheit.
2. Der Samshin-Glaube.
3. Die moralische Verpflichtung der jungen Eltern zur Einhaltung der Kindspflicht.
4. Die zu erwartenden familiären und sozialen Sanktionen, wenn diese nicht eingehalten wird.

5. Die Unkenntnis dieser Gegebenheiten im modern-medizinischen Establishment.

Nur dieser letzte Punkt ist universal und in allen Kulturen ein wesentlicher Faktor. Punkte 1-4 sind dagegen nur in der traditionellen koreanischen Kultur relevant.

Als Schlußfolgerung zu dieser Einsicht wäre nun zu fordern, daß für ein bestimmtes Effizienzproblem des modernen Ansatzes nicht nur die Zielgruppe in Betracht gezogen wird, sondern daß auch die modern-medizinische Versorgung im spezifischen Kulturkontext analysiert wird, um ihr Angebot akzeptabler machen zu können. Das wäre langfristig gesehen der billigere und humanere Weg.

Wenn man solche kulturanthropologischen Untersuchungen genügend oft machen und in ihrer Konsequenz reflektieren würde, könnte sich angesichts ihrer Beweislast der Gedanke aufdrängen: »Wir brauchen in der Tat eine interkulturelle Hermeneutik der Medizin.« Wir brauchen ein Instrumentarium zu einer Standortbestimmung der ›modernen‹ Medizin im Kulturkontext und dazu geisteswissenschaftliches Instrumentarium der Ethnologie, Phänomenologie und Hermeneutik. Die Schwierigkeit, die dem im Wege steht, ist die Forderung der Naturwissenschaften nach objektiven Bewertungskriterien. Solche Forschung unterbleibt zur Zeit noch größtenteils deshalb, weil diese noch nicht vorliegen. Sie können aber entwickelt werden.

Die Beweislast solcher Forschung ginge sicher dahin, daß nicht die Menschen fremder Kulturen allein sich zu ändern hätten, sondern daß auch die Mitarbeiter im modernen Medizinsektor und in der Gesundheitspolitik lernen müßten, sich an der Lebenswelt der Kulturteilnehmer systematisch zu orientieren, damit sie Auswüchsen der medizinisch-kulturellen Konflikte entgegensteuern können.

Bis dahin mag es ein weiter Weg sein. Doch angesichts der Probleme in der Entwicklungsmedizin drängt sich solch eine Betrachtungsweise überall und immer häufiger als notwendig auf.

Moderne Medizin wurde in diesem Jahrhundert vorwiegend als Naturwissenschaft des Körpers und weniger als anthropologische Wissenschaft betrieben. Die Grenzen dieses Ansatzes zeichnen sich mit großer Deutlichkeit ab. Er ist in dieser Einseitigkeit nicht geeignet, die größeren gesellschaftlichen Probleme von Gesundheit und Heilungsbedürfnis, auch in den Industrienationen nicht, zu bewältigen.

Ärzte aller Kulturen und Zeiten haben immer die lebensweltlichen Erfahrungen ihrer Patienten mit einbezogen. Unsere modernen Ärzte tun es intuitiv auch heute. Die wissenschaftliche Medizin aber hat sie ausgeblendet. In der Ausbildung wird sie nicht systematisch gelehrt. Die Balintgruppen sind in diesem Zusammenhang ein erfreulicher Lichtblick. Es wäre schön, könnte jeder Medizinstudent das ganze Studium hindurch in seinen Erfahrungen mit Patienten von einer solchen begleitet werden.

In der Entwicklungsmedizin erscheint dieser blinde Fleck jedoch nun in Form von Effizienzstörungen moderner Entwicklungsprojekte. Die Ursachen werden vorwiegend auf das Klientel der fremden Kultur projiziert und als Fehlverhalten von Patienten und Zielgruppen registriert. Die Lösung wird nur in Gesundheitserziehungskampagnen gesehen. Das aber reicht nicht aus.

In unserer Kultur gibt es noch nicht wieder eine etablierte Philosophie von Gesundheit, Krankheit und Medizin, obwohl die Medizin einmal eine philosophische Disziplin war. Religion und Medizin sind beide eine Konstante im Erscheinungsbild der Völker, haben beide abgrenzbare Funktionsbereiche im Alltagsleben. Doch eine vergleichende Betrachtung suchen wir in der Medizin bisher vergebens. Die Religionswissenschaften sind der Medizinanthropologie weit voraus.

Neuerdings wurde in der Medizinanthropologie ein Ansatz aus der interpretativen Ethnologie eingebracht, der nun auch Wege zur systematischen Untersuchung des medizinischen Funktionsbereichs einer Kultur eröffnet. Ähnliches geschah mit dem psychosomatischen Ansatz von von Uexküll und Wesiack in der Medizin. Mit ihm kann der modern-medizinische Sektor nach den gleichen Kriterien analysiert werden wie der traditionell-medizinische und der laienmedizinische Sektor. Auch das Beispiel unserer Krankenhaussituation (s.o.) würde durch einen solchen Ansatz im Gesamtkontext beurteilbar. Der ethnologische Ansatz geht auf Clifford Geertz zurück, und nur dieser soll hier besprochen werden (Geertz, 1983, und von Uexküll & Wesiack, 1988).

Geertz geht von einem Kulturbegriff aus, für den kulturelle Bedeutung bzw. kulturelle Symbolik maßgeblich ist. Kultur ist aus dieser Sicht ein System überkommener Vorstellungen, die sich in symbolischen Formen ausdrücken, ein System, mit dessen Hilfe die Menschen ihr Wissen vom Leben und ihre Einstellungen zum Leben mitteilen, erhalten und weiterentwickeln. (Man müßte an dieser Stelle seine Definitionen von Begriffen wie ›Symbol‹, ›Kulturmuster‹ und ›Modell‹ behandeln, was hier zu weit führen würde.)

Arthur Kleinman, ein amerikanischer Psychiater, Ethnologe und Medizintheoretiker, hat diesen Ansatz für kulturelle Medizinsysteme anwendbar gemacht (Kleinman, 1980). In etwas adaptierter Form heißt das: ›Kulturelle Medizinsysteme‹ sind Bedeutungszusammenhänge um Krankheit und Gesundheit, die das Verhalten der Kulturteilnehmer (z.B. durch semantische Netzwerke) steuern und so Erkrankung (was immer man darunter versteht) in den Alltag der Kulturteilnehmer integrieren.

Die Funktion eines kulturellen Medizinsystems ist die Integration und Bewältigung des »Störfaktors Krankheit« in den Alltag, so daß der Lebenslauf von Erkrankten und von anderen Betroffenen möglichst wenig beeinträchtigt ist und möglichst bald und möglichst vollständig eine Restitutio ad integrum erfährt.

Das ist die Funktion eines kulturellen Medizinsystems, unabhängig von dem, was die Kulturteilnehmer als ›Krankheit‹ wahrnehmen, und auch davon, ob das System einfach oder pluralistisch, ›traditionell‹ oder ›modern‹ ist. Selbstverständlich stehen hinter den jeweiligen Bedeutungszusammenhängen Werte, Normen, Bräuche, Machtkonstellationen, Rollenzuweisungen, kulturelles Wissen, Ressourcen, Institutionen und die Tradition, die all dies vermittelt und im Zusammenhang zur Selbstverständlichkeit werden läßt. All dies sieht in unterschiedlichen Kulturen sehr unterschiedlich aus.

Auch die Medizin der Industrienationen mit ihrer Tradition eines ungleichen Gewichts von Natur- und Geisteswissenschaften und dem dazugehörigen Verhalten ihrer Laien und Ärzte wird systematisch erfaßbar. Damit läßt sich auch die Problematik des medizinischen Kulturwandels und ihre Dimension einsichtig machen. Dafür in Zusammenfassung ein Beispiel aus einer Heidelberger medizinischen Dissertation (Heller 1985):

Die Tamang im Cautaratal in Nepal wurden 1972 von einem deutschen Arzt und einem deutschen Ethnologen untersucht. Sie fanden, daß die Tamang etwa 40 ›traditionelle‹ Erkrankungen kannten. Die Hitzekrankheit (Karo) und die Kältekrankheit (Sarti) waren unter ihnen die häufigsten. Für sie kannte die Bevölkerung sehr unterschiedliche Symptome, sehr unterschiedliche Ursachen, sehr unterschiedliche Weisen, auf die die Krankheit in den Körper eindringt, sowie unterschiedliche Zeiten des Tages und des Jahres, an denen sie auftritt, und selbstverständlich auch unterschiedliche therapeutische Maßnahmen. Unter 441 Tamangpatienten wurde die Eigendiagnose mit der Diagnose des modernen Arztes verglichen. Dabei wurde festgestellt, daß bei Krankheiten wie Tuberkulose, schwerer Anämie oder Bronchitis etc. ungefähr die Hälfte der Betroffenen sich für hitzekrank und die andere Hälfte sich für kältekrank hielt. Aus der Perspektive der Tamang war überhaupt nicht nachvollziehbar, warum in ihren Augen so unterschiedliche Erkrankungen mit ein und demselben Medikament behandelt werden sollten. Es gab für sie keine zwingende Logik, den Behandlungsvorschlägen des modernen Arztes zu folgen. Zur erfolgreichen Durchführung eines Tbc-Programms erwartet also das moderne Gesundheitswesen, wie dieses Beispiel deutlich macht, nichts weniger als eine Änderung der Wahrnehmung von dem, was Krankheit ist.

Wenn man bedenkt, daß man Tuberkulose- und andere Gesundheitsprogramme in aller Welt ohne Kenntnis solcher Zusammenhänge durchführt, müßte das Entsetzen groß sein. Nur – es ist einfacher, das Problem an einer Rückschrittlichkeit der Kulturteilnehmer festzumachen, als das Dominanzverhalten der modernen Medizin in Frage zu stellen. Im Hintergrund bleibt die Frage, wie man die Tuberkulose in solchem Kontext nun wirklich am besten bekämpft, zunächst noch völlig offen.

Für die Probleme des Kulturwandels, der Hegemonie und Dominierung durch die moderne Medizin lassen sich auf diesem Hintergrund folgende Hypothesen aufstellen und an Patientenschicksalen im Kulturkontext untersuchen:

a) Eingriffe zur Verbesserung eines Gesundheitsproblems (wie z.B. der Tbc) an einer Stelle im System rufen Veränderungen im Gesamtsystem hervor, deren Gesamtkonsequenz auf Gesundheit nicht ohne weiteres einsehbar ist.

b) Diese Eingriffe können bezüglich der Systemfunktion insgesamt hilfreich, gleichgültig oder schädlich sein (verursachen aber zunächst oft Verwirrung, wie das Tamang-Beispiel mit Sicherheit vermuten läßt und das Beispiel aus Korea zeigt).

c) Die gleiche modern-medizinische Maßnahme hat in unterschiedlichen kulturellen Systemen unterschiedliche Konsequenzen auf die Gesamtfunktion.

Traditionelle Medizinen sind meist sehr gut in der Behandlung von Emotionen, die Krankheit begleiten. Dies entspricht der oben angesprochenen »Brückenfunktion« kultureller Medizinsysteme zwischen den beiden Erfahrungswelten der Kulturteilnehmer. Dies ist mit ihre wichtigste Heilfunktion, und wo sie (wie überall im Kulturwandel) verlorengeht oder gestört wird, ist der Verlust für die Betroffenen groß. Der kulturblinde Transfer von modern-medizinischen Elementen in andere kulturelle Medizinsysteme hat diese Heilfunktion, d.h. die Wirksamkeit der symbolischen Systeme, die die Brückenfunktion leisten, wahrscheinlich überall arrodiert, ohne daß wir uns dessen bewußt werden. Dies läßt sich in KMA-Untersuchungen an individuellen Schicksalen nachweisen. Systematische Forschungen zu diesem Problembereich aber fehlen.

Das zentrale Problem ist: Für die Patienten greift das alte Bedeutungssystem nicht mehr, und das neue greift für lange Zeit noch nicht.

Wir brauchen deshalb in der Tat eine interkulturelle Hermeneutik der Medizin. Nicht nur um die moderne Medizin von hegemonialem und ethnozentrischem Ballast zu befreien, den sie nicht nötig hat. Wir brauchen sie, um ein grundsätzliches Verständnis von naturwissenschaftlicher Medizin im Kulturkontext zu entwickeln, das ein Verständnis vom medizinischen Kulturwandel erlaubt und für die medizinische Versorgung im Kulturkontext ein Urteils- und Orientierungsmaßstab werden kann und muß. Ihre Funktion bedarf im Kulturprozeß und forcierten Kulturwandel der größten Aufmerksamkeit.

Die »Brückenfunktion« muß erkannt, erhalten und gepflegt werden.

Literatur

Dow, J. (1986): Universal Aspects of Symbolic Healing. A theoretical Synthesis, Amerian Anthropologist 88.

Geertz, Cl. (1987): Dichte Beschreibung, Frankfurt a.M.

Heller, G. (1985): Die kulturspezifische Organisation von körperlichen Störungen bei den Tamang von Cautera/Nepal, in: Diesfeld, J. (Hg.): Medizin in Entwicklungsländern, Bd. 18, Frankfurt a.M.

Janzen, J. (1978): The Quest for Therapy in Lower Zaire, London.

Jilek-Aall, A. (1978): Call Mama Doctor, Harcock House Publ.

Kleinman, A. (1980): Patients and Healers in the Context of Culture, Berkeley.

Lévi-Strauss, Cl. (1967): Strukturale Anthropologie. I. Magie und Religion, Frankfurt a.M., Kap.: ›Die Wirksamkeit der Symbole‹, S. 204-226.

Moerman, D. (1979): Anthropology of Symbolic Healing, Current Anthropology Vol. 20,1.

Turner, V. (1968): The Drums of Affliction, Oxford.

von Uexküll / Wesiak (1988): Theorie der Humanmedizin, München.

Dies. (1981): Lehrbuch der Psychosomatischen Medizin, 2. Aufl., Kap. 1-6.

Christoffer Grundmann

Heil und Heilung

1. Allgemeine Wesensmerkmale der Heilkunde

Die Erfahrung von Krankheit und Hinfälligkeit ist genauso allgemein menschlich wie das eifrige Bemühen darum, diesen zu wehren. Zu allen Zeiten und an allen Orten der Erde hat es Heilkunde gegeben, der daran gelegen war, unzeitgemäßen Tod zu verhindern; nicht zufällig heißt die bekannte indische Heilkunde »Ayurveda«, das »Wissen um langes Leben«. Solches Wissen stand immer und überall in hohem Ansehen, hatte es doch – und hat es noch immer – unmittelbar mit dem Geheimnis des Lebens zu tun.

Aus dem Bemühen heraus, durch Krankheit akut gefährdetes Leben zu erhalten und dem unzeitgemäßen Tod zu entreißen, entwickelten sich im Laufe vieler Generationen Heilweisen, die sich mancherorts zu regelrechten Heilsystemen verfestigten, ein Prozeß, der nicht unbedingt planmäßig und einheitlich verlief, sondern als höchst lebendiger Vorgang zu denken ist.

Bereits in prähistorischer Zeit war die Trepanation (Schädelöffnung) eine Krankheitsbehandlung zur Beseitigung von Schmerzen, die dahin gedeutet werden kann, daß dem Krankheit bzw. Schmerzen verursachenden bösen Geist ein Ausgang verschafft werden sollte. Ausgrabungsfunde belegen, daß dieser Eingriff – ohne A- und Antisepsis durchgeführt – auch von einigen überlebt wurde. Eine 1983 in Düsseldorf veröffentlichte ethnomedizinische Studie zeigt, daß auch heute noch die Trepanation im Südwesten Kenias bei den Kisii geübt wird. Obwohl ebenfalls ohne Betäubung und Asepsis durchgeführt, gibt es erstaunlich wenige Komplikationen. Das bedeutet allerdings nicht unbedingt, daß die Trepanation das diagnostische oder therapeutische Mittel der Wahl ist. Aber daß sie am Ende des zwanzigsten Jahrhunderts, dem Anästhesie und Röntgendiagnostik vertraut sind, überhaupt so existiert, zeigt, wie lebendig und unabhängig Heilweisen sich erhalten können.

Neben manchen operativen Fähigkeiten, wie z.B. dem Kaiserschnitt und dem Blasenschnitt, ist auch in der Kräuter- und Arzneimittelkunde wertvolles Erfahrungsgut ältester Herkunft gesammelt und in vielen Kulturkreisen bis auf diesen Tag nur durch mündliche Weitergabe bewahrt worden. Oft haben sehr schmerzliche, ja tödliche Erfahrungen giftige Pflanzen zu meiden gelehrt, heilkräftige zu entdecken verholfen und nahrhafte zu züchten ermöglicht. Es verwundert nicht, daß aufgrund der geographisch bedingten je unterschiedlichen Flora für z.B. ein und dieselbe Krankheit in verschiedenen Gegenden andere Heilmittel Anwendung finden.

Nicht vergessen werden sollte schließlich als weiteres wesentliches Element jeder Heilmethode das Vorhandensein einer wie auch immer gearteten »Lehre vom gesunden Leben« (Diätetik). Diese äußert sich in konkreten Ratschlägen zum Lebensstil, zu Essen und Trinken, zur Sexualität, zum religiösen und sozialen Verhalten. Die Zehn Gebote stellen z.B. eine solche Lehre dar, aber ebenso ist dieses auch die Funktion der Tabus.

In groben Zügen ist auch allen Heilkunden die Struktur der Heilbehandlung gemein: Da gibt es Anamnese, Untersuchung, Diagnose und Therapie als Ausdruck der Fragen nach dem Was, dem Wie, dem Wieso, zugleich aber auch nach dem Warum der Krankheit, dem Wie-jetzt-Weiter. In der jeweils konkreten Ausformung dieser Struktur gibt es auch hierbei eine lebendige Fülle und Farbigkeit, die eilfertige Verallgemeinerungen verbietet. Zum angemessenen Verständnis sind hier gute ethnomedizinische und anthropologische Studien vonnöten, die aber nur dann ihren Gegenstand richtig verstanden haben, wenn sie sich, wie von Frau Sich gefordert, dem Problem der interkulturellen Hermeneutik der Medizin gestellt haben. Die Ethnomedizin ist ein Versuch auf diesem Wege, ein Versuch, dem von der akademisch betriebenen, naturwissenschaftlich begründeten Hochleistungsmedizin oft mit völligem Unverstand begegnet wird. Die von Frau Sich angeführten Beispiele zur koreanischen »Schreckkrankheit« sowie zur Struktur eines funktional ausgerichteten Krankenhauses europäischer Prägung im afrikanischen Kontext machen deutlich, wie berechtigt und dringend diese Forderung ist. Zugleich wird bewußt, wie disparat die jeweiligen Nosologien sind. Die »Schreckkrankheit« ist eben mehr als der bloße Neugeborenentetanus; und es ist gerade dieses »Mehr«, das für das interkulturelle Verstehen, hier besonders: das Gelingen der Therapie, von entscheidender Bedeutung ist. Dieses Mehr liegt weniger in der medizinischen Seite, sondern in der sozialen Konnotation, die ihr beigemessen wird und die dann ihrerseits wieder Rückwirkungen auch auf den medizinischen Prozeß hat. Um ein anderes Beispiel zu nehmen: Es macht einen großen Unterschied, ob der Kropf (Struma) als »Hexenkrankheit« (wie z.B. bei den Dormaa im Westen Ghanas) oder als Jodmangelerkrankung verstanden wird. Die Diagnose – und damit die Deutung krankhaften Geschehens – hat unmittelbare therapeutische Konsequenzen.

Der ausschlaggebende Grund für die je unterschiedliche Ausgestaltung der Heilweisen liegt in dem jeweiligen Verständnis von Krankheit und Gesundheit, von Leben und Tod. Bei der interkulturellen Begegnung von Heilweisen stoßen unterschiedliche Weltbilder aufeinander. Weltbild – also die Abbildung der Welt, genauer: die der je erfahrenen Welt in Riten, Symbolen und besonders der Sprache eines Volkes und damit auch in der von einer Ethnie ausgeprägten Heilweise –, solches Weltbild ist letztlich das Koordinatensystem, in das sich auch die jeweiligen Heilweisen einzeichnen lassen. Dabei ist es unwesentlich, ob das Vorhandensein eines solchen ›Bildes‹ bewußt ist oder nicht; ebenso, ob es vollständig ist oder nicht.

Daß nicht nur in den verschiedenen Heilweisen, sondern auch in künstlerischen Sehweisen unterschiedliche Auffassungen von Welt und Leben ihren Ausdruck finden, ja gelegentlich zu einem – manchmal heilsamen – Widerspruch reizen, das macht der Beitrag von Herrn Prof. Ott mit der von ihm vertretenen Ikonotherapie deutlich. Das visuelle Erlebnis des zunächst ganz Anderen und Fremden rüttelt auf, läßt lebendig werden und stellt in Frage. Ästhetische Kategorien spielen dabei zunächst eine mehr untergeordnete Rolle. Entscheidend ist stattdessen die Ermöglichung einer Auseinandersetzung, die entweder zur Akzeptanz oder auch zur Ablehnung führen kann. Die emotionale Herausforderung zur Stellungnahme, das geforderte Sich-Verhalten gegenüber dem Dargestellten, sie sind die beabsichtigten therapeutischen Effekte. Sie führen zu einem erneuten Bewußtsein der Lebendigkeit.

Was die Medizinsysteme betrifft, so gibt es bei ihnen eine »hermeneutische Grenze«. Für sie ist letztendlich entscheidend, ob einer leiblichen Not abgeholfen werden kann oder nicht; eine Frage, die z.B. im Falle einer Infektionskrankheit für ganze Stammes- und Volksgemeinschaften lebensentscheidend ist.

Als erstes und vordringliches Kriterium für eine Hermeneutik interkulturellen Verstehens von Heilweisen ist ein reifer Pragmatismus zu postulieren, der sachlich zur Kenntnis nimmt, was ist, und zugleich danach fragt, was denn die jeweilige Heilmethode im Blick auf die Behebung der Störung des Lebensganzen zu leisten vermag.

2. Die interkulturelle Begegnung von naturwissenschaftlicher Medizin und unwissenschaftlichen Heilweisen in der ärztlichen Mission

Daß gerade auf dem Gebiet der Heilung Sachlichkeit vonnöten ist, zeigt sich nicht nur an der augenblicklichen euphorischen Akzeptanz sog. »Alternativer Heilweisen« – m.E. ein typisches Phänomen des ausgehenden 20. Jahrhunderts –, sondern ebenso sehr an der Geschichte der ärztlichen Mission. Als relativ junge Erscheinung der Missionsgeschichte läßt sie sich genau datieren und in ihrer Entwicklung gut dokumentieren. Sie stellt geradezu einen Präzedenzfall interkultureller Begegnung dar; denn bis etwa 1850 war die abendländische Medizin vielen Krankheiten gegenüber ähnlich hilflos wie die übrigen Heilsysteme. Erst die medizinischen Entdeckungen, beginnend in der zweiten Hälfte des vorigen Jahrhunderts (Zellularpathologie, Anästhesie, A- und Antisepsis, Pharmakologie,

Epidemiologie, Röntgendiagnostik usw.), verhalfen ihr zu dem ungeahnten Ansehen, das sie rasch gewann. Auf einmal konnten Krankheiten, vor allem Infektionskrankheiten, erfolgreich behandelt werden, die seit Menschengedenken den sicheren Tod bedeuteten; Operationen wurden möglich und damit Eingriffe in Lebensvorgänge, die früher undenkbar waren. Im unbefangenen christlich motivierten Mediziner wurden diese Möglichkeiten zugleich zur Verpflichtung, sie auch den übrigen Menschen zuteil werden zu lassen. Natürlich nutzten auch viele Missionsgesellschaften die Wirksamkeit naturwissenschaftlich begründeter medizinischer Therapien als Mittel zum Zweck, so daß anläßlich einer Versammlung der Student Volunteer Missionary Union in London 1900 die ärztliche Mission als »heavy artillery of the Missionary army« bezeichnet werden konnte und der Missionsarzt als der Repräsentant alles dessen galt, »that was most admired in the missionary movement«. Klassisches Beispiel dafür ist der Missionsarzt und ordinierte Theologe Rev. Dr. Peter Parker mit seinem damals weltberühmten Hospital in Canton, China (über das auch in der LANCET hin und wieder berichtet wurde), der schließlich aufgrund seiner vertrauenstiftenden Tätigkeit Botschafter seines Landes in China wurde.

Die Euphorie über die fraglose Leistungsfähigkeit und damit auch Überzeugungskraft der naturwissenschaftlich begründeten Medizin verführte zu einer Überschätzung ihrer tatsächlichen Möglichkeit und damit zu einer Abqualifizierung altetablierter einheimischer Heilweisen, obwohl es auch immer Missionsärzte gegeben hat, die sich sorgfältig dem Studium der einheimischen Medizin widmeten (Olpp/Schreiber z.B.). Bereits seit Tambaram (1938) spricht man allgemein nicht mehr von »Ärztlicher Mission« als solcher, sondern von dem »Auftrag zu heilen«, der der Kirche gegeben sei, ein Ansatz, der dann 1964 auf der sog. »Ersten Tübinger Konsultation« aufgenommen und in der Arbeit der Christian Medical Commission (CMC) später systematisch verfolgt wurde. Man hat mittlerweile gelernt, daß es viele verschiedene Weisen des Heilens gibt und daß es im interkulturellen Miteinander in Übersee notwendig ist, anderen Heilweisen nicht nur mit Achtung entgegenzutreten, sondern diese auch bewußt mit zu beteiligen an den sowieso nicht zu bewältigenden Aufgaben einer flächendeckenden Gesundheitsversorgung. Besondere Beachtung finden hier im »community based primary health care«-Konzept die Traditional Birth Attendants, die Herbalisten und die Traditional Healers. Dadurch, daß man in diesem Konzept auf die Eigeninitiativen und die in der jeweiligen konkreten Gemeinschaft vorhandenen Begabungen angewiesen ist, enthält es ein nicht unerhebliches gemeindebildendes Element. Es hat dadurch per se eine ekklesiologische Bedeutung, etwas, das bei der theologischen Interpretation mitzubedenken ist. In Mittelamerika, z.B. El Salvador und Guatemala, hat die gemeinschaftsbildende Funktion des »community based primary health care«-Konzepts dazu geführt, daß die »promodores de Salud« politisch verfolgt, ja gelegentlich umgebracht werden.

Gemeinschaftsbildende und -gestaltende Kräfte, und damit Leben ermöglichende Kräfte, sie sind ein wesentliches Merkmal, auf das eine theologische Hermeneutik interkulturellen Verstehens zu achten hätte. Auch vom biblischen Hintergrund her (Betonung der 'am, qāhāl, gōj, ὄχλος, λαός, ἐκκλησια) wäre es geboten, das Augenmerk darauf zu lenken.

3. Aspekte einer theologischen Hermeneutik der Heilkunde

Abschließend lassen sich noch weitere Aspekte einer theologischen Hermeneutik der Heilkunde benennen. Diese sind terminologisch bewußt offen gehalten, um eine entsprechende Begegnung nicht schon begrifflich einzuengen.

1. *Leibhaftigkeit* und *Leiblichkeit* (Bereich des Sensitiven, wie Audition, Vision, Geruch, Geschmack etc.; die Frage des Umgangs mit Bildern, mit Ikonotherapie; Verleiblichung im Blick auf Berührung, Kontaktaufnahme, Kommunikation, im medizinischen Breich, aber auch im gottesdienstlichen Bereich – Liturgie – Inkarnation);

2. *Lebendigkeit und angemessener Umgang damit* (Selbstverständnis aller Heilkunde und aller Heilkundigen als erkenntnistheoretisch zu reflektierende Prämisse, z.B. von Weizsäckers ›Gestaltkreis‹; statt der geläufigen ›restitutio ad integrum‹-Haltung Plädoyer für ein ›restitutio ad integritatem‹);

3. *Lebensgestaltung* und *Lebensstil* (Diätetik – Tabus – Prävention – Wohn- und Lebensraumgestaltung);

4. *Verhältnis zu Krankheit und Tod;*

5. *Emotionalität* und *Rationalität* mit ihren Auswirkungen auf Diagnose und Therapie;

6. *Instrumentalität* (Gestik / Riten / Medizinen / Placebo-Problem / Sakramente / Bilder / Heilmittel).

IV. Störung: Weltlichkeit und Weltverstehen

Bert Hoedemaker

Säkularisation: Ein Problem ökumenischer Theologie

1. Einführung

In diesem Beitrag zur Diskussion konzentriere ich mich auf die Frage, welche Rolle das Säkularisationsthema spielen könnte in der Entwicklung einer ökumenischen Theologie, d.h. einer Theologie, die die Probleme der interkulturellen und interkonfessionellen Kommunikation innerhalb der einen Weltgesellschaft zur Sprache bringt.

Die Frage scheint überholt, so wie die »Säkularisationstheologie« der frühen sechziger Jahre. Freilich wird allgemein anerkannt, daß Säkularisation ein weltweites und nicht bloß europäisches Problem darstellt (z.b. Waldenfels, 1985, 60); dennoch werden Analysen der Weltgesellschaft und der Ökumenischen Bewegung, in denen »Säkularisation« ein vorherrschender Begriff ist, leicht als »eurozentrisch« stigmatisiert (z.b. Pieris, 1986, 148): In solchen eurozentrischen Analysen könne man der Komplexität des interkulturellen Verstehens und den Verschiedenheiten zwischen Kulturen (und Religionen) bezüglich ihrer Beziehungen zur Säkularisation nicht gerecht werden. Andererseits aber macht sich das Säkularisationsthema in den letzten Jahren wieder geltend, wo man sich mit dem Verhältnis zwischen Christentum und Aufklärung kritisch beschäftigt (z.B. Newbigin, 1986); und zusätzlich gibt es kritische Analysen über die verheerenden Wirkungen des (kapitalistischen) Weltwirtschaftssystems auf die Verhältnisse innerhalb der Weltgesellschaft (Duchrow, 1986, Hinkelammert, 1986). Es sind diese beiden Ansätze, die mich zu der Frage führen, mit der ich eben angefangen habe.

Man sollte nicht ausschließen, daß eine gelungene Thematisierung der Säkularisation als weltweitem Problem dazu beitragen könnte, daß man über unfruchtbare Dilemmas hinauskommt, wie zum Beispiel das Dilemma zwischen »Inkulturationstheologie« und »Befreiungstheologie«, zwischen Konzentration auf interkulturelle Kommunikation und Konzentration auf weltweite Konfliktlinien, zwischen einer offen-dialogischen und einer systemkritischen Betrachtung von Kultur.

2. Das westliche Säkularisationsproblem

Wo man die heutigen Erfahrungen von Glaubensverlust und Kulturkrise mit Hilfe der Newbigin-Analyse reflektiert, neigt man immer dazu, eine grundsätzliche Kluft wahrzunehmen zwischen dem Christentum, bzw. den wesentlichen Elementen der christlichen Botschaft, und der Aufklärungskultur. Das Christentum, so diese Analyse, hat sich zu Unrecht in die moderne Kultur hineinreißen lassen, kämpft jetzt mit einer Situation der »Gottesfinsternis« (Berkhof, 1988) und steht vor der Aufgabe, sich aufs neue prophetisch zu profilieren – innerhalb und gegenüber der Kultur des autonomen gottlosen Menschen, der auf seine Grenzen stößt. Ob diese antithetische Betrachtung dem westlichen Problem völlig gerecht wird, läßt sich bezweifeln. Zumindest sollten hier auch Religionssoziologen zu Wort kommen, die darauf hinweisen, daß wir teilhaben an einem komplizierten Prozeß von Differenzierung und Funktionsveränderung von »Religion« gegenüber »Gesellschaft«, der schon im frühen Mittelalter angefangen hat (Dobbelaere, 1981). Vor allem aber sollten die Analysen ernst genommen werden, die die Eigenart der Neuzeit mit grundsätzlichen Spannungen verbinden, die schon viel früher in der Geschichte auftraten (z.B. Blumenberg, 1988). In dieser Perspektive ist leicht einzusehen, daß »Säkularisation« kein angemessener Ausdruck für das zur Diskussion stehende Problem ist: »Säkularisation« bedeutet ja eine Art Übergang vom kirchlich-religiösen Bereich in einen »weltlichen« Bereich und setzt damit eine Zweiteilung voraus, die eben aufgeklärt werden müßte. Angemessener ist es vielleicht, von einer vielgestaltigen Spannung zwischen Glaube und Rationalität zu reden, die schon in der frühen Kirchengeschichte zu Tage tritt: nämlich dort, wo der Glaube der christlichen Gemeinde eine Verbindung sucht mit der antiken Philosophie. Diese Verbindung bleibt eine spannungsvolle Heirat, weil der Glaube der Gemeinde eschatologisch ist und menschliches Leben und Zusammenleben im Lichte von »Urteil« und »Verheißung« reflektiert, während die antike Philosophie nach logischem Zusammenhang fragt. Die Heirat hat eine gewisse Einheit hineingetragen in Theologie, Kirche, Staat und Kultur – aber hinter dieser Einheit hat von Anfang an eine »Agonistik der Sprachspiele« (Lyotard, 1979) gewütet, in der Glaube und Rationalität immer in einer bestimmten, aber nicht immer bequemen Weise verbunden wurden und in der die »Emanzipation« der Rationalität eigentlich schon beschlossen war. Die Aufklärung ist eher Frucht und Symptom als Ursache dieser Agonistik.

Selbstverständlich läßt sich nicht in Abrede stellen, daß die »Neuzeit« etwas Neues an sich hat. Das Neue ist aber nicht die Zweiteilung des Lebens, die in dem Ausdruck »Säkularisation« vorausgesetzt wird. Das Neue ist die Verselbständigung und das Vorherrschendwerden einer bestimmten Form von Rationalität, die sich nach und nach gegenüber kritischen Fragen, die vom »Sprachspiel von Urteil und Verheißung« herkommen, immunisiert hat und die eben deshalb strukturell-atheistisch genannt werden kann. Es handelt sich hier namentlich um die Rationalität der (kapitalistisch-)ökonomischen Organisation des Lebens (van Leeuwen, 1984). Diese erzeugt den Anschein einer Zweiteilung, einer Antithese zwischen atheistischer Öffentlichkeit und privatisiertem Glauben, eines Wettbewerbs zwischen Aufklärungskultur und Christentum. Die Agonistik der Sprachspiele ist aber mit dem Aufkommen der kapitalistischen Rationalität nicht beendet! Die Pluralität von Verbindungen zwischen Glaube und Rationalität bleibt und bewegt sich immer noch; weder das westliche Christentum noch die westliche Kultur hat jemals existiert und kann jemals existieren ohne diese dauernde Pluralität und die damit gegebenen Spannungen. Das einzige, was der strukturelle Atheismus gebracht hat, ist, daß Pluralität und Spannung jetzt öffentlich geworden sind und überall bewußt werden; daß die Ambivalenz und die Dürftigkeit aller Verbindungen von Glaube und Rationalität, von »Urteil und Verheißung« und »logischer Zusammenhang«, jetzt unentrinnbar ans Licht getreten sind. Der Mensch ist dauernd »simul fidelis et infidelis« (Metz) oder, bezüglich der Rationalität, zugleich zukunftsoffen und eingesperrt im Kreise einer nekrophilen Technologie. Man kann es vielleicht auch so sagen: Der strukturelle Atheismus stellt Glaube und Kultur vor das Dilemma Fanatismus – Nihilismus und fordert dazu auf, die traditionelle Spannung zwischen diesen beiden Extremen in der westlichen Kultur kreativ zu gestalten. Verschiedene Glaubensformen – charismatisch, kritisch, mystisch, praxisbezogen –, aber auch verschiedene Rationalitätsformen – kognitiv-instrumentell, normativ, expressiv (Habermas) – können im Rahmen dieser Fragestellung interpretiert werden. Auf dem Hintergrund dieser Analyse wird deutlich, daß ein prophetischer Kontrast zwischen Christentum und Aufklärungskultur nicht genügt. Die Verknüpfung beider ist dafür zu komplex, und die Faktoren, die beide in ihrer Eigenart bestimmen, sind dafür zu ambivalent. Es scheint angemessener, anläßlich jeder alten und neuen Verbindung zwischen Glaube und Rationalität, die sich darbietet, kritisch zu fragen, in wieweit die »Urteils- und Verheißungsrede« dort wirklich eine Chance hat. Eines soll hier noch hinzugefügt werden: Der Erfolg – man erlaube diesen unangemessenen Ausdruck! – der »Urteils- und Verheißungs«-Rede ist desto größer, je mehr sie sich explizit mit den Widersprüchen und Konflikten beschäftigt, die das strukturellatheistische Weltwirtschaftssystem in Leben, Gesellschaft und Kultur hervorbringt und die in Formen von Ausschließung und Unterdrückung ans Licht treten. In diesen Widersprüchen und Konflikten wird die Immunität des Systems sozusagen aufgehoben, und das bedeutet für den Glauben einen Durchblick ins Eschaton, eine Möglichkeit, um das Ganze des menschlichen Treibens in einem »letzten Zusammenhang« wahrzunehmen. Jede Theologie, die ihren Anfang sucht in dem strukturellen Leiden, das sich in der Welt darbietet, ist so gesehen legitim.

3. Ökumenische Verarbeitung der Säkularisation

In einem Auftakt zur Weiterführung der obengenannten Gesichtspunkte im Rahmen einer Diskussion über interkulturelle Kommunikation möchte ich in Erinnerung rufen, wie bis heute die Sache der westlichen »Säkularisation« in der ökumenischen Diskussion eine Rolle gespielt hat. In diesem Kreise genügt ohne Zweifel eine kurze Skizze.

Die Linie fängt an mit den sehr wichtigen Weltmissionskonferenzen von Jerusalem (1928) und Tambaram (1938). In Jerusalem wird zum ersten Mal »secularism« als weltweites Problem erkannt; es wird betrachtet als eine sich vom Westen aus verbreitende Kultur, die viele Reichtümer besitzt, aber sich der »Religion« verschließt. Die Reichtümer sollten – gleichwie die Reichtümer der großen Religionen, die Parallele ist wichtig! – Jesus Christus zugeeignet werden. Tambaram betrachtet das alles viel negativer: Hier wird die Kirche aufgefordert zum prophetisch-kritischen Zeugnis gegenüber allerhand Formen von »new paganism«, die sich im Bereich des »Säkularismus« entwickeln. In diesen zwei Betrachtungsweisen sind eigentlich schon alle wichtigen Aspekte des weltweiten Säkularisationsproblems zusammengefaßt. Hendrik Kraemer und Arend van Leeuwen führen in ihrer international bekannt gewordenen Arbeit diesen Ansatz weiter (Kraemer, 1938 und 1960; van Leeuwen, 1964). Beide gehen davon aus, daß es eine weltweise Krise als Folge der Expansion der westlichen Kultur gibt. Weil diese Kultur das Element der Säkularisation in sich trägt, wird in der Expansion jede Symbiose von Religion und Kultur (Kraemer) und jedes »ontokratische Lebenssystem« (van Leeuwen) grundsätzlich bedroht. Diese Krise veranlaßt Kraemer, den missionarischen Kern des »biblischen Realismus« gegenüber aller menschlichen Religion hervorzuheben und diesen Realismus aufzuweisen als Weg sowohl für den autonomen Menschen des Westens als auch für den defensiv-religiösen Menschen des Ostens. Van Leeuwen betrachtet die Krise als ein durchaus erklärbares Moment auf der Linie, die von Israel und der christlichen Gemeinde aus durch die Welt gezogen wird; die Säkularisation bringt deswegen grundsätzliche Fragen hervor, denen weder in der christlichen Mission noch in der Welt der Religionen ausgewichen werden kann. Die Kraemervan Leeuwen-Linie wird in einer neuen Weise fortgesetzt von M.M. Thomas, der auch die Säkularisation als die vorherrschende Perspektive für die Weltgesellschaft betrachtet (Thomas, 1975 und 1976). Übrigens verknüpft er die Säkularisation nicht exklusiv mit der westlichen Expansion; in diesem Sinne schwächt er die Antithese von Kraemer und van Leeuwen zwischen dem »säkularisierten« Westen und dem »religiösen« Osten ab. Ihm ist die Vision eines »christocentric humanism« wichtig, mit der Bedingung, daß nicht das (koloniale) Paradigma des königlichen Messias, sondern das des leidenden Dienstknechtes diesen Humanismus bestimmt. Die Wahl zwischen diesen zwei Paradigmen bildet, so Thomas, eine vitale

Herausforderung für alle Religionen und Kulturen. Die vorläufig letzte Weiterführung dieser Linie findet sich bei Aloysius Pieris, der bekanntlich die Religion als zentrales Element in der weltweiten Verarbeitung der Säkularisation betrachtet (Pieris, 1986). Seine These ist, daß man genau zwischen einer befreienden und einer unterdrückenden Potenz in aller Religion unterscheiden kann (und soll). Es komme darauf an, die befreiende Kraft zu mobilisieren. Befreiung müsse man letzten Endes nicht mit Säkularisation, sondern mit Religion in Verbindung setzen.

Die kurze Skizze macht deutlich, daß in der ökumenischen Diskussion ein gewisser Konsens darüber besteht, daß die westliche Expansion ein grundsätzliches Problem für die Kulturen und Religionen außerhalb des westlichen Kulturkreises hervorgebracht hat, daß »Säkularisation« einen unentrinnbaren Grundzug der Weltgesellschaft bildet, daß »säkulare« Ideologien sich hineinmischen in die »Agonistik« von Religionen und Kulturen, daß alle Religion ambivalent ist und daß Kommunikation des Evangeliums in dieser komplexen Situation dort möglich wird, wo im Leiden an der Weltgesellschaft der Weg zum befreiten Menschsein (humanism) gewiesen wird. Mit diesen Überlegungen ist die Möglichkeit gegeben, das oben im Abschnitt 2 näher präzisierte Säkularisationsthema »ökumenisch« weiterzuführen.

4. Säkularisation als weltweites Problem

Waldenfels (1974) hat darauf hingewiesen, daß es auch Formen von »Säkularisation« in der nicht-westlichen Welt gibt, die noch vor jedem nachweisbaren westlichen Einfluß auftraten. Spannungen zwischen politischen, religiösen und intellektuellen Autoritätsträgern sowie Formen von »Aufklärung« und »Emanzipation« hat es immer und überall gegeben. Von Religionen (dem Buddhismus!) könne man sogar sagen, daß sie eine säkularisierende Wirkung gehabt haben. Selbstverständlich kann man nicht alle Formen von Säkularisation mit Hilfe einer westlichen Fragestellung erklären. Auch sollte man nicht vorschnell behaupten, daß die Expansionsbewegung der westlichen Säkularisation alle anderen Formen der Säkularisation in den Schatten gestellt und »integriert« hat. Es ist aber durchaus möglich, in Analogie zur oben versuchten näheren Umschreibung des westlichen Glaubens- und Rationalitätsproblems, auch anderswo von spannungsträchtigen Mischungen von Religion und »autonomem« Leben und Denken zu reden. Den Unterschied zwischen westlichen und nicht-westlichen Situationen würde man dann darin sehen müssen, daß im Westen – Folge der Verselbständigung und des Vorherrschens des »strukturellen Atheismus« – die Mischungen in ihrer Ambivalenz und (gewissermaßen) Unhaltbarkeit enthüllt worden sind, während in den meisten nicht-westlichen Situationen immer wieder eine gewisse

Integration in die vorherrschende religiöse Lebensform stattfand. Vielleicht könnte man es auch so formulieren: Wo im westlichen Christentum die Heirat zwischen dem Sprachspiel »Urteil und Verheißung« und dem Sprachspiel »logischer Zusammenhang« von Anfang an problematisch war, hat es in nicht-westlichen Situationen, ganz allgemein gesprochen, einen viel stärkeren ursprünglichen Zusammenhang gegeben.

Das weltweite Problem wird spürbar, sobald der westliche strukturelle Atheismus ein bestimmender Zug der weltweiten Gesellschaft wird und man bis in die entferntesten Winkel seinen Einfluß bemerkt. Der strukturelle Atheismus ist weltweit bestimmend: Er bestätigt und exportiert die Ambivalenz und Unhaltbarkeit der westlichen »Mischungen«; als solcher bildet er eine dauernde Bedrohung für alle anderen Mischungen. Er verbreitet die in sich selber inhärenten Widersprüche und Konflikte und macht auf diese Weise überall das Dilemma Fanatismus – Nihilismus bewußt. Die Dauerhaftigkeit und Haltbarkeit aller religiös-kulturellen Synthesen in der Welt ist damit eine offene Frage geworden. Es ist diese offene Frage, die sich versteckt hinter jeder interkulturellen und interreligiösen Kommunikation und auch hinter jedem Versuch, neue Formen und Inhalte für die christliche Mission zu finden.

Diese Behauptung scheint überdramatisch oder sogar ideologisch voreingenommen zu sein. Man braucht sich aber nur die Situation in Südafrika vor Augen zu führen, um die Plausibilität der Behauptung einzusehen: Man beachte die (weltwirtschaftlichen) Faktoren, die die Apartheid aufrechterhalten, und die Art und Weise, in der gerade die Apartheid die religiösen Frontlinien bestimmt; das ist, inmitten aller Religion, eine starke »Säkularisierung«. Ein anderes Beispiel ist die indonesische Staatsideologie, die »Pancasila«. Diese ist in ihrem Ursprung religiös, d.h. eingebettet im javanisch-religiösen Bewußtsein eines göttlichen Zusammenhangs, kann aber auch als politisches und ökonomisches Einheits- und Zwangsinstrument benutzt werden: Folge einer schleichenden Säkularisation und Zeichen davon, daß die Ideologie bereits ein Werkzeug des internationalen Kapitalismus geworden ist. Auch die behutsamen Analysen, die man im Rahmen der ökumenischen Bewegung über den internationalen Tourismus gemacht hat (Holden, 1988), in denen erläutert wird, wie allerhand bestehende Formen von Religion und Kultur ökonomischen Interessen untergeordnet werden, könnten an diesem Punkt weiter zugespitzt werden. In jeder Situation gibt es verschiedene religiöse und kulturelle Voraussetzungen, und darum wird »Säkularisation« auch in der Zukunft immer wieder verschieden erfahren, interpretiert und integriert werden. Eine einheitliche Analyse und Prognose ist nicht möglich. Pauschale spekulative Behauptungen über den »säkularisierten Westen« und den »religiösen Osten« oder über »Theokratie« und »Ontokratie« haben einen gewissen Wert gehabt, aber helfen jetzt nicht wesentlich weiter. Die »weltweite« Gesellschaft ist und wird keine »westliche« Gesellschaft werden. Trotzdem ist es ein grundsätzlich westliches Problem, das die Weltgesellschaft gebildet und geprägt hat, und es ist dieser Umstand, der die Säkularisationsfrage universalisiert und dringlich macht. Damit ist diese Frage zugleich ein zentrales Thema in der ökumenischen Bewegung und in ökumenischer Theologie.

5. Säkularisation als ökumenisches Problem

Das gegenwärtige Christentum hat die meisten seiner Anhänger in nicht-westlichen Kulturen, trägt aber das westliche Problem von Glaube und Rationalität dauernd mit sich herum. Auch die Mission hat ja dieses Problem nicht loswerden können, wenn auch viele in der Mission die Vision eines Neuanfangs in der nichtwestlichen Welt gehabt haben. Inzwischen aber finden die meisten Christen ihre Identität in Kulturen, in denen das Problem nicht ursprünglich zu Hause ist, und in der Nähe von lebendigen nicht-christlichen Religionen, die eventuelle Säkularisationstendenzen in einem anderen Zusammenhang interpretieren und integrieren. Das westliche Problem, das zugleich ein Kulturproblem und ein Christentumsproblem ist, wird in dieser Weise umschlossen von vielen verschiedenen Antworten; und das bildet einen ausgezeichneten Ausgangspunkt für »ökumenische Bewegung«. Die Ökumenische Bewegung – im Sinne eines weltweiten Gesprächs unter Kirchen und Christen im Kontext der Problematik der Weltgesellschaft – bildet, so betrachtet, eine dauernde Prüfung bezüglich der Haltbarkeit der verschiedenen Antworten, eine »Appellstruktur«, in der die Konfliktlinien der Weltgesellschaft ins Bewußtsein gebracht werden und in der gemeinsam gearbeitet wird auf der Suche nach Zwischenwegen zwischen Fanatismus und Nihilismus, schöpferischen Verbindungen zwischen »Urteils- und Verheißungsrede« und Strukturierung des Lebens und Zusammenlebens und angemessener Institutionalisierung dieser Verbindungen.

In dieser Auffassung wird »ökumenische Bewegung« nicht nur dadurch konstituiert, daß Christen in verschiedenen kulturellen, sozialen und konfessionellen Kontexten leben, sondern namentlich durch eine gemeinsame Fragestellung, die sowohl von der eigenen Tradition als von der vom Westen aus geprägten Weltgesellschaft »genährt« wird. Ökumenische Theologie lebt aus dieser gemeinsamen Fragestellung. Sie hat sich zwar zu Recht verabschiedet von allerhand eurozentrischen Ansätzen; das heißt aber nicht, daß sie damit verurteilt ist zu dem Relativismus, der oft eine Nebenerscheinung ist in der Konzentration auf kulturelle Pluralität. Kontextualität ist wesentlich verbunden mit einer weltweiten Sicht (Stackhouse, 1988); eine Untersuchung von Kulturen und von interkultureller Kommunikation ist erst dann ökumenisch (und missionarisch!) relevant, wenn sie verknüpft wird mit einer Fragestellung, die alle Kontexte und alle Menschen in der einen Weltgesellschaft zum Inhalt hat.

Es leuchtet ein, daß ökumenische Bewegung und ökumenische Theologie in dem hier erläuterten Zusammenhang nicht auf sich gestellte Gebilde sind: Hinter dem Gespräch von Christen, die sich in verschiedenen Kulturen und im Kontext verschiedener Religionen befinden, kommt das Gespräch der Anhänger verschiedener Religionen zum Vorschein. Sie werden ja alle in einer bestimmten Weise konfrontiert mit der Gefahr der Zerrüttung, die mit dem weltweiten strukturellen Atheismus zusammenhängt. Interreligiöser Dialog, so betrachtet, sollte zum Ziel haben, die verschiedenen Zusammenhänge und Antworten kartographisch aufzunehmen, in denen »Säkularisation« zum Problem wird und in denen auch die Problematik der Weltgesellschaft wahrgenommen wird. Das Ziel ist nicht, wie noch Jerusalem 1928 formulierte, die Bildung einer gemeinsamen Front von Religionen gegen die Kultur des »Säkularismus«. Säkularisation ist dafür zu vielgestaltig; das westliche Problem von Glaube und Rationalität ist dafür zu komplex. Religion und Säkularisation sind nicht leicht zu unterscheiden und einander gegenüber zu stellen; ebensowenig wie man in der modernen westlichen Kultur gegenüber dem öffentlichen Atheismus ein prophetisches Reveil des christlichen Glaubens befürworten kann. Die wesentlichen Momente, in denen man aufgefordert wird, zu entscheiden über glaubwürdige Verbindungen von »Urteils- und Verheißungsrede« mit Rationalitätsformen, liegen innerhalb der (atheistischen) Kultur, nämlich dort, wo die Widersprüche und Konflikte, die vom strukturellen Atheismus hervorgebracht werden, ans Licht treten.

Letzten Endes kann es im christlichen Glauben, in der Mission und in der ökumenischen Bewegung nicht darum gehen, daß »Religion« überlebt, auch nicht die christliche »Religion«, sondern daß glaubwürdig gesprochen wird von Urteil und Verheißung, daß die Hoffnung nicht untergeht, daß das letzte Wort nicht dem Tode überlassen wird.

6. Schlußbemerkungen

Die Volksreligiosität ist in diesem Diskussionsbeitrag nicht erwähnt worden, jedenfalls nicht unmittelbar. Von »theologischen Systemen« war schon die Rede, wenigstens von der Frage, wie man übergreifende systematische Fragestellungen anwenden könnte auf sehr »kontextuelle« Formen von Religion und Kultur und wie man dabei die Einseitigkeiten früherer eurozentrischer und ideologisch voreingenommener Ansätze vermeiden könnte, ohne den Gewinn dieser Ansätze zu verlieren.

Ich habe versucht, die Säkularisationsfrage so zu umschreiben, daß die Einheit der Problematik (struktureller Atheismus in der Weltgesellschaft) verknüpft werden kann mit einer Pluralität von Antworten und »Sprachverbindungen« und daß die (relative) Haltbarkeit solcher Antworten und Verbindungen einem dauernden ökumenischen und interreligiösen Gespräch unterzogen werden kann. Das westliche Problem bleibt in diesem Zusammenhang einzigartig und nachdrücklich bestehen, es hat aber das Monopol verloren, die Struktur und den Fortgang des Gesprächs zu bestimmen. Theologisch gesehen nimmt die Thematisierung der Säkularisation vieles von der Befreiungstheologie auf – namentlich den Nachdruck, den sie auf die zerrüttende Wirkung und die »eschatologische Öffnung« des weltwirtschaftlichen Systems legt –, aber zugleich vermeidet sie die Uniformierung, die mitunter von der Befreiungsfragestellung hervorgebracht wird. Als wichtigste Frage bleibt, wie die Hoffnung als Lebensbedingung der Menschheit glaubwürdig – pluriform und kontextuell – gestaltet werden kann.

Literatur

Berkhof, H. u.a. (1988): Voorbij Domineesland, Amersfoort.
Blumenberg, H. (1988): Die Legitimität der Neuzeit, 2. Aufl., Frankfurt/M.
Dobbelaere, K. (1981): Secularization, a multi-dimensional concept, Current Sociology 29, nr. 2.
Duchrow, U. (1986): Weltwirtschaft heute, ein Feld für Bekennende Kirche?, München.
Hinkelammert, F.J. (1986): The Ideological Weapons of Death, Maryknoll.
Holden, P. u.a. (1988): Tourism: an ecumenical concern, Bangkok.
Kraemer, H. (1938): The Christian Message in a non-Christian World, London.
Ders. (1960): World Cultures and World Religions, the Coming Dialogue, London.
Leeuwen, A.Th. van (1964): Christianity in World History, London.
Ders. (1984): De Nacht van het Kapitaal, Nijmegen.
Lyotard, J.F. (1979): La Condition Postmoderne, Paris.
Newbigin, L. (1986): Foolishness to the Greeks. The Gospel and Western Culture, Geneva.
Pieris, A. (1986): Theologie der Befreiung in Asien, Freiburg.
Stackhouse, M.L. (1988): Contextualization, Contextuality, and Contextualism, in: R.O. Costa ed., One Faith, Many Cultures, Maryknoll/Cambridge.
Thomas, M.M. (1975): Man and the Universe of Faith, Madras.
Ders. (1976): The Secular Ideologies of India and the Secular Meaning of Christ, Madras.
Waldenfels, H. (1974): Religion und Christentum und der Säkularisierungsprozeß in Asien, ZM 58, 81-133,
Ders. (1985): Kontextuelle Fundamentaltheologie, Paderborn.

Werner Ustorf

Der Begriff der »missionarischen Kompetenz« im Rahmen der kulturellen Mehrsprachigkeit Europas

Was europäische Kultur genannt werden mag, hat sich geschichtlich ausdifferenziert in einem Pluralismus von Sprachen und Traditionen. Ihre Gemeinsamkeit könnte am ehesten in der Meta-Einheit eines Humanismus gesehen werden, wie er aus den philosophisch-religiösen Kämpfen der letzten Jahrhunderte hervorgegangen ist. Aber innerhalb dieser fragilen Gemeinsamkeit sind Differenzierung und Verschiedenheit das primäre Merkmal. Auf Europa ist daher nur ein dialogischer Kulturbegriff anwendbar, insofern er in der Lage ist, Einheit als Verschiedenheit zu erfassen und den Eigensinn nicht zu unterschlagen, mit dem Einzeltraditionen ihre Bedeutungspotentiale zum Ausdruck bringen. Ohne anerkannte Unterschiedenheit ist die Überlebensfähigkeit dieser spezifischen Form von Einheit nicht wahrscheinlich.

Es wird nur gelingen, die außereuropäischen Kulturtraditionen in ihrer widerständigen Fremdheit wahrzunehmen, wenn die Spannung von Heimat- und zugleich Fremdheitserfahrung auch im Verhältnis zu den eigenen Überlieferungen entdeckt ist. Distanz besteht nicht nur zwischen mir und dem anderen, dem Fremden, sondern ebenso zwischen mir und dem Fremden in mir. Was das Fremde, innen wie außen, zu sagen hat, kann gehört werden, wenn es vom Eigenen unterschieden bleibt. Die Distinktion der unterschiedlichen Sprechweisen unserer Kultur gehört damit zu den ersten Aufgaben einer interkulturellen Hermeneutik. Daß die aus der kulturellen Mehrsprachigkeit resultierende Spannung derzeit wohl empfunden, aber unter Mißachtung der einzuhaltenden Distinktion gern aufgehoben wird, um den Eigensinn hier der jüdisch-christlichen Tradition gegenüber den anderen Traditionen zu behaupten, zeigt die Diskussion der letzten Jahre über den »Weg der Kirche« im Kontext einer industriellen und säkularen Welt. An diesem Beispiel soll das Problem erläutert werden. Ausdruck des Versuchs, distinguierte Sprechweisen zu vermischen, ist die Focussierung des Verhältnisses von Sakralerfahrung und Rationalität im wenig biblischen Begriff der geistlichen oder »missionarischen Kompetenz« (vgl. dazu die EKD-Studie »Christsein gestalten«, 1986)[1].

Das klassische Latein kennt nicht das Substantiv der Kompetenz, sondern nur

---

1. Zum Begriff der »missionarischen Kompetenz« vgl. J. Hanselmann / H. Hild / E. Lohse (1985); Christsein gestalten (1986); R. Schloz (1987); epd-Dokumentation 45/88 (1988).

das Verb »competere«, das in transitivem Gebrauch bedeutet »gemeinsam mit anderen erstreben bzw. konkurrieren«, in intransitiver Benutzung »zu etwas fähig oder geeignet« oder auch »einer Sache mächtig sein«. Als Substantiv taucht der Begriff zunächst in der europäischen Rechtsgeschichte auf, im Sinne von juristischer und behördlicher Befugnis oder Zuständigkeit. In die Umgangssprache unseres Jahrhunderts wanderte er in seiner juristischen und zugleich in erweiterter Bedeutung ein: unter Rückgriff auf seine lateinische Wurzel bedeutet der Begriff nun auch »Urteils- und Entscheidungsfähigkeit« sowie die Fähigkeit, sich in Konkurrenz zu anderen bewerben zu können. In den letzten beiden Jahrzehnten sind gerade diese Inhalte semantisch differenziert worden durch die Linguistik und vor allem die Sozialwissenschaften, indem die Rede ist von »Sprachkompetenz« bzw. »Handlungskompetenz« im Sinne einer Fähigkeit, Situationen möglicher Rede hervorzubringen und Handlungen prospektiv einzuleiten. Der Begriff der Kompetenz ist bei Habermas (»kommunikative Kompetenz«) adressiert an den verständigungsorientierten Handlungszusammenhang und schließt insbesondere kritische Diskursfähigkeit ein, nämlich die Möglichkeit, sich in Dissens und schließlich Konsens öffentlich über die Gültigkeit von Normen zu verständigen. Dieser Normenbildungsprozeß – das ist die hier interessierende Spitze der Argumentation – vollziehe sich auf dem Wege einer Versprachlichung des Sakralen und löse als autoritativer Konsensus dann sukzessive die Autorität des Heiligen ab: »Das bedeutet eine Freisetzung des kommunikativen Handelns von sakral geschützten normativen Kontexten«, d.h. letztlich die Ersetzung (»Rationalisierung«) des religiös-metaphysischen Weltbildes durch kommunikative Ethik[2]. Der universale Geltungsanspruch dieser Ethik ist durch diese Denkbewegung gleich mitgesetzt, wenn auch im beschränkten Sinne einer Universalpragmatik[3].

Erst in jüngster Zeit scheint Habermas die Frage zu bewegen, ob der Sinnvorrat des jüdisch-christlichen Erbes wirklich aufgehoben und versprachlicht werden kann in kommunikative Vernunft. Ohne seine prinzipielle Position aufzugeben, drückt er mit dem Begriff der (vorläufigen?) »Koexistenz« zwischen nachmetaphysischem Denken und »unaufgebbaren semantischen Gehalten« der religiösen Sprache doch eine Neubewertung des Sakralen aus[4]. Der Härte seiner prinzipiellen und keineswegs revidierten Hypothese

2. J. Habermas, I (1981), 118f.; zum Begriff der »kommunikativen Kompetenz« vgl. ders. / N. Luhmann (1971).
3. Explizit schützt sich Habermas gegen den Vorwurf, neue Letztbegründungen aufstellen zu wollen: Seine Theorie verzichte erstens auf die Beurteilung von Totalitäten »im ganzen«, zweitens gelte nur der relative Maßstab der »Kohärenz«, und drittens sei das eigene kulturelle Vorverständnis (unausgesprochenes Alltagswissen, »Gewißheit«) prinzipiell begrenzt. Vgl. ders., ebd., II, 562, 586ff.
4. Vgl. dazu den instruktiven Literaturbericht von J. von Soosten (1990).

soll hier aber nicht ausgewichen noch der Versuch gemacht werden, seine Philosophie christlich zu ›vervollständigen‹, so als wäre die kritische Theorie ein Missionsobjekt. Es ist kein Zufall, daß man solcherart »kritische« Kompetenz (hinreichend skeptisch, trotzdem den kognitiv-instrumentellen Verkürzungen der Vernunft widerstehend) in einer historischen Situation thematisierte, in der das Erbe des okzidentalen Rationalismus bestritten wird. Es ist modisch geworden, verbindliche moralisch-politische (und damit auch christliche) Perspektiven im Namen der »Postmoderne« aufzugeben und das sich historisch verantwortende, nämlich auf historische Erfahrung antwortende Subjekt zu vergleichgültigen oder im Namen vermeintlicher »Ganzheit« generell nach »Entdifferenzierung« zu rufen[5]. Hier liegt eine gewisse Konvergenz zwischen der emanzipatorischen Intention der kommunikativen Ethik und der Dimension der Versöhnung, wie sie in der christlichen Rede von Gott zum Ausdruck kommt. Ein von kritischer Kompetenz geleitetes kommunikatives Handeln hat grundsätzlich Antwortcharakter. Nach Habermas ist es eine Antwort auf den Zerfall traditioneller Totalitätsvorstellungen infolge der Fragmentarisierung des Alltagsbewußtseins unter den Bedingungen der entwickelten Moderne[6].

Damit ist allerdings der Weg nach vorn bzw. die kritisch-utopische Idee universaler Solidarität noch nicht freigekämpft. Wenn Habermas eine Deutung der jüdisch-christlichen Tradition im Horizont der Moderne für unmöglich hält, dann stellt sich der kommunikativen Vernunft einerseits das Problem der Trostlosigkeit angesichts des Schreckens und der Opfer der Geschichte, also das der Ermöglichung erinnernder Solidarität. Andererseits bleiben Wertfragen wie die nach dem gelungenen Leben definitionsgemäß ausgeschlossen. Strukturell läßt sich an dieser Dichotomie nicht rütteln, wohl aber kann von theologischer Seite gefragt werden, mit welchem Bild von Religion, insbesondere der jüdisch-christlichen Tradition, Habermas arbeitet und ob, wie oben angedeutet, ein anderes Bild Relevanz für die Formulierung seiner These zur Versprachlichung des Sakralen hätte.

Im Suchen nach einer vergleichbaren, eine Antwort erzwingenden historischen Konstellation läßt sich an erster Stelle vielleicht die Aufklärungszeit erinnern und die bekannte Beantwortung der Frage »Was ist Aufklärung?« durch Immanuel Kant 1784:

»Aufklärung ist der Ausgang des Menschen aus seiner selbst verschuldeten Unmündigkeit. Unmündigkeit ist das Unvermögen, sich seines Verstandes ohne Leitung eines anderen zu bedienen. Selbstverschuldet ist diese Unmündigkeit, wenn die Ursachen derselben nicht am Mangel des Verstandes, sondern der Entschließung und des Mutes liegt, sich seiner ohne Leitung eines andern zu bedienen. Sapere aude! Habe Mut, dich deines eigenen Verstandes zu bedienen! ist also der Wahlspruch der Aufklärung.«[7]

5. Habermas (1981), Einleitung, I., 384ff., 525ff.; 205-217.
6. Ebd., II, 520.
7. Werke, IX (1968), 53.

Der Intention nach steht diese Formulierung dem umgangssprachlichen Kompetenzbegriff nicht fern, und man geht wohl nicht fehl, hier den historischen Prototyp auch der gegenwärtigen Verständnisse von kritischer Kompetenz zu vermuten. Bedeutsam für unsere Frage ist, daß Kants Begriff selbstverantworteter Mündigkeit in einer Art Doppelbewegung des Denkens sich einerseits von der Religion emanzipiert hat, und zwar einer solchen Religion, die Menschen in Unmündigkeit hält, andererseits sich der Religion wieder zuwendet und in ihr zur Geltung kommen will – und zwar in einer solchen Religion, die nicht Grund, sondern Folge menschlicher Freiheit ist. Auch der Geistliche, sagt Kant, hat in seiner öffentlichen Funktion als Gelehrter sich in völliger Freiheit seiner Vernunft zu bedienen. Er wäre nach heutiger Diktion sonst nicht diskursfähig. Aber dies bedeutet schließlich, daß Mündigkeit des historischen Subjekts und Autorität religiöser Tradition in Spannung zueinander geraten: »Denn daß die Vormünder des Volks in geistlichen Dingen selbst wieder unmündig sein sollen«, heißt es, »ist eine Ungereimtheit, die auf Verewigung des Ungereimten hinausläuft.«[7a] Als kultureller Paradigmenwechsel bedeutete das Programm der Aufklärung die Freisetzung kritischer Kompetenz. Ihr Wesen war die Freiheit, bestehende Grenzen zu überschreiten, nicht überschreitbare Grenzen aber bestehen zu lassen.

Ist der Kompetenzbegriff in unserer Tradition also wesentlich durch den Geist der Aufklärung besetzt, läßt sich dann von einer besonderen religiösen Kompetenz überhaupt noch sprechen? Und wie verhält sich die in der EKD-Studie gegebene Antwort zum Autonomieanspruch modernen Freiheitsbewußtseins? Von »missionarischer Kompetenz« redet man gegenwärtig in den evangelischen Kirchen aufgrund empirischer Daten sowie finanzieller Hochrechnungen. Dabei wird ein Szenario aufgebaut, das als Mitgliederschwund, nachchristliches Bewußtsein, geistliche Unsicherheit, als Traditionsabbruch oder »nachlassende Traditionslenkung« und sogar als Mangel an »Gotteserfahrung« beschrieben worden ist[8]. Der Begriff »missionarischer Kompetenz« stellt damit von vornherein eine Reaktion auf die Empfindung eines Verlustes an kirchlicher Substanz dar – ob diese Empfindung der Situation wirklich angemessen ist, scheint fraglich.

Joachim von Soosten versucht den Nachweis zu führen, daß sich die Evangelische Kirche in der Bundesrepublik nach 1945 als Volkskirche bedenkenlos in den expandierenden Wohlfahrtsstaat integriert und damit auch von seinen Zuwachsraten profitiert hätte. Seitdem das Modell des Wohlfahrtsstaats in die Krise geraten sei, befinde sich auch das Modell der Volkskirche in der Krise – nicht aber Kirche schlechthin. Abschied zu nehmen gelte es vielmehr sowohl von der unkritischen Bejahung der neuzeitlichen Lebenswelt wie von der historisch unverhältnismäßig und unverdient hervorgehobenen Stellung der Kir-

---

7a. Ebd., 57; vgl. auch VII, 653-657, »eine Religion, die der Vernunft unbedenklich den Krieg ankündigt, wird es auf Dauer gegen sie nicht aushalten«.
8. Vgl. A. Feige (1976 und 1982); A. Kuphal (1979); R. Heue (1988).

che in unserer Gesellschaft. Der Begriff der missionarischen Kompetenz verweigert sich nach von Soosten gerade dieser grundsätzlichen Reflexion[9].

Immerhin lassen sich kirchengeschichtliche Stationen aufsuchen, wo Christen nach verbindlichen Antworten auf die geistes- und sozialgeschichtlichen Umbrüche der Zeit suchten. So wäre an die Glaubensrevolte der Erweckungszeit zu denken oder andererseits an die Bewegung der Inneren Mission – letztere im Verständnis Johann Hinrich Wicherns zweifellos als Rückeroberung verlorenen Terrains konzipiert. Beide Phänomene haben sich im Laufe ihrer Geschichte als zu eng erwiesen, um den Klang der »Mündigkeit« voll aufzunehmen. Die erwähnte EKD-Studie »Christsein gestalten« spiegelt noch einmal die bereits chronischen Schwierigkeiten der Kirche beim Versuch, die Fülle der disparaten Realitäten einer »modern« gewordenen Welt angemessen integrieren zu können. Die Studie beklagt einerseits den Rückgang von »Kompetenz« in den Gemeinden infolge der Differenzierung kirchlicher Dienste[10]. Dadurch, daß professionelle kirchliche Spezialisten den Gemeinden wesentliche Fragen abgenommen haben, entsteht dort nicht nur ein faktischer Realitätsverlust, sondern auch ein Verfall der »Sensibilität«, womit eben die Frage einer nicht zu Ende gebrachten Mündigkeit ausgesprochen ist. Andererseits demonstriert die Studie am Beispiel des traditionellen Verständnisses des Pfarramtes[11], daß der Anspruch einer »umfassenden Kompetenz« durch die zunehmende Spezialisierung und Ausdifferenzierung der Gesellschaft »längst überholt« ist. Kompetenz wird hier an beiden Stellen als eine Art Steuerungswissen im Blick auf die grundlegenden Zusammenhänge unserer komplexen Realität verstanden, und es ist dann natürlich kein Zweifel, daß ein solches Wissen einerseits für Kirchenleitungen höchst wünschenswert, andererseits für das Individuum kaum noch zu leisten ist. Die Studie enthält aber noch ein drittes Verständnis von Kompetenz, nämlich von »missionarischer Kompetenz«, das in einem ungeklärten Verhältnis zu den anderen beiden steht. Missionarische Kompetenz betrifft theoretisch alle Kirchenmitglieder »im Sinne des allgemeinen Priestertums«, d.h. leitet sich her aus dem prinzipiell »unmittelbaren Zugang jedes getauften Christen zum Heil«. Aber,

> »... nur wer selbst die Bedeutung des christlichen Glaubens und der Gemeinschaft der Kirche in elementarer und doch unseren differenzierten Lebensverhältnissen angemessener Weise überzeugend erlebt hat, ist auch dazu fähig und bereit, das in seinem persönlichen Umfeld weiterzugeben«[12].

---

9. J. von Soosten (1988), 2f., 9f., 13.
10. A.a.O., 113.
11. Ebd., 76ff.
12. 85, 78.

Der gravierende Unterschied zur Programmatik Kants liegt darin, daß Kompetenz hier nicht aus der Vernunft des Subjekts, d.h. aus »Freiheit« abgeleitet, sondern als Frucht eines wohl individuellen, aber zugleich in Tradition und Gemeinschaft eingebundenen Elementarerlebnisses, d.h. als religiös qualifizierte Erfahrung verstanden wird. Erst dieses Erlebnis scheint »Bedeutung« zu vermitteln, nämlich die postulierte Unmittelbarkeit des Zugangs zum Heil zu bewahrheiten. Für eine Studie, die das »neuzeitliche Freiheitsbewußtsein« ausdrücklich bejaht (39f.), ist dieser tiefe Griff in die Archäologie der Seele sicher eine ungewöhnliche Maßnahme. Die Spitze des Habermasschen Kompetenzbegriffes lag ja gerade in der These, daß sich Kompetenz daran erweise, sakral legitimierte Absoluta hinter sich lassen zu können, sie vielmehr zu ersetzen durch das, was er »Persönlichkeit« nennt:

»... die Kompetenzen, die ein Subjekt sprach- und handlungsfähig machen, also instand setzen, an Verständigungsprozessen teilzunehmen und dabei die eigene Identität zu behaupten«[13].

Schon in seiner Römerbrief-Auslegung von 1919 hatte Karl Barth das Ereignis des Glaubens als »geistigen« Vorgang und gerade nicht als »seelischen« beschrieben[14]. Aus religionsgeschichtlicher und psychologischer Sicht lassen sich Zweifel anmelden, ob Barth in dieser Frage nicht allzu rigide getrennt hat. Kaum zweifeln läßt sich aber daran, daß die EKD-Studie die psychische Bewahrheitung der Heilszusage meint und dies zur Voraussetzung der Kompetenz in Glaubenssachen macht. Im Widerspruch zur geforderten Angemessenheit gegenüber der Moderne wird der Ursprungsort missionarischer Kompetenz mithin just in ein Gebiet verlegt, das kritischer Kompetenz zunächst unerreichbar zu bleiben scheint; dann nämlich, wenn die Abtrennung der ästhetischen von der kognitiven Dimension des menschlichen Geistes eine verbürgte Sache wäre. Was aber, wenn, wie Habermas meint, die ästhetische Erfahrung nicht in der Lage ist, eine gleichsam dionysische, transhistorische Wirklichkeit von der Welt des Alltags, der theoretischen Erkenntnis und des moralischen Handelns abzuschotten[15]?

Rüdiger Schloz, einer der maßgeblichen Autoren der EKD-Studie, hat in mehreren Beiträgen versucht, den Begriff der »missionarischen Kompetenz« zu verdeutlichen. Missionarische Kompetenz meint dann

»... eine ausdifferenzierte, hochentwickelte Fähigkeit zur Vermittlung der christlichen Botschaft in einer komplexen nachchristlichen Umgebung«[16].

13. Habermas (1981), II, 209.
14. A.a.O., 8.
15. Habermas (1983), 752-761.
16. Schloz (1987 vor allem).

Das erinnert ganz an die von Kant aufgeworfene Problemstellung, mit dem Schönheitsfehler allerdings, daß nicht nur die Vermittlung, sondern auch die Substanz der Botschaft in das Problem hineingezogen ist. Dennoch soll der Schritt gewagt werden, was sich »nicht ohne ein hohes Maß an Wissenschaftlichkeit« – damit wird die vorher noch generös allen Kirchenmitgliedern theoretisch zuerkannte Fähigkeit praktisch auf einen kleinen Kreis eingeschränkt – und die »Versprachlichung des Glaubens« einrichten ließe. Bei Habermas war es gerade diese Versprachlichung, die zur Auflösung sakraler Absoluta führen sollte. Schloz stellt seine anspruchsvolle Ausdifferenzierung vor als 1. argumentative Kompetenz im Sinne der Apologetik, nämlich als Fähigkeit, den Disput um die Wahrheit ehrlich (ohne das Schielen auf Bestandssicherung), überzeugend und anschaulich führen zu können; 2. als dialogische Kompetenz im Sinne eines wechselseitigen Kommunikationsvorganges unter Einschluß sowohl der therapeutischen wie der Dimension der eigenen Verwundbarkeit; schließlich 3. als exemplarische Handlungskompetenz im Sinne einer Fähigkeit, unter den Bedingungen des »Säkularismus« alternative Modelle gesellschaftlichen Lebens anbieten zu können. Was ist nun die mehrfach betonte »Substanz der christlichen Botschaft«? Nachdem die Studie noch in neopietistischer Manier auf eine unmittelbare Christusbeziehung abhob, die sich menschlicher Beurteilung entziehe (!)[17], was wohl als privilegierter Hintereingang des Sakralen zu verstehen ist, bildet jetzt die »Ankündigung der nahen Gottesherrschaft« das Zentrum. Dies steuert die Definition der Kompetenz – kompetent ist, wer diese Ankündigung überhaupt machen kann. Dazu bedürfte es eigentlich nicht der Zuhilfenahme der Habermasschen Verständigungspragmatik, sondern eher einer Prise subjektiver, aber privilegierter Information. Als Fundament der argumentativen Kompetenz kommt auch nicht die Kraft des Argumentes zum Vorschein, sondern eine durchaus andere Kategorie: das »Elementare«, nämlich Bilder und Visionen. Diese nicht näher erläuterte vorsprachliche Begegnung mit dem nicht näher bestimmten Sakralen ist indessen die Grundlage für »kompetentes« Sprechen von der Gottesherrschaft. Damit wird das Fundament explizit aus einem Diskurs ausgegliedert, der nach den Geltungsansprüchen der Glaubenserfahrung fragt und als »Wissenschaftlichkeit« geradezu die Signatur des Glaubens ausmachen soll[18]. Dieser Widerspruch zeigt das Ungenügen eines Versuchs, der die durch Symbole und Mythen erschlossene Wirklichkeit und die in begrifflicher Abstraktion erfaßte

---

17. Christsein gestalten (1986), 45.
18. Alle Zitate aus Schloz (1987). Ähnlich definiert R. Heue »geistliche Kompetenz« als Fähigkeit, die persönliche Lebensgeschichte als eine auf Gott hin verstehen und sprachlich erläutern zu können. Dabei setzt auch Heue »tatsächliche Gotteserfahrung« unproblematisiert voraus. Vgl. ders., Mission und Säkularisation, in: epd-Dok. 45/88, hier 17ff.

Wirklichkeit eher zusammenzwingt, als nach einer Versöhnung sucht, die das eine nicht über das andere herrschen läßt. Was nämlich, wenn die Basis, die Begegnung mit dem Heiligen, einmal so und das andere Mal anders spricht – hätten wir dann ein gleichberechtigtes, pluralistisches Nebeneinander von Fundamenten? Schließlich gibt es auch in der Gesellschaft christlicher Tradition heutzutage die Gegenwart anderer religiöser Tradition. Zu welchem Ende überhaupt sollte »Gottesherrschaft« zur Sprache gebracht werden, und wie sähe eine demgemäße Kirche aus? Wie soll die Versöhnungsbotschaft relevant werden, wenn das ökonomische Verwertungsinteresse ungehindert den Menschen zur Ware werden läßt? Der Begriff der Gottesherrschaft suggeriert nur verbal die grundsätzliche Umkehr, praktisch deutet er zunächst einmal auf das Ende der Verständigung. Denn die Geschichte der Säkularisierung als »Gottes Pädagogik« zu bezeichnen[19], führt nicht nur nicht aus der negativen Bilanz der Industriegesellschaft heraus, es heißt auch nichts anderes, als der Moderne mit einem nicht dialogfähigen Gottesbild gegenübertreten zu wollen.

Die Widersprüchlichkeit der Studie und der nachgelieferten Präzisierungen besteht aber auch darin, daß der Wille fehlt, sowohl den impliziten Begriff des »Elementarerlebnisses« als auch den der »Bedeutung«, nämlich die semantischen Gehalte christlicher Tradition näher zu beschreiben. Vermutlich schlägt sich in der Wendung des Elementarerlebnisses die Aufnahme der in den Humanwissenschaften geführten Diskussion über die Wirksamkeit von Symbolen nieder und damit die Überzeugung, daß der Zugang zum »Heiligen« nicht vom Begriff her, auch nicht vom theologischen Begriff her erfolge, sondern daß am Beginn ein Bild oder etwa ein Geräusch, jedenfalls eine symbolische und vorsprachliche Erfahrung stehe. Ihr begrifflicher Ausdruck ist immer eine Interpretation, die zwischen dem Symbol und einer Art orientierenden Landkarte der Bedeutungen erfolgt. Anders gesagt: Die Studie muß schon offenlegen, von welcher Tradition und welchem Gott sie redet, wenn sie dem Vorwurf volkskirchlicher Beliebigkeit oder allgemeinen Relativismus' entgehen will. Es wird zwar deutlich, daß religiöse Kompetenz mit der Haltung des Zuschauens oder Konsumierens unvereinbar ist, aber es bleibt undeutlich, daß Beteiligung und Parteinahme für den Gott gefordert ist, der das Volk Israel erwählt und befreit und in und durch den Messias auch die »Heiden«. Die Beschreibung missionarischer Kompetenz durch die Studie muß deshalb vom bloß Formalen zum Inhaltlichen hin erweitert werden[20]. »Unmittelbarkeit« zu einem ungeformten Sakralen reicht nicht hin, wenn christliche Tradition im Kontext einer Kultur artikuliert werden soll, die bis in ihre, auch kirchlichen Verästelungen hinein vom »Geist des Kapitalismus« und den damit verbundenen Krisen durchdrungen ist. Es genügt nicht, die Überlebensfähigkeit eines forma-

---

19. Schloz, ebd., 47.
20. Vgl. die Kritik von K. Raiser (1987) und von K.-H. Dejung (1990).

len christlichen Erbes innerhalb dieser Kultur gleichsam als Therapieangebot zu sichern – nämlich in Form einer Kirche, die die Frage nach einer verbindlichen Wahrheit ausklammert zugunsten einer Dienstleistung, die individuelle Entlastung ermöglicht angesichts einer scheinbar übermächtigen und unveränderlichen Wirklichkeit. Es muß auch die Distanz zu dieser Wirklichkeit deutlich werden. Unter allen Umständen, sagt Barth, gehören die Christen »zum gemeinen Volk«. Denn Gott ist wohl ein Gott der Juden und Heiden, aber nicht ein Gott der Hohen und Niedrigen, sondern »einseitig« und »rücksichtslos« ein Gott »der kleinen Leute«. Auch bei der Bewegung des Gottesreiches durch die kulturellen Gegensätze hindurch, so Barth weiter, handelt es sich »grundsätzlich und einseitig (um) eine Bewegung von unten her«[21]. Karl-Heinz Dejung versucht, den Begriff der missionarischen Kompetenz in diesem Sinne neu zu füllen, und definiert ihn als Befreiung zu »selbstverantwortlichem« Leben. Missionarische Kompetenz heißt dann Rückgewinnung – nicht von kirchlicher Macht über das Volk, sondern daß entmündigte Menschen ihre »Lebenskraft« zurückgewinnen, um sowohl für das eigene »Lebensrecht« wie für Gottes Schöpfung zu arbeiten. Aus der Mitte der Wirklichkeitserfahrung heraus (nicht aus abgeschotteter sakraler Unmittelbarkeit) entsteht hier die Kompetenz christlichen Glaubens. Das zieht die Bildung von »Gegenmacht« (gewerkschaftlich: Mitbestimmung) nach sich und wäre das Gegenteil der Anpassung an die sich zur Zeit siegreich gerierende Produktionsrationalität. Die Kompetenz läge also auf dem Gebiet der Selbstverantwortlichkeit, nicht in schnellen Ratschlägen zur Bewältigung der Strukturkrisen unseres Lebens- und Wirtschaftssystems (eine Teilung bzw. Umverteilung der Macht gehört allerdings zur grundsätzlichen Perspektive). Die Kirche, sofern sie diese Überzeugungen verträte, wäre keineswegs das Vorbild dieser Gegenmacht: »Sie ist nicht die bessere Gewerkschaft oder die ideale Befreiungsbewegung«. Missionarisch kompetent wird sie dadurch, daß sie an den Prozessen des Teilens und Umverteilens teilnimmt und Menschen dazu befähigt und ermutigt,

»... mündig zu werden, sich selbst als mächtig zu erweisen und damit für ihre Rechte an der Mitgestaltung lebensfähiger Beziehungen einzutreten«[22].

Eine derartige Bestimmung des christlichen Impulses hätte für die tonangebende Reflexions- und Begriffskultur noch eine spezifische Bedeutung: Die Dimension des Glaubens äußert sich nicht notwendigerweise in der Sprache (missionarische Kompetenz als elaborierter akademischer Code) oder der religiösen Organisationsform (Kirche als professionelle Betreuungskirche – aber versöhnt mit dem Anspruch des Marktes auf das gesamte Leben) der herrschenden Kultur, sie kann auch die Formen narrativer oder bildhafter Sprachen eben jener kleinen Leute

21. Römerbrief, 1919, 367.
22. Alle Zitate aus Dejung (1990).

wahrnehmen, ohne deswegen der Tradition des biblischen Gottes ferner zu stehen als etwa die theologisch-begriffliche Reflexion. Im Gegenteil, gerade wenn die Kompetenz des gemeinen Volkes sich aus Furcht vor ihrem eigenen Ausdruck dem Totalitarismus allgemeiner Begriffe (»Gottesherrschaft«) unterwerfen läßt, gerät sie in Gefahr, daß die blind objektivierende Abstraktion Eigensinn und Wahrheit liquidiert. Damit hätte das Ohnmächtige seine Ausdrucksfähigkeit verloren.

Kehren wir nun zum Ausgangspunkt der Mehrsprachigkeit zurück und fragen nach dem Verhältnis der beiden Kompetenzbegriffe zueinander, dann ergibt sich vorläufig, daß in spiegelverkehrter Symmetrie zur Kantschen These vom Wirken kritischer Kompetenz auch in der Religion nun missionarische Kompetenz ihrerseits innerhalb kritischer Vernunft anstößig präsent sein will. Anstößig nämlich dann, wenn die Auferweckungsbotschaft des Neuen Testaments einen Ausdruck findet, der nicht nur eine historische Aufbruchserfahrung zur Sprache bringt, sondern auch »erinnert« an das noch unabgegoltene semantische Potential der Aufklärungstradition selbst. Jede Seite weiß um die andere und die ihr gegebene Erinnerungsfunktion, beansprucht aber aus ihrer jeweiligen Eigenheit, einen unaufgebbaren Wirklichkeitszugang zu eröffnen. Illustriert wird dieses Wissen um die andere Dimension etwa dadurch, daß Hauptvertreter der kritischen Theorie wie Horkheimer, Adorno oder Benjamin niemals auf ihr jüdisch-messianisches Erbe und die Treue zur Utopie der Heilung des beschädigten Lebens verzichtet haben[23]. Verwischt wurden die Grenzen aber nicht, wie auch Paul Tillich in seinem Religionsbegriff die Grenzen nicht verwischte. Tillich aber ist andererseits wieder ein guter Zeuge für die genannte eigentümliche Verschränkung: Säkulares und religiöses Bewußtsein deutet er als gleichberechtigte, geradezu aufeinander angewiesene, aber sekundäre Ausdrucksformen menschlichen Geisteslebens – Folge einer tragischen Entfremdung von seinem eigentlichen Grund. Dieser eigentliche Grund ist der Hinweis auf das Unbedingte, der sich als »Dimension der Tiefe« in allen Funktionen menschlichen Geisteslebens finde und dem allein die Qualifikation des Religiösen zuzusprechen wäre. Damit und vor allem mit der These, daß der »dem religiösen Akt immanente Atheismus ... die Tiefe des religiösen Aktes sei«, wäre die Dignität kritischer Vernunft aus religiöser Perspektive gewahrt – aber nur um den Preis, daß Aufklärung wie Religion letztlich als Entfremdungsformen einer menschlich universellen und dann eben doch religiösen Tiefendimension erscheinen[24]. Der Anspruch auf Selbstentfaltung und Selbstvergewisserung kritischer Vernunft steht dem spröde gegenüber. Der »Konflikt der Interpretationen« scheint sich vorläufig nicht auflösen zu lassen[25].

23. Vgl. dazu R.J. Siebert (1989).
24. Vgl. P. Tillich, GW V, 37ff. und 207.
25. P. Ricoeur versucht deshalb, durch eine mehrdimensionale Analyse des Symbolbe-

Läßt sich in dieser Frage in historischer Methode weiterkommen, indem das Auseinanderdriften von missionarischer und kritischer Kompetenz als kulturelle Spezialität der europäischen Geistesgeschichte betrachtet wird? Es dürfte kein Zufall sein, daß Habermas von Koexistenz zu sprechen beginnt. Aus den Niederlagen der westlichen Kirchen- und Aufklärungsgeschichte läßt sich in der Tat so etwas wie ein Zwang zur qualifizierten Koexistenz beider Dimensionen herauslesen. Einerseits steht kritischer Kompetenz die Quelle ihrer Ziel- und Hoffnungsperspektive ja nicht selbst zur Verfügung. Aufklärung hat das »Denken zu denken«, sie geht so weit, die Lüge zu verneinen, die sich als Wahrheit aufspielt, aber sie bedeutet gerade kein Vorwegbescheidwissen und keine Vorentscheidung über den Fortgang der Erkenntnis. Auch hier gilt die produktive, die Phantasie freisetzende Negativität des Bilderverbots. Vergißt das autonome Freiheitsbewußtsein diese außerhalb liegende Quelle oder überhaupt, daß es ein seinem Zugriff Entzogenes gibt, wird es totalitär und zerstört sich schließlich selbst. Ursache dieser Selbstzerstörung ist nach Horkheimer/Adorno genau die Angst vor diesem »Draußen« bzw. dem, woraufhin die Tiefendimension Tillichs weist: Die gescheiterte Aufklärung war »radikal gewordene, mythische Angst«, der Versuch, das Echo dieses »Draußen« in einem Akt der Feigheit dadurch zum Verstummen zu bringen, daß es zu einem Bild, zu etwas Bekanntem entmythologisiert wurde[26].

Andererseits steht auch die christliche Erfahrung nicht unschuldig da. Im Blick sowohl auf die Fixierung der religiösen Tradition als auch auf das Ziel gesellschaftlicher Entwicklung hat sie sich als beeinflußbar durch selbstgesetzte Götter erwiesen. Der suggestive Schein des Unmittelbaren war allzuoft Vermittlung geschichtlicher Interessen. In der Missionsgeschichte hat sich mancher missionarische Impuls als bloße Transposition der säkularen Melodie in die religiöse Tonart erwiesen. Kompromittiert hat sich missionarische Kompetenz, wenn es denn eine solche war, ebenso wie kritische, und alle Versuche von seiten einer Religion, den Widerspruch Denkender und Andersdenkender aus der Welt zu schaffen, sind Zerstörungsakte, nicht zuletzt aber Zeichen innerer Unwahrheit. Weil alle von Menschen aufgerichteten Absoluta das Wundmal ihrer Kompro-

griffs zu einer »zweiten Naivität« zu gelangen, d.h. zu einer Wiederaneignung der Existenz, zu einer Bindung an das »zweite Unmittelbare«, die sich in der vollen Verantwortlichkeit eines autonomen Denkens entfaltet. Das Symbol steht für ihn deshalb im Vordergrund, weil die doppelte »Abhängigkeit des Selbst vom Unbewußten und vom Heiligen nur auf symbolische Weise zur Erscheinung« kommt. Das Ergebnis seiner Analysen aber ist gleichsam ein delphisches Orakel: Die Eschatologie des Bewußtseins bleibt stets eine, wenn auch günstigstenfalls qualifizierte, Wiederholung seiner Archäologie – d.h., wir gelangen nie auf die »Rückseite« des Symbols. Vgl. Konflikt der Interpretationen, bes. II, 175ff. und 212ff.
26. Dialektik der Aufklärung, 17f.

mittierung haben, kommt dem Tillichschen Satz von der generellen Entfremdung des Geisteslebens zumindest das Recht einer geschichtlichen Wahrheit zu.

Wie kann auf diesen Befund reagiert werden? Einerseits ist allgemein von der Gebrochenheit und gegenseitigen Korrekturbedürftigkeit aller unserer *intrakulturellen* Sprechweisen einschließlich der theologischen und symbolischen im Blick auf die Unverfügbarkeit Gottes auszugehen. Andererseits und nicht ohne Widerspruch dazu kommt es speziell aber darauf an, dem in der jüdisch-christlichen Tradition fixierten »Bild« Gottes treu, nämlich seiner Parteilichkeit auf der Spur zu bleiben, einer Parteilichkeit, die unmündig und nieder gehaltenen Menschen dazu verhilft, zu Subjekten ihrer Geschichte zu werden. Gerade in unserer Zeit, das wäre schon eine Anwendung dieses Kriteriums, muß die Verblendung offenbar gemacht werden, die eine allein instrumental-narzißtische Vernunft ungerührt produzieren und die gleichermaßen emotionale und rationale Mündigkeit des Volkes bewußt ruhigstellen läßt. Das Programm der kommunikativen Ethik ist an dieser Stelle hilfreich. Hier könnten auch theologisch neue und über die Wortkultur hinausgehende Schritte gemacht werden, wie sie von den Autoren der EKD-Studie mit guten Gründen versucht worden sind. Aber an die Vorstellung der »Rückkehr« des befreienden Gottes in das Herz (nicht an den Rand!) der Moderne dürfen wir nur dann herangehen, wenn wir den werdenden Ausdruck des Gottesbildes nicht im Vorgriff schon wieder unter Kontrolle nehmen und den vermeintlich missionarisch Kompetenten reservieren wollen. Es geht meines Erachtens in die richtige Richtung, wenn in der Kirche ein Gespür dafür vorhanden ist, daß religiöse Erfahrung und kritisches Freiheitsbewußtsein in gegenseitige Reibung kommen müssen, daß von Gott auf dem Weg des Bilderverbots gesprochen und doch von seinem Willen geredet werden muß, daß vor falschen Göttern zu warnen und doch im Ausgegrenzten Gottes Stimme zu hören ist. Dabei gilt es jedoch, Grenzen einzuhalten. Das Gefühl, das aus der »Anschauung der Hand Gottes« hervorgehe, sei »unaussprechlich«, sagt Kant. Alle liturgischen, begrifflichen und theologisch-systematischen Bemühungen um dieses Unaussprechliche haben die entscheidende Bedeutung und Aufgabe einer »Belebung der Gesinnung« – sie gelten aber nicht »an sich«[27]. Die Differenz der distinguierten Sprechweisen bleibt gewahrt. Hegel hat den Tod der Abstraktion »Gott« und damit des Allmachtsanspruchs einer europäischen Sprechtradition ausgesprochen:

»Er ist das schmerzliche Gefühl des unglücklichen Bewußtseins, daß Gott selbst gestorben ist.«[28]

---

27. Werke, VII, 874.
28. Phänomenologie, 546.

Bevor Hegel die Wende zu dem für uns ungangbaren »absoluten Wissen« macht, d.h., bevor er den Geschichtsprozeß im menschlichen Geist und damit auch Gott im Selbstbesitz des absoluten Geistes zu sich selbst kommen läßt, gibt er doch die Kosten an, die wir für die (doppelte) Negation unserer Setzungen, also für die *Freigabe Gottes*, zu zahlen haben – »die Rückkehr des Bewußtseins in die Tiefe der Nacht des Ich=Ich«[29]. Die Entfaltung der Einheit der Identität und Nicht-Identität von Geist und Natur, von Absolutem und Relativem (Versöhnung) ist Hegel nicht gelungen, deswegen lebt seine Frage auch in der Diskursethik fort als Chiffre für die unerträgliche, weil unversöhnte Fragmenthaftigkeit der condition humaine und zugleich für den Zwang zur Weigerung, die Grenze respektieren zu können zwischen dem »Absoluten«, das nicht auszusprechen ist, und einer relativen »Erfahrung«, die da ist[30]. Theologisch geht es darum, von Liebe ohne Besitzanspruch, von Gerechtigkeit und von Versöhnung zu reden. Aber es geht nicht darum, Gott in neuen Begriffen, Theorien, Systemen, ekklesiologischen oder gesellschaftlichen Modellen, d.h. im alten, obsoleten Sprachspiel zur »Herrschaft« kommen zu lassen. Herrschen will hier das obsolete Sprachspiel, das sich weigert, seine Privilegien herzugeben. Notwendig ist vielmehr, Gott freizugeben – erst dann könnte das Bild der Herrschaft vielleicht wieder Sinn bekommen.

Kompetenz, in welcher Sprachform auch immer, darf dieser Freigabe nicht im Wege stehen. Sie darf auch nicht unversehens zu einem Gegenentwurf der Kenosis aufgerüstet werden. Explizit nicht »auf Grund einer besonderen Kompetenz« stellt Hans-Georg Gadamer fest, daß zwischen den vielfachen »Ausformungen geistiger Schöpferkraft« (z.B. Wissenschaft, Kunst und Religion) die schärfste Spannung bestehe, aber gerade darin »das Ganze« der europäischen Tradition enthalten sei. Die verschiedenen Ausformungen erfahren sich insofern jeweils als »die Anderen unserer Selbst«, das aber bedeutet, »vor dem Anderen als Anderem haltmachen lernen«[31]. Einen ähnlichen Gedanken drückt der Rechtswissenschaftler Erik Jayme aus, wenn er in der Verschiedenheit der kulturell-sprachlichen Identitäten Europas einen Rechtswert sieht. »Im Zusammenhang der staatsvertraglichen Rechtsnormen bedeutet das, daß jeder Text Baustein für die eine richtige Lösung ist.«[31a] Diese ist zu suchen, und zwar von allen. Auf die Eingangsfrage bezogen können abschließend Zweifel angemeldet werden, ob der im Begriff der missionarischen Kompetenz visualisierte Phänotyp (eine Mischung aus statussolidem und religiös-virtuosem Solisten) eine glückliche Wahl war. Der paradoxen Struktur des Problems gemäß scheint sich missionari-

---

29. Ebd.
30. Vgl. dazu Siebert, 75ff.
31. Das Erbe Europas, 7-34.
31a. E. Jayme (1990).

sche Kompetenz auf diese Spezies nicht zu beschränken. Auch jene dürften sie haben, die als Atheisten, als Atheisten wegen Gott oder als der Kirche Entfremdete von Gott und seiner Gerechtigkeit sprechen oder durch ihr Leben zeugen, selbst wenn sie diesen Namen niemals in den Mund nähmen. Die mündige, die »gottlose« Welt ist »Gott-näher« als die religiöse, die unmündige, sagt Bonhoeffer[32]. Ebenso wie die sakrale Dimension keinen privilegierten Zugang zum Absoluten bedeutet, so stellt der Glaube kein privilegiertes »Wissen« zur Verfügung. Das gilt umgekehrt für den Bereich der autonomen Vernunft ebenso, wie sich gezeigt hat. Im Blick auf die im Bild des Verhältnisses von Geist und Natur gestellte Wahrheitsfrage ist die kulturelle »Mehrsprachigkeit« eine besondere Signatur der europäischen Tradition. Um zu einem erweiterten Verständnis vorzudringen, ist vermutlich jede Einzelsprache (Kunst, Religion, Wissenschaft), ganz besonders aber die Theologie darauf angewiesen, im semantischen Potential der anderen sowohl einen Interpretationsgewinn zu sehen als auch eine »Erinnerung« an die unausgeschöpften Möglichkeiten des eigenen Sinnvorrats zu erfahren. Die Botschaft von Kreuz und Auferstehung theologisch zur Sprache zu bringen, heißt ein Angebot im Blick auf das Erinnern des Todes und die Vision gelingenden Lebens zu machen. Es ist ein konkurrierendes Angebot, aber kein allgewaltiges bzw. eines, das die Sinnreserven anderer Sprechweisen in kolonialer Weise entweder sich einverleibt oder aber verachtet. Wie das Verhältnis der Einzelsprachen unserer kulturellen Tradition über die Unterscheidung hinaus, also zueinander zu bestimmen ist, scheint noch nicht ausgemacht. So gesehen besteht missionarische Kompetenz in der Bereitschaft zur »gemeinsamen Suche nach dem Namen des Retters«[33].

32. Widerstand und Ergebung, 181.
33. W.J. Hollenweger (1988), 195.

Literatur

Adorno, Th.W., Horkheimer, M. (1947): Dialektik der Aufklärung, Ausgabe Frankfurt a.M. 1986.
Barth, K. (1919): Der Römerbrief, Bern.
Bonhoeffer, D. (1974): Widerstand und Ergebung, 8. Aufl., Hamburg.
Dejung, K.-H. (1990): Auf dem Weg zu einer missionarischen Kirche in der Bundesrepublik Deutschland, in: Weltmission heute Nr. 7 (hg. vom Ev. Missionswerk), Hamburg (im Druck).
EKD, Hg. (1986): Christsein gestalten, Gütersloh.
Feige, A. (1976): Kirchenaustritte: Eine soziologische Untersuchung, Gelnhausen und Berlin.
Ders. (1982): Erfahrungen mit Kirche, Hannover, 2. Aufl.
Gadamer, H.-G. (1989): Das Erbe Europas, Frankfurt a.M.
Habermas, J. (1971): »Vorber. Bemerkungen zu einer Theorie der kommunikativen Kompetenz«, in: Ders. / N. Luhmann, Theorie der Gesellschaft oder Sozialtechnologie, Frankfurt/M., 101-141.
Ders. (1981): Theorie des kommunikativen Handelns, 2 Bde., Frankfurt a.M.
Ders. (1983): »Der Eintritt in die Postmoderne«, Merkur 10, 752-761.
Hanselmann, J., H. Hild, E. Lohse, Hg. (1985): Was wird aus der Kirche?, Gütersloh, 3. Aufl.
Hegel, G.W.F. (1952): Phänomenologie des Geistes, Hamburg.
Heue, R. (1988): »Mission und Säkularisation«, epd-Dokumentation 45, 12-22.
Hollenweger, W.J. (1988): Geist und Materie (Interkulturelle Theologie III), München.
Jayme, E. (1990): »Mehrsprachigkeit als europäischer Rechtswert«, Unispiegel (Heidelberg) 1, 5.
Kant, I. (1968): Werke in zehn Bänden, hg. von W. Weischedel, Darmstadt.
Kuphal, A. (1979): Abschied von der Kirche: Traditionsabbruch in der Kirche, Gelnhausen und Berlin.
Ricoeur, P. (1973/74): Der Konflikt der Interpretationen, 2 Bde., München.
Schloz, R. (1987): »Missionarische Kompetenz«, EK, 444-447.
Schloz, R. u.a. (1988): »Die missionarische Aufgabe vor der Erfahrung der Säkularität«, epd-Dokumenttion 45, 23-49.
Siebert, R.J. (1989): »Kommunikatives Handeln und Transzendenz: Gerechtigkeit, Liebe und Versöhnung«, in: E. Arens (Hg.), Habermas und die Theologie, Düsseldorf, 65-95.
Soosten, J. von (1988): Zukunft der Volkskirche – Überlegungen zum Weg der Kirche im Anschluß an die EKD-Studie »Christsein gestalten«, in Werkstattbericht Nr. 7 (hg. von der Goßner-Mission), Mainz, 1-15.
Ders. (1990): Literaturbericht: Zur theologischen Rezeption von Jürgen Habermas' »Theorie des kommunikativen Handelns«, ZEE 2.
Tillich, P. (1959-1983): Gesammelte Werke, 14 und 6 Erg. Bde., Stuttgart.

Personenregister

Achterberg, H. 91
Adorno, T. W. 191f., 195
Aland, B. 102, 106
Aland, K. 83
Allen, D. 110
Altheim, F. 77
Amaladoss, M. 107
Amalorpavadass, D. S. 96f., 106
Ambius 103
Ambrosius von Mailand 87, 89
Apollonius 103
Aquin, T. von 35
Arens, E. 196
Armstrong, A.H. 107
Aschwanden, H. 24
Aubin, P. 83
Aufhauser, J.B. 74
Augustinus 26, 63, 84, 86, 89, 100
Augustinus von Canterbury 90, 92
Aurelianus, L. D. 77f.
Ayrookuzhiel, A.M.A. 105f.

Balz, H. 13, 16, 28, 39f., 42, 46, 56f., 57, 65f., 109, 199
Bardy, G. 83
Barr, J. 59
Bartelink, G.J.M. 69, 81ff.
Barth, K. 17, 66, 87, 190, 195
Bastian 28, 65, 199
Bäumer, B. 117
Baus, K. 69
Bayer, O. 22
Beck, H. 107
Becker, C. 100
Becker, G. 110, 116, 120
Beda 89f.
Beierwalters, W. 33
Beinert, W. 111
Benjamin 129, 191
Benkart, P. 88
Benko, S. 99, 106

Berger, K. 14, 25ff., 46
Berkhof, H. 174, 181
Berner, U. 94ff., 98, 106, 110, 199
Beumann, H. 89
Beuys, J. 145
Bierbaum, W. 87
Biezais, H. 111
Bindemann, R. 49
Blaser, K. 69
Blume, H.-D. 106f.
Blümel, W.E. 150
Blumenberg, H. 174, 181
Böckle, F. 110
Boesak, A. 23
Boman, T. 59
Bonhoeffer, D. 195
Braque 129
Brechter, S. 88, 90
Brox, N. 69, 89
Buber, M. 62
Bujo, B. 63
Bultmann, R. 17f., 40
Buthe, M. 147, 150, 200

Calvin 56, 135
Campenhausen, H. von 71
Camps, A. 200
Cancik, H. 112
Caspar, E. 88
Catrice, P. 87
Cecchelli, C. 71
Charles, P. 74
Cicero 83, 87
Clemen, P. 72
Clemens von Alexandrien 74f., 80f., 86f.
Cobb, J.B. 66
Colgrace, B. 89
Collet, G. 110
Colpe, C. 46
Compar, V. 135
Coomaraswamy, A.K. 117

197

Cooper, J.C. 117
Coote, R.T. 109
Cortes 7f.
Costa, R. O. 181
Croatto, J.S. 15
Culianu, J.P. 110
Cuming, G.J. 88

D'Sa, F.X. 116
Damascenus, J. 137
Danzer, B. 88
Das, S. 107
Deanesly, M. 90
Dejung, K.-H. 189f., 195
Descartes 151
Dibelius, M. 86
Diesfeld, J. 163
Dilthey, W. 40, 49
Dinkler, E. 104, 106
Dobbelaere, K. 174, 181
Dölger, F.J. 69f., 73, 77ff., 92f.
Döring, K. 104, 106
Dörrie, H. 79, 106f.
Dow, J. 163
Drehsen, V. 112
Drepanius 79
Duala M'bedy, M. 54
Duchrow, U. 173, 181
Durkheim, E. 47, 52

Eco, U. 25
Eilers, F.J. 110
Eliade, M. 46, 94, 106, 110, 112, 118ff.
Eloki, N.M.N. 48
Elsas, C. 106
Elwert, G. 50
Engemann, J. 73
Ephräm der Syrer 78
Euseb 104
Evans-Pritchard, E.E. 50f., 53
Evers, G. 98, 106
Ewig, E. 90

Fasso, U. 75
Feige, A. 185, 195

Felix, M.M. 99
Fendt, J. 79
Figge, H.H. 201
Finnegan, R. 51f.
Firmicus Maternus 79
Fischer, F. 138f., 144
Frank, M. 61
Freud, S. 21
Friedli, R. 29, 37f., 46, 55, 57ff., 64, 66, 110, 199
Friedrich der Weise 134
Friedrich, J. 107
Fries, H. 120
Fritze, W.F. 90
Frohnes, H. 69, 79, 107
Fronto 99
Fuchs, E. 17, 40f., 62

Gadamer, H.-G. 16f., 21, 25, 27f., 40, 61, 194f.
Geertz, C. 47ff., 55, 62, 94, 107, 161, 163
Gensichen, H.-W. 13, 44
Gerke, F. 75, 104, 107
Geyer, H.F. 24, 112
Gilles, P. 147, 150
Gispert-Sauch, G. 107
Gladigow, B. 112
Glasenapp, H. von 141
Goetz, H.-W. 89
Gogh, V. van 125
Goldammer, K. 118ff.
Gräf, H.J. 98, 107
Graubner, G. 139f., 142
Gregor der Große 88ff., 92
Gregor von Nazianz 79
Gregor von Nyssa 81
Grosjean, P. 90
Grossouw, W.K.M. 84
Grundmann, C. 165, 199
Grünewald, M. 133
Gruppe, O. 75
Güdter, B. 18
Gülzow, H. 69
Gundert, H. 43

Haase, W. 106
Habermas, J. 175, 183f., 187f., 192, 196
Hanselmann, J. 182, 196
Harnack, A. von 69, 73, 78f., 83
Hayes, V.C. 108
Heckel 129
Heerdegen, F. 83
Hegel, G.W.F. 14, 17, 21, 193, 194, 196
Heidegger, M. 13, 40, 62
Heiler, F. 112f., 117, 120
Heisig, J.W. 112
Helf, H. 59
Heller, G. 162, 163
Hengel, M. 99, 107
Hesselgrave, D.J. 58
Heue, R. 185, 188, 196
Hieronymus 79, 84
Hild, H. 182, 196
Hinderling, P. 201
Hinkelammert, F.J. 173, 181
Hoedemaker, B. 173, 200
Holden, P. 181
Hollan, A. 140ff., 144
Hollenweger, W.J. 37, 195f.
Höltker, G. 74
Honko, L. 111, 120
Horkheimer, M. 191f., 196
Horton, R. 47, 50ff., 62
Hubbeling, H. 110
Huber, W. 66
Huizing, K. 110
Humbertclaude, P. 74
Husserl, E. 62

Ihara, P. 30
Iserloh, E. 69

Jaeger, W. 88
Janzen, J. 164
Jayme, E. 194, 196
Jedin, H. 69, 90
Jilek-Aall, A. 154, 164
John, T.K. 107
Jopst, W. 75
Julius Caesar 78
Justin 101, 103, 105

Kahl, H.-D. 89ff.
Kähler, M. 98, 107
Kandinsky, W. 138
Kant, I. 184f., 191, 193, 196
Kappen, S. 107
Karlstadt, A. 134f.
Käsemann, E. 107
Kehl, A. 69, 76
Kelsos 99
Kempf, T.K. 75
Kenney, J. 104, 107
Kerenyi, K. 20
Kertelge, K. 69, 89
Kimbangu, S. 201
Kippenberg, H.G. 51ff., 55, 106, 110
Kirchner 129
Kitagawa, J. M. 106, 120
Klaes, N. 109, 200
Klauser, T. 70f., 75
Kleanthes 100
Klee, P. 138
Kleinman, A. 161, 164
Kleist, H. von 15f.
Knöpfler, S. 87
Knorr, U. W. 79
Koep, L. 84, 104, 107
Koetschau, P. 99
Kollwitz, J. 72, 75
Koloß, H.-J. 47, 50
Konstantin 83, 104
Kraatz, M. 127
Kraemer, H. 28, 56, 65, 176, 181, 199
Kraft, C.H. 58
Krieger, D.J. 110
Kuhn, H.W. 104, 107
Küng, H. 105, 107
Kuphal, A. 185, 196
Kurthen, M. 150
Kytzler, B. 99

Labeo, C. 79
Laing, R.D. 16, 18
Lanczkowski, G. 111, 114, 120
Lang, C. 150
Langer, S. 124ff., 136, 143f.

199

Lankheit, K. 138
Las Casas 7
Laubscher, M. 112
Laye, C. 66
Leeuwen, A.T. van 175f., 181
Leeuwen, W.S. van 84
Leitner, B. 147
Lenin 65
Leo I. 89
Lévi-Strauss, C. 47f., 50, 55, 57, 62, 164
Lévinas, E. 18f., 27f., 62, 110
Lévy-Bruhl, L. 52
Lienkamp, C. 30
Lietzmann, H. 134
Lindblom, J. 31
Linke, D.B. 148, 150
Lippold, A. 89
Livingstone, D. 43
Livius 83
Löfstedt, E. 82f.
Lohse, E. 182, 196
Lubac, H. de 87
Luchesi, V.B. 49, 51
Luhmann, N. 183, 196
Lukian von Samosata 100
Lurker, M. 106
Luther, M. 63, 133f., 136
Luz, U. 95, 104, 107
Luzbetak, L. J. 29, 38, 85
Lyotard, J. F. 174, 181

Malewitsch, K. 138f.
Mally 147
Mann, F. 106f.
Mann, T. 125
Marc, F. 137f.
Markus, R.A. 88f.
Marx, K. 14
Mathews, P. 107
Mauss, M. 47
Mbatha, A. 22, 201
Mbiti, J. 63
Meister Eckehart 142, 144
Meliton von Sardeis 76
Methodios von Olympos 80

Metz 175
Meyvaert, P. 90
Michel, K. 72
Minucius Felix 100ff., 106
Moermann, D. 164
Mohrmann, C. 82f.
Moltmann, J. 95, 98, 105, 107
Mondrian, P. 138ff.
Mowinckel, S. 31, 111
Müller, J. 92
Müller, K. 38, 66, 109
Müller, M. 90
Muricken, A. 107
Myrnors, R.A.S. 89

Nestle, W. 99, 107
Neuss, W. 72
Newbigin, L. 173f., 181
Newman, B. 139f., 142
Nida, E.A. 28, 30, 57ff., 64ff., 109, 199
Niebuhr, H.R. 200
Nishitani, K. 36
Nock, A.D. 82
Noth, M. 31

Oberhammer, S. 115
Ohlig, K.-H. 36, 38
Olpp 168
Opelt, J. 104, 107
Origenes 71, 99, 103, 199
Orosius 89
Ott, G.H. 150, 167, 200

Panikkar, R. 97f., 107, 110
Parker, P. 168
Paronetto, V. 88
Pascal, B. 63
Pastor, W. 133
Perler, O. 76
Pétré, H. 87
Picasso 129, 131
Pieris, A. 173, 177, 181
Platon 18, 19
Plinius 99
Pöhlmann, W. 107

Porphyrios 100
Prabhakar, M. E. 106
Prawdzik, W. 81
Proksch, P. 114
Prudentius 89
Puthiadam, J. 105, 107

Quasten, J. 74

Rabe, R. 150
Rahner, H. 70, 77ff.
Raiser, K. 189
Ranke 18
Ratschow, C.H. 31
Rauschen, G. 103
Rayan, S. 105, 107
Read, H. 124ff.
Reyburn, W.D. 109
Richards, J. 92
Richters, A. 154
Ricoeur, P. 21f., 47f., 191, 196
Ristow, G. 104, 107
Ritschl, D. 66
Robinson, G. 98, 107
Robinson, J.M. 66
Rosenzweig, F. 62
Rothko, M. 139f., 142, 145
Rücker, H. 63
Ryle, G. 49
Rzepkowski, H. 69, 81, 200

Samartha, S.J. 97f., 107
Schäferdiek, K. 89, 92f.
Schenker, A. 30
Schleiermacher, F.D.E. 16f., 21, 40, 61
Schlette, H.R. 111f., 120
Schloz, R. 182, 187ff., 196
Schmidlin, J. 92
Schmidt-Rottluff, K. 129, 143
Schmied, W. 140, 144
Schmitz, C.A. 65
Schneider, B. 30
Scholder, K. 13f.
Schöndorf, K.A. 89
Schreiber 168

Schumann, H.W. 35
Schwebel, H. 123, 200
Seiwert, H. 95, 108
Seneca 83
Seumois, A. 87
Sich, D. 151, 200
Siebert, R.J. 191, 194, 196
Smerling, W. 150
Soares-Prabhu, G.M. 116
Soden, H. von 78
Sokrates, 103ff.
Soosten, J. von 183, 185f., 196
Speyer, W. 99, 108
Spindler, M. 200
Stackhouse, M.L. 179, 181
Stolz, F. 46, 112f., 118, 120
Stott, J. 109
Stuhlmacher, P. 14, 28, 107
Stumpf, P. 73
Sueton 99
Sundermeier, T. 9, 13, 22f., 38, 46, 55, 61ff., 65f., 95, 97, 108f., 123f., 131, 144, 152, 201

Taber, C.R. 30
Tacitus 99
Takada, S. 35
Teeuwen, S. 82
Tertullian 81f., 100ff.
Thauren, J. 86, 92
Thiel, J.F. 59
Thielicke, H. 85
Thomas, M.M. 176, 181
Thümmler, H.G. 72
Tillich, P. 191ff., 196
Todorov, T. 7
Trowitzsch, M. 17f.
Turner, V. 164

Uecker, G. 147
Uexküll, von 161, 164
Ustorf, W. 9, 61, 182, 201

Vanneste, A. 63
Verstraelen, F. 200

Vierling, H. 44ff., 66
Virchow 149
Vittinghoff, F. 99, 104, 108
Vogt, J. 82, 88f.

Waardenburg, J. 46, 62, 112, 118, 120
Waldenfels, H. 36, 38, 173, 177, 181
Wallace, A.F.C. 65
Wallace-Hadrill, J. M. 88
Walter, G. 86
Wasner, F. 90
Weber, M. 49, 65
Weder, H. 14, 28, 46
Weischedel, W. 196
Weiss, E. 150
Weizsäcker, V. von 169
Wesiack 161, 164
Westermann, D. 43
Wichern, J.H. 186

Wiehl, R. 19, 28
Wilbrand, W. 87
Wilhelm, R. 43
Wilpers, J. 75
Wilson, B.R. 51
Winch, P. 51
Winckelmann, J. 65
Wirth, F. 72
Wischmeyer, W. 73
Wissowa, G. 91
Wittgenstein, L. 39, 51

Zahn, F.M. 201
Zameza, J. 87
Zenon 100
Ziegenbalg, B. 43
Zinser, H. 106
Zöllner, S. 114
Zwingli, H. 135

Die Autoren

Prof. Dr. Dr. *Heinrich Balz,* geb. 1938, Religionswissenschaftler und Missionstheologe; studierte in Tübingen von 1957–66 Romanistik und von 1967–71 Theologie; Promotion 1974, Lehrtätigkeit am Presbyterian Theological College Nyasoso/Kamerun von 1973–83. Seit 1985 lehrt er Ökumenik, Missionstheologie und Religionswissenschaft an der Kirchlichen Hochschule Berlin.

Forschungsschwerpunkte: Afrikanische Stammesreligionen, Kommunikationstheorie und Hermeneutik.

Wichtige Veröffentlichungen: Theologische Modelle der Kommunikation, Bastian/Kraemer/Nida, Gütersloh 1978; Where the Faith has to live. Studies in Bakossi Society and Religion. Part I: Living Together, Basel-Stuttgart 1984.

Prof. Dr. *Ulrich Berner,* geb. 1948, Religionswissenschaftler; studierte Theologie, Philosophie, allgemeine Religionsgeschichte und Indologie in Göttingen; Promotion 1974, lehrte in Göttingen, Hamburg, Bonn und Bremen, seit 1985 Professor für Religionswissenschaft an der Universität Bayreuth.

Forschungsschwerpunkte: frühes Christentum und spätantikes Heidentum; afrikanische und indische Theologie; Methodologie.

Wichtige Veröffentlichungen: Origenes, Darmstadt 1981; Untersuchungen zur Verwendung des Synkretismusbegriffes, Wiesbaden 1982.

Prof. Dr. *Richard Friedli,* geb. 1937, Religionswissenschaftler; studierte Theologie und Philosophie in Belgien und Freiburg/Schweiz; Promotion 1974, lehrte von 1965 bis 1971 Philosophie und Entwicklungsethik an verschiedenen Fakultäten in Zaire und Rwanda, seit 1971 Professor für Religionswissenschaft und interkulturelle Theologie an der Universität Freiburg/Schweiz.

Forschungsschwerpunkte: angewandte Religionswissenschaft; Religionen und Friedenserziehung; interkultureller und interreligiöser Dialog.

Wichtige Veröffentlichungen: Fremdheit als Heimat. Auf der Suche nach einem Kriterium für den Dialog zwischen den Religionen, Freiburg/Schweiz 1974; Mission und Demission. Konturen einer lebendigen, weil missionarischen Gemeinde, Freiburg/Schweiz 1982.

Dr. *Christoffer Grundmann,* geb. 1950, Theologe; studierte von 1967–77 Theologie und Kirchengeschichte in Hermannsburg und Hamburg; er lehrte und forschte von 1978–83 am Theological Seminary in Madurai/Indien und ist seit 1983 Theologischer Referent am Deutschen Institut für ärztliche Mission (DIFÄM), Promotion 1991.

Forschungsschwerpunkt: Interdisziplinäres Gespräch zwischen Theologie und Medizin.

Wichtige Veröffentlichungen: Missionstheologische Probleme und Fragestellungen der »Ärztlichen Mission«, in: ZMiss 13, 1987, 36-43; Missionstheologische Probleme und Fragestellungen der »Ärztlichen Mission«: Teil 2, in: ZMiss 14, 1988, 35-39; Das »Medizinische Missions-Institut zu Tübingen« 1841-1848. Die erste Einrichtung ihrer Art – verkannt! In: Bausteine zur Tübinger Universitätsgeschichte 4, Tübingen 1989, 35-90.

Prof. Dr. *Bert Hoedemaker,* geb. 1935, Missionswissenschaftler; studierte Theologie in Utrecht; Promotion 1966, Lehrtätigkeit von 1967-71 in Jakarta und von 1974-81 in Groningen. Seit 1981 lehrt er Christliche Ethik und Missionswissenschaft an der Staatsuniversität Groningen.
Forschungsschwerpunkte: Systematische Missionswissenschaft und Ökumenik.
Wichtige Veröffentlichungen: The Theology of H. Richard Niebuhr, Philadelphia 1970; Met Christus bij Anderen, Baarn 1978; Ökumenische Inleiding in de Missiologie, Kampen 1988 (zus. mit A. Camps, M. Spindler, F. Verstraelen).

Prof. Dr. *Norbert Klaes,* geb. 1938, Religionswissenschaftler; studierte Theologie und Orientalistik in Bonn, Innsbruck, Löwen und Oxford; Promotion 1965, Forschungs- und Lehrtätigkeit in Bombay, Varanasi, Bochum, Paderborn und Würzburg. Er lehrt seit 1985 Religionsgeschichte an der Universität Würzburg.
Forschungsschwerpunkt: indische Religionsgeschichte.
Wichtige Veröffentlichungen: Ethical Problems of the Mahabharta, Bangalore 1975; theologische und religionswissenschaftliche Aufsätze u.a. zur Christologie, zu Wiedergeburtsglaube und indischer Religionsgeschichte.

Prof. Dr. med. *Gerhard Heinrich Ott,* geb. 1929, Mediziner; Studium der Medizin in Tübingen, Hamburg, Freiburg und Heidelberg; Promotion 1956, Lehrtätigkeit seit 1973 an der Universität Heidelberg, seit 1986 an der Universität Bonn.
Forschungsschwerpunkte: Allgemeine Chirurgie; Klinische Onkologie; Notfallrettungsorganisation; Kunst und Medizin; Ayurveda.
Wichtige Veröffentlichungen: Menschenbild und Krankheitslehre, Berlin u.a. 1987; Die verwunschene Seele deiner Träume. Michael Buthe und seine Klasse, (Eigenverlag), Evangelisches Krankenhaus Bad Godesberg, 1988.

Prof. Dr. *Horst Rzepkowski,* geb. 1934, Missionstheologe und Religionswissenschaftler; studierte von 1958–66 Philosophie und Theologie in St. Augustin und Mödling (Österreich), von 1966–70 Religions- und Missionswissenschaft an der Gregoriana in Rom. Promotion 1970; er lehrt seit 1970 Missionswissenschaft an der Philosophisch-theologischen Hochschule St. Augustin.
Forschungsschwerpunkt: Buddhismus, Missionsgeschichte
Wichtige Veröffentlichungen: Das Menschenbild bei Daisetz Suzuki, St. Augustin 1971; Der Welt verpflichtet. Text und Kommentar des Apostolischen Schreibens Evangelii nuntiandi. Über die Evangelisierung der Welt von heute, St. Augustin 1976.

Prof. Dr. *Horst Schwebel*, geb. 1940, Theologe; studierte Philosophie, Theologie und christliche Archäologie in Frankfurt/M. und Marburg; Promotion 1968. Er lehrt seit 1980 Theologie an der Universität Marburg und ist Direktor des Instituts für Kirchenbau und kirchliche Kunst der Gegenwart in Marburg.
Forschungsschwerpunkte: Christliche Kunst und Ikonographie der Religionen.
Veröffentlichungen vor allem zum Grenzbereich von Kunst und Theologie und zum Kirchenbau.

Prof. Dr. med. *Dorothea Sich,* geb. 1933, Frauenfachärztin; Studium der Medizin in Ostberlin, 1960 Flucht in die BRD; Promotion 1961. Sie war neben mehreren Studienaufenthalten in den USA, von 1966–70 Leiterin der Frauenabteilung im Presbyterian Medical Center, Chonju/Korea und von 1972–78 Associate Professor in Community Health an der Yonsei University Graduate School, Seoul. Seit 1981 ist sie wissenschaftliche Angestellte am Institut für Tropenhygiene, Universität Heidelberg.

Forschungsschwerpunkte: Kulturvergleichende Medizinische Anthropologie, insbesondere Childbearing, Culture-Bound Syndroms und Einfluß des Medizintranfers in traditionelle Systeme der Erkrankungsbewältigung.

Wichtige Veröffentlichungen: Mutterschaft und Geburt im Kulturwandel: ein Beitrag zur transkulturellen Gesundheitsforschung aus Korea, Frankfurt/M. 1982, Sterben und Tod. Eine kulturvergleichende Analyse. Verhandlungen der VII. Internationale Fachkonferenz Ethnomedizin in Heidelberg (5.–8.4.1984), Hg. P. Hinderling, Braunschweig/ Wiesbaden 1986 (zus. mit H. H. Figge).

Prof. Dr. *Theo Sundermeier,* geb. 1935, Religionswissenschaftler und Missionstheologe; studierte von 1955–61 Theologie und Kunstgeschichte in Bethel und Heidelberg; Promotion 1961. Von 1964–74 Lehrtätigkeit an verschiedenen Seminaren im südlichen Afrika, von 1975–83 an der Universität Bochum. Er lehrt seit 1983 Missionstheologie und Religionswissenschaft an der Universität Heidelberg.

Forschungsschwerpunkte: afrikanische Stammesreligionen, interkulturelle Hermeneutik.

Wichtige Veröffentlichungen: Südafrikanische Passion. Linolschnitte von Azariah Mbatha, Bielefeld-Wuppertal 1977; Das Kreuz als Befreiung. Kreuzesinterpretationen in Asien und Afrika, München 1985; Nur gemeinsam können wir leben. Das Menschenbild schwarzafrikanischer Religionen, Gütersloh 1988.

Prof. Dr. *Werner Ustorf,* geb. 1945, Theologe; Studium der Geschichte, Geographie und Theologie in Hamburg; Promotion 1975, Lehrtätigkeit in Hamburg, Madurai/Indien und Heidelberg. Seit 1990 Professor für Missionswissenschaft in Birmingham.

Forschungsschwerpunkte: interkulturelle Geschichte des Christentums, Projekt Missiology for Western Culture.

Wichtige Veröffentlichungen: Afrikanische Initiative. Das aktive Leiden des Propheten Simon Kimbangu, Frankfurt/M. 1975; Die Missionsmethode Franz Michael Zahns und der Aufbau kirchlicher Strukturen in Westafrika (1862–1900), Erlangen 1989.

Studien zum Verstehen fremder Religionen

Herausgegeben von
Jan Assmann und Theo Sundermeier

Band 1   Das Fest und das Heilige
                Religiöse Kontrapunkte zur Alltagswelt

                Herausgegeben von Jan Assmann
                in Zusammenarbeit mit Theo Sundermeier
                1991, 253 Seiten. ISBN 3-579-01783-7

Band 2   Die Begegnung mit dem Anderen
                Plädoyers für eine interkulturelle Hermeneutik

                Herausgegeben von Theo Sundermeier
                in Zusammenarbeit mit Werner Ustorf
                1991, 205 Seiten. ISBN 3-579-01784-5

Band 3   Joachim Zehner
                Der notwendige Dialog
                Die Weltreligionen in katholischer und evangelischer Sicht

                1992, ca. 332 Seiten. ISBN 3-579-01785-3

Band 4   Helgard Balz-Cochois
                Inanna
                Wesensbild und Kult einer unmütterlichen Göttin

                1992, ca. 192 Seiten. ISBN 3-579-01786-1

Gütersloher Verlagshaus Gerd Mohn